ANNETTE GROSSBONGARDT/ DIETMAR PIEPER (Hg.)

Jerusalem

GOLDMANN
Lesen erleben

Buch

Der eine Gott und viele Kriege haben Jerusalem zu einer Stadt gemacht, die buchstäblich weltbewegend ist. Für gläubige Juden, Christen und Muslime ist die Stadtlandschaft Jerusalems ein unvergleichlicher Ort der Heiligkeit, um den bis heute erbittert gekämpft wird. Von der Machtübernahme des biblischen Königs David über die Eroberung durch die Römer und die Kreuzzüge im Mittelalter bis zum aktuellen Konflikt zwischen Israelis und Palästinensern – die Feldzüge gegen Jerusalem waren immer auch Glaubenskriege, in denen die eine Religion über die andere triumphierte.
Aus unterschiedlichsten Blickwinkeln erzählen SPIEGEL-Autoren und angesehene Forscher die Geschichte dieser faszinierenden Stadt. Sie besuchen die heiligen Stätten der drei monotheistischen Weltreligionen, porträtieren berühmte Stadtherrscher und beleuchten die religiösen und machtpolitischen Ursprünge, aber auch die Mythen und Legenden, die sich um Jerusalem, den Sehnsuchtsort vieler Künstler, Pilger und Reisender, ranken.

Herausgeber

Annette Großbongardt, geboren 1961, studierte Romanistik und Germanistik und arbeitet seit 1993 für den SPIEGEL. Nach Stationen im Deutschlandressort, als Korrespondentin in Jerusalem und Istanbul ist sie nun stellvetretende Ressortleiterin für Sonderthemen.

Dietmar Pieper, geboren 1963, studierte Literaturwissenschaft und arbeitet seit 1989 beim SPIEGEL, von 2001 bis 2008 war er einer der Leiter des Ressorts Deutsche Politik. Seitdem ist er Leiter des Ressorts Sonderthemen und verantwortlich für die Heftreihen SPIEGEL GESCHICHTE und SPIEGEL WISSEN.

Von Dietmar Pieper ist im Goldmann Verlag außerdem erschienen:

Die Erfindung der Deutschen (12988)
Geld macht Geschichte (10231)

Annette Großbongardt
und Dietmar Pieper
(Hg.)

JERUSALEM

Die Geschichte einer heiligen Stadt

Karen Andresen, Stefan Berg, Georg Bönisch,
Jörg Bremer, Henryk M. Broder, Annette Bruhns,
Stephan Burgdorff, Dan Diner, Rüdiger Falksohn,
Erich Follath, Clemens Höges, Karl-Josef Kuschel,
Juliane von Mittelstaedt, Angelika Neuwirth,
Johannes Saltzwedel, Christoph Schult,
Viktoria Schult, Ulrich Schwarz, Tom Segev,
Michael Sontheimer, Rainer Traub,
Dieter Vieweger, Gil Yaron, Bernhard Zand

GOLDMANN

MIX
Papier aus verantwortungsvollen Quellen
FSC® C083411

Verlagsgruppe Random House FSC-DEU-0100
Das FSC®-zertifizierte Papier *Lux Cream* für dieses Buch
liefert Stora Enso, Finnland.

1. Auflage
Vollständige Taschenbuchausgabe September 2011
Wilhelm Goldmann Verlag, München,
in der Verlagsgruppe Random House GmbH

Umschlaggestaltung: UNO Werbeagentur, München
in Anlehnung an die Umschlaggestaltung
der Hardcoverausgabe (www.buero-jorge-schmidt.de)
Umschlagabbildung vorne: © akg-images/Erich Lessing
Umschlagabbildung hinten: © The Bridgeman Art Library
KF · Herstellung: Str.
Druck und Bindung: CPI – Clausen & Bosse, Leck
Printed in Germany
ISBN: 978-3-442-10230-3

www.goldmann-verlag.de

INHALT

TEIL IV
JERUSALEMSEHNSUCHT, JERUSALEMWAHN

TEIL V
BÜHNE DER WELTPOLITIK

ANHANG

VORWORT

Wenn es eine Stadt mit einer wirklich multikulturellen Tradition gibt, dann ist es Jerusalem. In der historischen Altstadt, diesem einzigartigen Mikrokosmos, leben auf engstem Raum Israelis und Palästinenser, Juden, Christen und Muslime. Alle drei großen monotheistischen Religionen verehren hier heilige Ursprünge. Hier begegnen sich Rabbis aus Polen, koptische Mönche aus Ägypten, deutsche Pfarrer, arabische Scheichs und Pilger aus Nigeria, Chile oder Polen. Juden aus Russland, Deutschland, dem Irak, aus Marokko und Argentinien fanden in Jerusalem eine neue Heimat. Doch Phasen friedlichen Miteinanders stehen im Schatten steter Kämpfe und Konflikte.

Seit der Zeit des biblischen Königs David wurde Jerusalem immer wieder erobert, von den Babyloniern, den Griechen, den Römern, den Kreuzrittern, den Mamluken, den Türken, schließlich den Briten. »Es gab kaum einen König«, formuliert es der israelische Staatspräsident Schimon Peres, »der die Stadt nicht besitzen wollte.« Was aber wollten sie alle in diesem jüdäischen Bergstädtchen? Worin liegt die historische Faszination Jerusalems?

Darauf will dieses Buch Antworten geben. Es führt dabei durch das höchst wechselvolle Drama zwischen Juden, Christen und Muslimen, angetrieben von Glaubenseifer, Machtstreben, Verblendung und Sehnsucht nach dem Paradies. Auch Peres träumte schon als kleiner Junge in einem polnischen Schtedl von Jerusalem, wie er im Buch erzählt.

So viele Helden, Eroberer, Despoten und Versager haben ihre Spuren hinterlassen in mehr als 4000 Jahren Geschichte dieser alten Metropole des Glaubens. Aber noch immer sucht Jerusalem nach der Zukunft.

Der ungelöste Konflikt zwischen Israelis und Palästinensern ist nur das jüngste Kapitel dieser Historie von Krieg und Kontroverse. Eine unsichtbare Grenze trennt Israels umstrittene Hauptstadt – hier die Juden, dort die Palästinenser, die unter deutlich schlechteren Lebensbedingungen noch immer auf ihren Staat warten. Beide Seiten sind glühend entflammt für diese Stadt, die niemanden unberührt lässt. Sie sei »wie eine launische Geliebte«, sagt der israelische Schriftsteller Meir Shalev. Andere sind längst bitter enttäuscht wie der palästinensische Intellektuelle Sari Nusseibeh, der in diesem Buch beschreibt, wie für ihn der palästinensische Traum in seiner Heimatstadt Jerusalem zerplatzte.

SPIEGEL-Reporter und renommierte Jerusalem-Experten, Historiker wie Archäologen und Theologen, nähern sich dem Phänomen der dreifach heiligen Stadt – sie entwerfen Porträts historischer Persönlichkeiten, die das Gesicht Jerusalems prägten, zeichnen die Zeitlinien der religiösen und politischen Geschichte nach, analysieren die Anziehung, die Jerusalem auf Pilger, Künstler und politische Führer ausübte – bis heute.

Dieses Buch bündelt Geschichten, in denen es um die großen Fragen geht: Sieg und Niederlage, Religion und Macht an jener gefährlichen Nahtstelle zwischen Patriotismus und fanatischem Nationalismus, Frömmigkeit und religiösem Wahn. Es ist eine Chronik über die Gegenwart der Vergangenheit eines einzigartigen Ortes.

Wie sollen sich zwei Völker, Israelis und Palästinenser, ausgerechnet hier eine Hauptstadt teilen? Die Welt schaut auch auf Jerusalem, um zu sehen, wie dieser historische Streit endet.

Hamburg, Herbst 2009 *Annette Großbongardt, Dietmar Pieper*

TEIL I

DER EWIGE KONFLIKT

TRAGÖDIE OHNE SCHLUSSAKT

Keine Stadt ist wie Jerusalem, so heilig, so verehrt und so umkämpft. Mehr als 4000 Jahre Geschichte lasten auf dieser alten Metropole des Glaubens, in der drei Religionen und zwei Völker konkurrieren – und keinen Frieden finden.

Von Annette Großbongardt

An der großen Straße vom Damaskus-Tor immer geradeaus nach Norden, die in Jerusalem alle nur »Road No. 1« nennen, steht eine alte, von Olivenbäumen umsäumte Villa. Ihre einstige orientalische Pracht lässt sich noch gut erahnen. Doch der pfirsichfarbene Sandstein ist zerschossen, die Fenster mit den maurischen Bögen sind zu Schießscharten vernagelt. Hinter diesen Sehschlitzen kauerten jahrelang israelische Soldaten, die Mündungen ihrer Gewehre auf jordanische Soldaten gerichtet, die auf der anderen Seite der Straße Posten bezogen hatten. Von 1948 bis 1967 war der Ostteil Jerusalems jordanisch besetzt, die schöne arabische Villa war beschlagnahmt und diente den Israelis als Militärposten am Todesstreifen, der sich durch die geteilte Stadt zog. Heute ist das umkämpfte Haus ein Museum für Dialog – und ein Mahnmal vergangener Kriege.

Jerusalem ist voll solcher Spuren einer Geschichte, die vor allem eine Historie von Krieg und Konflikt ist. In den Mauern des alten Rathauses, und nicht nur dort, sind bis heute die Einschusslöcher der erbitterten Kämpfe um Jerusalem zu sehen.

Zum israelischen Nationalfeiertag werden jedes Jahr die Reste gepanzerter Fahrzeuge aus dem Krieg von 1948, die in den Hängen an der Straße hinauf nach Jerusalem liegen, mit Fähnchen und Blumen geschmückt. Auch auf dem »Ammunition Hill«, wo die israelische Armee im Juni 1967 in blutigem Nahkampf den

Ring der Jordanier durchbrach, wird die Erinnerung wachgehalten: Dort ist ein Freilichtmuseum mit jordanischen Bunkern, Original-Schützengräben und dem Sherman-Panzer, mit dem die Israelis den Gegner in Panik versetzten. Für israelische Rekruten gehört der Besuch hier zum Pflichtprogramm.

Mit Jordanien hat der jüdische Staat Frieden geschlossen, doch Jerusalem ist noch immer nicht befriedet. Das zeigen schon die israelischen Soldaten, die durch die engen Gassen der Altstadt patrouillieren. Wer zur Klagemauer will, muss eine Sicherheitsschleuse passieren. Die Straßen ins benachbarte palästinensische Betlehem oder Ramallah sind mit Checkpoints, Mauer und Stacheldraht abgesperrt. Es ist noch nicht lange her, dass Bomben palästinensischer Selbstmordattentäter in den Kaffeehäusern und Bussen der Stadt explodierten.

Zwei Völker, Israelis und Palästinenser, begehren Jerusalem als ihre Hauptstadt. Doch wie sie die Stadt teilen sollen, ist ungelöst. Hunderte von Diplomaten, immer neue Minister und Präsidenten haben sich daran versucht und sind gescheitert. So wurde Jerusalem zur Crux der Weltpolitik. Schon als die Uno 1947 beschloss, Palästina in einen jüdischen und einen arabischen Staat zu teilen, wusste sie nicht, wem sie Jerusalem geben sollte – als »corpus separatum«, getrennte Einheit, wollte sie die Heilige Stadt deshalb unter internationale Kontrolle stellen.

Tatsächlich teilen sich bisher nirgends auf der Welt zwei Staaten eine Hauptstadt. Nirgends sonst prallen die nationalen Interessen zweier Völker derart aufeinander. Doch der israelisch-palästinensische Konflikt ist nur die letzte Eruption in einer langen Chronik der Gewalt, die Jerusalems Geschichte durchzieht. Dutzende Male wurde die »berühmteste Stadt der Welt«, wie der britische Premier David Lloyd George sie Anfang des vorigen Jahrhunderts nannte, belagert oder erobert, zweimal zerstört. Die Gewalt pflanzte sich fort über die Jahrhunderte wie in einer »Tragödie ohne Katharsis«, so der jüdische Schriftsteller Arthur Koestler.

Auf die israelitischen Könige folgten Babylonier, Griechen und Römer, die christlichen Byzantiner beherrschten die Stadt gut 300 Jahre, bis sie die Macht an die Herren eines neuen Glaubens, des Islam, verloren. Sie sollten am längsten herrschen, rund 1200 Jahre. Jerusalem ist den drei monotheistischen Religionen heilig, nirgends sonst liegen Stätten höchster Verehrung so nah beieinander. Winzigkeiten können das heikle Gefüge der Koexistenz aus den Angeln heben – wie der Wandschirm, den orthodoxe Juden 1928 an der Klagemauer aufgestellt hatten, um Männer und Frauen beim Gebet zu trennen. Das löste blutige Tumulte mit den Muslimen aus, die ihrerseits die Mauer beanspruchen. Dort soll nach der Legende der Prophet Mohammed sein Pferd angebunden haben, als er von Jerusalem einst gen Himmel aufstieg.

Die Feldzüge gegen Jerusalem waren immer auch Glaubenskriege, in denen die siegreiche Religion über die unterlegene triumphierte – und die Reliquien der Verlierer oftmals als Kriegsbeute wegschleppte. Der römische Feldherr Titus ließ 70 n. Chr. den jüdischen Tempelleuchter im Triumphzug nach Rom bringen, die Perser rissen 614 auch die Kreuzreliquie an sich – angeblich ein Originalstück der Balken, an denen Jesus starb. Als die Byzantiner sich die Stadt 14 Jahre später zurückholten, erkämpften sie auch das angebetete Holzteil.

Die Kreuzritter erklärten Jerusalem den »Heiligen Krieg«, als sie 1099 die Stadt stürmten, um sie den »Ungläubigen« zu entreißen, wobei sie Juden und Muslime zu Tausenden massakrierten. Als Dschihad galt auch den muslimischen Truppen unter Saladin die Befreiung Jerusalems von den Kreuzfahrern, ihre Herrschaft dort als Akt des Glaubens. In dem »fanatischen Wunsch, Jerusalem zu besitzen«, sagt der israelische Schriftsteller Meir Shalev, gehe es auch darum zu zeigen, »wer die wahre Religion besitzt«.

Wer siegte, wähnte Gott auf seiner Seite. Und so deutete der jüdische Geschichtsschreiber Flavius Josephus, der als Kommandeur von den Römern gefangengenommen wurde und zu ihnen überlief, das siegreiche römische Heer als Instrument Gottes. Seine Landsleute bedrängte er zu erkennen, »dass die Gottheit aus dem Allerheiligsten geflohen ist und jetzt auf der Seite derer steht, die ihr bekämpft«.

Als Historiograf der Römer schildert Josephus ausführlich die Greuel der radikalen jüdischen Zeloten, aber wohl aus Abschreckungsgründen auch die Schrecken der römischen Belagerung. Die Hungersnot machte Menschen zu Bestien. Die Soldaten Roms steckten den Tempel in Brand, »gegen den Willen des Titus«, behauptet Josephus. Dann »raubten sie, was sie fanden, und töteten, die ihnen in die Hände fielen«. Vor lauter Leichen sah man den Boden nicht mehr.

Jeder Eroberer veränderte die Stadt nach seinem Bilde – und seiner Religion. Der griechische Herrscher Antiochus IV. etwa gab Jerusalem 168 v. Chr. ein hellenistisches Gesicht mit Ringerschule und Kadettenanstalt; die Beachtung des jüdischen Sabbat, die rituelle Beschneidung wurden bei Todesstrafe verboten. Unter Hadrian wurde Jerusalem 135 zur rein römischen Stadt »Aelia Capitolina«. Die christlichen Kaiser bauten Kirchen, den Tempelberg ließen sie zum Schuttplatz verkommen – als »sinnfälliges Zeichen für die Verwerfung des Judentums durch Gott«, so der Bamberger Alttestamentler Klaus Bieberstein.

Alle bauten ihre Gotteshäuser so frappierend dicht beieinander, manchmal übereinander, als wollten alle dasselbe Heiligtum besetzen. Das Gewölbe auf dem Zionsberg, in dem Jesus nach späterer christlicher Tradition das Abendmahl mit seinen Jüngern gehalten haben soll, ist seit dem 16. Jahrhundert eine Moschee mit Minarett und Gebetsnische. Direkt darunter liegt eine steinerne Kammer, in der Juden das Grab Davids anbeten. Aber war es dort? In Jerusalem ist fast jeder Ort, sind selbst die Steine umstritten.

Insgesamt wohl ein Dutzend Mal wechselte die Stadt die Religion, häufig büßten die Andersgläubigen und wurden unterdrückt. Dabei erwiesen sich die Muslime jedoch als weitaus toleranter und gewaltloser als die Christen. Die Juden herrschten fast 2000 Jahre nicht.

Was wollten eigentlich alle von Jerusalem, in dessen Gebiet mehr als 3000 Jahre v. Chr. die Besiedlung begann? Es hatte keine Bodenschätze, keine Sklaven zu bieten, lag nicht an den großen Handelswegen.

Schon im 2. Jahrtausend v. Chr. war Jerusalem eine kleine, befestigte Stadt, ägyptische Pharaonen beherrschten das Land

Cameraphoto / akg

Bei der Eroberung Jerusalems zerstören die Römer den Tempel. (Gemälde-Ausschnitt, Francesco Hayez, 1867)

Kanaan, die Könige von Jerusalem waren ihre Vasallen. »Urusalim«, wie der Ort damals hieß, wurde zum Stadtstaat mit einem Königspalast. »Schalim« hieß der Gott, an den die Bevölkerung glaubte. Als David, ein Söldnerführer aus Betlehem, der sich zum Einiger der jüdischen Stämme aufschwang, um 1000 v. Chr. Jerusalem eroberte, wie es die Bibel erzählt, lebten dort die Jebusiter, einer der kanaanäischen Volksstämme.

Irgendwie lag Jerusalem immer an der Kreuzung konkurrierender oder sich ablösender Weltmächte. Zunächst zwischen Ägypten und Mesopotamien, dann auf dem Weg Assyriens nach Westen, die nächste Großmacht hieß Babylonien. Die Bewohner des Brückenlandes Palästina wurden zu Vasallen gedungen oder, wenn sie aufmuckten, unterworfen. Für das expansive Römische Reich befand sich das kleine Judäa mit Jerusalem mitten im Aufmarsch- und Nachschubgebiet, günstig für die Feldzüge gen Osten, und es sicherte den Zugang zum getreidereichen Ägypten. Die separatistischen Umtriebe Judäas wurden von Rom nervös verfolgt. Mit der Vernichtung Jerusalems nach dem Aufstand sollte auch ein Exempel statuiert werden.

Die byzantinischen Kaiser regierten zwar von Konstantinopel aus, doch über Jerusalem konnten sie ihre Herrschaft religiös legitimieren: die Quelle des Glaubens, wo der Herr gelebt und gelitten hatte. Auch die neuen muslimischen Machthaber, die ihr Glaubenszentrum in Mekka und die Hauptstadt in Damaskus und dann Bagdad hatten, bezogen sich auf das heilige Jerusalem. Noch der jordanische König Abdullah I. legte Wert darauf, sich 1948 nach der Eroberung Ost-Palästinas auch zum »König von Jerusalem« krönen zu lassen.

Die Briten holten sich Jerusalem aus der Konkursmasse des Osmanischen Reichs, sie brauchten Palästina als Bollwerk zur Kontrolle Ägyptens und des Suezkanals. Premier Lloyd George, ein bibelfester Christ, hatte sich die Eroberung Jerusalems zu Weihnachten gewünscht, so der US-Historiker David Fromkin – rechtzeitig am 9. Dezember 1917 marschierte sein General

Edmund Allenby in die Stadt ein. Kurz zuvor gab das mit den Türken verbündete deutsche Oberkommando in Jerusalem den Befehl zum Abzug – in einem Sonderkommuniqué hatte Berlin Wert darauf gelegt, schreibt der Historiker Bernard Wasserstein, »die Heilige Stadt nicht zum Schlachtfeld zu machen«. 2500 britische Soldaten sind auf dem britischen Militärfriedhof in Jerusalem begraben, junge Männer, 19, 20, 25 Jahre alt, aus Schottland, Wales, Sussex, Hampshire – sie fielen in Palästina oder Ägypten für das Empire, sinnlos.

Wer im Heiligen Land ums Leben kommt, stirbt nie für sich allein, sondern fast immer für eine höhere Sache – den Glauben, die Nation, Jerusalem. Die palästinensischen Terrorgruppen stilisieren sich zu Gotteskriegern und Märtyrern, sie nennen sich »al-Kuds-Brigaden«. Al-Kuds, die Heilige, ist der arabische Name für Jerusalem. Die fundamentalistische Hamas führt in der Mitte ihres Emblems den Felsendom, davor zwei gekreuzte Schwerter.

Brennpunkt des Konflikts ist der Tempelberg, dessen prächtige Bauten stets auch zur »monumentalen, kultischen Inszenierung von Macht« dienten, so der Jerusalem-Experte Bieberstein. Immer wieder kommt es hier auf dem »Haram al-Scharif«, dem edlen Heiligtum, wie es die Muslime nennen, zu blutigen Unruhen, zuletzt im Jahr 2000, als der damalige Oppositionsführer Ariel Scharon provokativ auf das islamisch verwaltete Areal spazierte. Diese zweite Intifada nannten die Palästinenser »Aksa-Intifada« – nach der Aksa-Moschee dort. Sie brachte eine Welle des Terrors über Jerusalem, den die Israelis den Palästinensern nicht verzeihen.

Neuer Zündstoff liegt schon bereit. Dort, wo der Felsendom steht, wollen radikale Juden wieder einen jüdischen Tempel errichten. Für alle sichtbar haben sie unweit des Tempelbergs einen riesigen goldenen Tempelleuchter aufgestellt. Die mannshohe Menora sei »bereit, im heiligen Tempel entzündet zu werden«, heißt es dazu auf einer Tafel. »Es ist keine Frage des Ob – nur des Wann«, dröhnt Jehuda Glick, der Direktor ihres »Tempel-Instituts« in der Altstadt. Der dritte Tempel werde nach dem Modell des herodianischen Tempels gebaut, bloß »noch viel prächtiger und für die heutige Zeit – mit Computer und Parkplätzen«.

In Jerusalem haben sich Religion und die Schubkraft des Nationalismus zu einer hochexplosiven Mischung verbunden. Den zumeist religiösen Siedlern, die sich in der arabischen Altstadt und im Ring um Jerusalem festsetzen, geht es nicht bloß um Heiliges, sondern ganz profan um den Besitz des Landes.

In zwei Kriegen, die Israelis und Araber um Palästina führten, stand Jerusalem im Zentrum: im Krieg von 1948 nach dem Abzug der Briten und 1967, als Israel einen Präventivschlag gegen das drohend aufmarschierte Ägypten führte und dann Kairos Verbündeter Jordanien Jerusalem bombardierte. In diesem Krieg eroberte Israel ganz Jerusalem und das Westjordanland.

War Israel bisher ein Volk mit »zu viel Geschichte und zu wenig Geografie«, so der jüdische Philosoph Isaiah Berlin, hatte es nun mehr, als es verkraften konnte. »Wir werden an diesem Bissen ersticken«, prophezeite Meir Shalev damals im Streit mit seinem eigenen Vater – heute geben ihm viele recht. Der Romanautor liebt Jerusalem, aber er hält es dort nur noch aus, weil er zwischendurch in sein Landhaus in Galiläa flüchtet. Jerusalem, sagt er, »hat die Menschen schon immer verrückt gemacht«. Er vergleicht die Stadt mit einer unersättlichen Geliebten, »der es gefällt, wenn man um sie kämpft«.

Für Israelis wie Palästinenser ist Jerusalem Herzstück ihrer Identität. »Israel wird Jerusalem niemals freiwillig aufgeben«, erklärte Premier David Ben-Gurion im Dezember 1949 trotzig, nachdem die Uno beschlossen hatte, die Stadt unter internationale Kontrolle zu stellen. Am »Jerusalem-Tag« feiert Israel jedes Jahr mit großem Getöse die Eroberung seiner bis heute umstrittenen Hauptstadt 1967. Selbst Friedensnobelpreisträger Jizchak Rabin blieb stur: »Jerusalem gehörte uns, ist unser und wird es immer bleiben.«

Jassir Arafat nannte Jerusalem die »Stadt der Städte für die Palästinenser«. Der Palästinenserchef behauptete zeit seines Lebens, er sei 1929 in Jerusalem geboren – Kairo gilt jedoch als wahrscheinlicher. »Jerusalem«, schwärmte Arafat 1974 vor der Uno, »ist der Beweis unserer ewigen Präsenz, unserer Zivilisation und unserer humanen Werte«, da trug er noch die Pistole des Terroristen. 1988 erst zogen die Palästinenser nach und proklamierten in Algier den unabhängigen »Staat Palästina« – mit der Hauptstadt Jerusalem, dem »Brennpunkt des palästinensischen Nationalbewusstseins«, wie es die liberale Politikerin Hanan Aschrawi formulierte. Als Arafat 2004 starb, verhinderte Israel, dass er in Jerusalem beerdigt wurde – den Triumph sollte er nicht haben.

Jerusalem trägt nicht nur zu schwer an seiner Geschichte, die Stadt ist auch derart mit Emotionen beladen, von allen Seiten derart überhöht, dass nüchterne Verhandlungen kaum möglich sind. Jedes Detail wird sofort zur Grundsatzfrage. Hier geht es nie um einen Teil, sondern immer ums Ganze.

»Keine Stadt der Welt ist so sehr mit orientierungsstiftenden und identitätsbildenden Geschichten der drei monotheistischen Religionen verbunden wie Jerusalem«, sagt Bieberstein, »dies erklärt sein Leid, aber auch seinen Charme«. Das Ringen um Jerusalem sei immer auch ein konfliktbeladenes »Ringen mit der eigenen Identität«. In der Geschichte gebe es jedoch auch Perioden »fruchtbaren Miteinanders«.

In Jerusalem leben 760 000 Menschen, davon sind 65 Prozent Juden und 35 Prozent Araber. Etwa 15 000, gerade mal 2 Prozent davon, sind Christen. Hier träumen die Menschen von einem normalen Leben, ohne Bomben und Checkpoints, ohne den ewigen Konflikt.

Jerusalem ist eine vielfach geteilte Stadt – zwischen Israelis und Palästinensern, zwischen untereinander zerstrittenen Christen, zwischen weltlichen und frommen Juden. Die Orthodoxen verdammen den Lebensstil der Säkularen und bekämpften schon deren Schwimmbäder, Kinos, am Sabbat geöffnete Cafés und die jährliche Schwulenparade. Lautstark demonstrierten sie jüngst für Stadtbusse mit getrennten Plätzen für Männer und Frauen.

Die angeblich vereinigte Stadt zerfällt in das jüdische West- und das arabische Ost-Jerusalem, das schlechter entwickelt und wesentlich schlechter versorgt ist. Jede Seite hat ihre eigene Geschichte. Wenn der palästinensische Christ Bernard Sabella, 64, nach West-Jerusalem fährt, fühlt er sich, so sagt er, »wie ein Fremder in einer anderen Stadt«. Dabei ist er dort geboren, das Haus seiner Eltern stand im Stadtteil Katamon. Vergebens hat Sabella, Professor für Soziologie, versucht, es zurückzubekommen.

Im Krieg 1948 verließen seine Eltern das Haus, weil es zwischen Posten der jüdischen Irgun und der Briten lag. Die Mutter wollte die Kinder in Sicherheit wissen, zwei Wochen bloß, bis die schlimmsten Kämpfe vorüber wären. Sie packten nur das Nötigste, ließen sogar die Bilder an den Wänden. »Noch auf dem Totenbett hat meine Mutter das bereut«, erzählt Sabella, sie hat die Bilder nie zurückbekommen – und ihr Haus nie mehr gesehen. Zehntausende Jerusalemer Palästinenser wurden damals zu Flüchtlingen, auch Juden mussten ihre Häuser verlassen, die Stadt wurde geteilt. Noch viele Wunden aus dieser Zeit sind offen, so viele unausgesprochene Verzeihungen, nicht erteilte Vergebungen. »Es ist schrecklich, ein Flüchtling zu sein, aber noch schrecklicher ist es, Opfer zu bleiben«, sagt Sabella, der als Abgeordneter im palästinensischen Legislativrat sitzt.

»1948 kämpften wir um unsere Existenz«, erinnert sich Jizchak Navon, 88, von 1978 bis 1983 israelischer Präsident. Vor der Staatsgründung war er in der jüdischen Untergrundarmee, der Haganah, aktiv. »Ben-Gurion wusste, wenn wir Jerusalem verlieren, verlieren wir den ganzen Krieg.« Navon stammt aus einer alteingesessenen Jerusalemer Familie. Im 17. Jahrhundert kamen zwei Navon-Brüder aus der Türkei, wo viele Juden nach der Vertreibung aus Spanien Asyl gefunden hatten. Ein Großvater war Rabbi in Marokko, der eines Nachts träumte, der Prophet Elija rufe ihn, ins darbende Jerusalem zu gehen.

Navon, der als Präsident das »Jerusalem-Gesetz« zur Einverleibung Ost-Jerusalems unterschrieb, sagt heute, er sei bereit, im Frieden Jerusalem mit den Palästinensern zu teilen. Er setzt sich für den Dialog ein, doch derzeit fühle er sich nicht ermutigt. Sabella sagt, er sei »noch nie so deprimiert« gewesen.

Im »Jerusalemer Institut für Israel-Studien« sitzt Israel Kimche, einer der führenden Jerusalem-Planer, und auch er weiß langsam nicht mehr weiter. Seit Jahrzehnten zeichnet er Karten, wie man die Stadt entwickeln und womöglich aufteilen kann. Nun sagt er resigniert: »Im Moment gibt es keine akzeptable Lösung für Jerusalem.« Für den Rest des Landes fänden sich schon Kompromisse, aber nicht in Jerusalem.

»Wir haben versucht, Jerusalem zu einer jüdischen Stadt zu machen, mit neuen Wohnbezirken, aber wir können die Demografie nicht kontrollieren.« Die arabische Bevölkerung wächst schneller, von 26 Prozent 1967 ist ihr Anteil auf 35 gestiegen. »Es war ein Irrtum zu glauben, wir könnten eine andere Nation regieren«, sagt Kimche, »aber wir dachten auch, wir könnten zusammenleben.«

Viele meinen, die Jerusalem-Frage müsse zuerst geklärt werden, wie der Stadtplaner Rami Nasrallah, 40. Das Problem in Oslo auszuklammern, sei der größte Fehler gewesen; die Stadt sei »das Modell für Frieden, wenn es hier nicht funktioniert, ist alles zu Ende«. Nasrallah sieht sein arabisches Jerusalem dahinsiechen, ohne Entwicklung, von jüdischen Siedlungen zersetzt, abgeschnitten vom palästinensischen Hinterland.

Andere, wie der israelische Fotograf David Rubinger, sagen, »man kann nicht das Schwierigste zuerst lösen, erst müssen die Verhärtungen sich auflösen, dann werden wir sehen, dass es doch möglich ist, als zwei Parteien in unterschiedlichen Etagen eines Hauses zu wohnen«.

Das kann dauern in der ewigen Stadt des Konflikts, die schon so alt ist, aber immer noch nach ihrer Zukunft sucht. Was die Jerusalem-Frage betreffe, so orakelte der Schriftsteller Amos Oz schon vor vielen Jahren, »so müssen wir sie offenlassen, bis der Messias kommt«.

CHRONIK

GESCHICHTE JERUSALEMS

Ewig umkämpfte heilige Stadt

4. JAHRTAUSEND V. CHR.
Spuren erster Besiedlung am Ort der heutigen Stadt.

CA. 1900 V. CHR.
Erstmals Erwähnung Jerusalems in ägyptischen Texten. »Urusalim« wird zur befestigten Siedlung, ein kanaanäischer Stadtstaat mit König, Palast und dem Stadtgott Schalim.

CA. 1000 V. CHR.
David erobert Jerusalem von den Jebusitern.

952 V. CHR.
Salomo weiht der Bibel zufolge den ersten Tempel.

930 V. CHR.
Scheschonk I. von Ägypten erobert und plündert die Stadt.

932 BIS 587 V. CHR.
Reichsteilung; Jerusalem wird Hauptstadt des Kleinkönigreiches Juda, Zeit der israelitischen Könige.

700 V. CHR.
Assyrer belagern Jerusalem.

597 V. CHR.
Erste Belagerung durch den babylonischen Herrscher Nebukadnezar II., Palast und Tempel werden geplündert.

587 V. CHR.
Zweite Belagerung, Nebukadnezar II. zerstört Stadt und Tempel, Deportation großer Teile der Bevölkerung ins babylonische Exil.

538 BIS 333 V. CHR.
Perserherrschaft; Rückkehr der Juden nach Jerusalem, Bau des zweiten Tempels, Niederschrift der Bibeltraditionen beginnt.

333 BIS 167 V. CHR.
Hellenistische Zeit; anfängliche Religionstoleranz.

168 V. CHR.
Eroberung durch Antiochus IV.; Unterdrückung des Juden-

tums und Zwangs-Hellenisierung lösen den Aufstand der Makkabäer aus.

167 BIS 37 V. CHR.
Jüdische Dynastie der Hasmonäer.

63 V. CHR.
Der römische Feldherr Pompeius erobert Jerusalem, das nun im Römischen Reich tributpflichtige Bezirkshauptstadt der Kolonie Syrien wird.

40 V. CHR.
Einfall der iranischen Parther, sie verhelfen nochmals einem Hasmonäer zur Macht.

37 V. CHR.
Der von den Römern eingesetzte Herodes erobert Jerusalem. Prächtiger Ausbau des jüdischen Tempels, bis 324 n. Chr. römische Herrschaft.

34 V. CHR.
Kleopatra besucht Jerusalem.

CA. 30 N. CHR.
Pontius Pilatus, römischer Prokurator von Judäa, ordnet die Kreuzigung Jesu von Nazaret an.

66 BIS 70
Erster jüdischer Aufstand gegen Rom; Schreckensherrschaft der radikalen Widerstandsgruppen, römische Heere belagern die Stadt. Eroberung durch Titus, er lässt den Tempel und die Stadt vollständig zerstören.

132 BIS 135
Zweiter jüdischer Aufstand gegen die Römer unter Simon bar Kochba.

135
Kaiser Hadrian errichtet die römische Garnisonsstadt »Aelia Capitolina« auf den Ruinen Jerusalems.

324 BIS 614
Byzantinische Zeit; Jerusalem wird christlich, Kaiser Konstantin lässt ab 326 die Grabeskirche bauen.

614
Persische Sassaniden erobern die Stadt und zerstören Kirchen, diese werden aber wieder aufgebaut.

628
Erneute byzantinische Herrschaft.

638
Eine neue Religion, der Islam, hält Einzug: Kalif Omar nimmt die Stadt ohne Kampf ein.

691
Der Bau des Felsendoms auf dem Tempelberg neben der Aksa-Moschee wird vollendet.

1071
Die türkischen Seldschuken nehmen Jerusalem kampflos ein.

1095
Papst Urban II. ruft zum Ersten Kreuzzug und zur »Befreiung der heiligen Stätten« auf.

1099
Die Kreuzfahrer unter Gottfried von Bouillon belagern und erstürmen Jerusalem; sie errichten das christliche »Königreich Jerusalem« und herrschen 88 Jahre lang.

1187
Sultan Saladin erobert Jerusalem für die Muslime zurück. Reinigung des Tempelbergs von allem Christlichen.

1189
Der Dritte Kreuzzug zur Rückeroberung Jerusalems scheitert; im Vierten Kreuzzug 1202 kommen die Christen nur noch bis Konstantinopel.

1229 BIS 1244
Der ägyptische Herrscher Kamil überlässt die Heilige Stadt erneut den Kreuzfahrern – nach einem Vertrag mit Friedrich II., der sich selbst zum König von Jerusalem krönt.

1244
Die Tataren fallen in Jerusalem ein.

1260
Die Mamluken, die sich zur Herrschaft über Ägypten aufgeschwungen haben, übernehmen die Macht.

1516
Sieg des osmanischen Sultans Selim I. über die Mamluken in der Schlacht von Aleppo. Suleiman der Prächtige regiert ab 1520 in Jerusalem; er lässt die heute noch erhaltene Stadtmauer errichten. Für mehr als 400 Jahre ist Jerusalem eine relativ unbedeutende Stadt im Osmanischen Reich.

1831
Ägypter besetzen Jerusalem, Herrschaft Ibrahim Paschas, der Reformen einleitet.

1880
Von rund 30 000 Einwohnern Jerusalems sind 17 000 jüdisch, das ist erstmals wieder die Mehrheit.

1882
Erste Jüdische Einwanderungswelle (»Alija«) aus Russland und Polen.

1892
Einweihung der ersten Eisenbahnlinie von Jaffa nach Jerusalem.

1917
Die Briten erobern Jerusalem und verdrängen die Osmanen.

1922
Der Völkerbund erteilt offiziell Großbritannien das Mandat für Palästina; zum Auftrag gehört auch die »Schaffung einer jüdischen Heimstätte«.

29. November 1947
Im historischen »Teilungsbeschluss« fordert die Uno die Gründung eines jüdischen und eines palästinensischen Staates; Jerusalem soll als »Corpus separatum« durch Treuhänder und einen Gouverneur regiert werden. Israel stimmt zu, die Araber lehnen ab.

14. Mai 1948
David Ben-Gurion ruft den Staat Israel aus; kurz darauf Kriegserklärung der arabischen Nachbarn. Bis 1949 tobt der Krieg mit einer erbitterten Schlacht um Jerusalem. Die Stadt wird mit Mauer und Stacheldraht geteilt.

Amit Shabi/Laif

David Ben-Gurion erklärt Israel am 14. Mai 1948 für unabhängig.

20. Juli 1951
Der jordanische König Abdullah I. wird nach dem Freitagsgebet vor der Aksa-Moschee von einem palästinensischen Attentäter erschossen.

5. bis 10. Juni 1967
Sechstagekrieg zwischen Israel, Ägypten, Jordanien und Syrien, in dem Israel Jerusalem ganz erobert und das Westjordanland sowie die Sinai-Halbinsel, den Gaza-Streifen und die Golanhöhen besetzt.

1977
Der ägyptische Präsident Anwar al-Sadat kommt nach Jerusalem und leitet so Frieden zwischen beiden Ländern ein.

1980
Mit dem Jerusalem-Gesetz schreibt Israel gegen internationalen Protest die faktische Annexion Ost-Jerusalems fest.

1987
Beginn der ersten Intifada, des Palästinenser-Aufstandes gegen die israelische Besatzung, 2000 folgt die zweite Intifada mit schweren Terroranschlägen in Jerusalem.

»HAUPTSTADT UNSERES LEBENS«

Der israelische Präsident Schimon Peres über die Traumstadt seiner Kindheit, die Kriege um Jerusalem und die gescheiterten Friedensgespräche mit den Palästinensern.

Das Gespräch führten Annette Großbongardt und Dietmar Pieper am 5. April 2009 in Jerusalem.

SPIEGEL: Herr Präsident, wir wollen mit Ihnen heute über Jerusalem reden …
PERES: … Jerusalem ist unser Gravitationszentrum seit mehr als 3000 Jahren, das Herz des jüdischen Volkes. Ihre ewige Sehnsucht führte die Juden immer wieder hierher zurück. Aber gleichzeitig ist uns klar, dass es die Metropole der großen monotheistischen Religionen ist, die das innerste Wesen der Menschheit in sich bergen.
SPIEGEL: Jerusalem ist nicht Ihre Geburtsstadt, aufgewachsen sind Sie weit entfernt im damaligen Polen, in einem Ort, der heute zu Weißrussland gehört. Sie waren ein tiefreligiöser Junge. Dachten Sie damals an Jerusalem?
PERES: Oh ja, Jerusalem war ein Traum für mich, der einzige wahrhaft heilige Ort des Judentums.
SPIEGEL: Hatten Sie eine Vorstellung, wie die Stadt aussah?
PERES: Ich kannte Bilder, Fotos. Doch die zeigen nicht, was so besonders ist an Jerusalem. Sie ist ja eine der wenigen Hauptstädte, die nicht an einem Fluss liegen, sie hat auch sonst keine geografischen Vorteile, keine Kohleminen, keine Öl- oder Wasserquellen. Also was macht Jerusalem zu solch einer Attraktion?
SPIEGEL: Was denken Sie?
PERES: Bestimmt 30-mal wechselten hier die Herrscher. Es gab kaum einen König, der die Stadt nicht besitzen wollte. Alle dach-

ten wohl, Jerusalem verleiht ihrer Herrschaft auch spirituelle Macht. Es liegt etwas Mystisches in unserem Klima hier, die Farben haben ein besonderes Gold, wie ein Anstrich des Göttlichen. Zum anderen ereignete sich hier die erste Revolte gegen den Götzenglauben. Unser erster König David hat die Stadt gebaut, Jesus Christus wurde hier hingerichtet. Für die Muslime ist es eine andere Geschichte – Mohammed war ja nicht wirklich hier, bloß im Traum flog er auf seinem Pferd hierher. Aber für alle drei ist Abraham der verehrte Urvater.

SPIEGEL: Wie kamen Sie ins Gelobte Land?

PERES: Meine gesamte Familie bestand aus hundertprozentigen Zionisten. Zu Hause sprachen wir Hebräisch, Russisch und Jiddisch. In dem Dorf, in dem wir lebten, gab es keine Nichtjuden, es war ein klassisches jüdisches Schtetl. Ich wuchs in dem Bewusstsein auf, dass unser Leben dort temporär ist. Meine religiöse Geburtsstadt war Jerusalem.

SPIEGEL: Sie waren elf Jahre alt, als Sie schließlich in Palästina landeten.

PERES: Ja, das war 1934. Ungefähr die Hälfte der jüdischen Gemeinde aus meinem Geburtsort Wischnewa emigrierte. Die andere Hälfte, die unglücklicherweise blieb, wurde in der Schoa ausgelöscht.

SPIEGEL: Ihre Familie zog nach Tel Aviv, Sie lebten später in einem Kibbuz. Wann sahen Sie Jerusalem zum ersten Mal?

PERES: Ziemlich bald nach unserer Ankunft fuhr ich mit dem Bus dorthin. Ich erinnere mich noch, wie ich im Mondschein auf den Mauern spazierte. Leider konnte ich nicht übernachten, das konnte ich mir nicht leisten.

SPIEGEL: Sie haben früh an der Seite von Staatsgründer David Ben-Gurion für die jüdischen Selbstverteidigungskräfte, die Haganah, gearbeitet.

PERES: Ja, 1947, wir lebten noch unter britischer Mandatsverwaltung, sandte Ben-Gurion mir einen Boten in den Kibbuz, wo ich lebte, um mich anzuwerben. So kam ich ins Haganah-Hauptquartier in Tel Aviv. Ich war für die Waffenbeschaffung zuständig.

Die Altstadt Jerusalems

Heilige Mauern Die Altstadt Jerusalems

TEMPELBERG

1. „Ställe Salomos“
2. Aksa-Moschee
3. Islamisches Museum
4. Kettendom
5. Felsendom
6. Klagemauer
7. Goldenes Tor
8. Löwentor
9. Annenkirche
10. Via Dolorosa
11. Herodestor
12. Damaskustor
13. Zionstor
14. Dormitiokirche
15. Erlöserkirche
16. Grabeskirche
17. Zitadelle (Davidsturm
18. Jaffator
19. Cardo (Säulengang)

STATIONEN DES KREUZWEGS

I. Jesus wird verurteilt (Standort der römischen Festung Antonia, „Ecce-Homo"-Bogen).

II. Jesus nimmt das Kreuz.

III. Jesus stürzt zum ersten Mal.

IV. Jesus trifft seine Mutter.

V. Simon von Kyrene hilft beim Tragen des Kreuzes.

VI. Veronika wischt sein Gesicht.

VII. Jesus stürzt zum zweiten Mal.

VIII. Jesus tröstet die Frauen von Jerusalem.

IX. Jesus stürzt zum dritten Mal.

IN DER GRABESKIRCHE:

X. Jesus wird entkleidet.

XI. Jesus wird ans Kreuz geschlagen.

XII. Jesus stirbt am Kreuz.

XIII. Jesus wird vom Kreuz genommen.

XIV. Jesu Grablegung (Heiliges Grab in der Grabeskirche)

Da ich der Jüngste war, kam ich praktisch ohne Schlaf aus und sprang ein, wo immer jemand gebraucht wurde. Wir waren noch nicht besonders gut organisiert damals.

SPIEGEL: Wann fiel die Entscheidung, Jerusalem zur Hauptstadt zu machen – und nicht Tel Aviv?

PERES: Mitten im Krieg 1948/49. Und Ben-Gurion tat es gegen den Rat etlicher seiner Minister – ich gehörte nicht dazu – und der Vereinigten Staaten: Außenminister George C. Marshall warnte ihn in einem persönlichen Brief, Jerusalem zur Hauptstadt zu machen.

SPIEGEL: Aber warum setzte er sich darüber hinweg?

PERES: Weil Jerusalem die Hauptstadt unseres Lebens war. Es war eine moralische Entscheidung. Wir kehrten in unsere Heimat zurück, und Ben-Gurion wollte wieder zu unseren Ursprüngen. Die Diaspora, so dachte er, hat das jüdische Leben verdorben.

SPIEGEL: Wie haben Sie den Kampf um Jerusalem erlebt, den Fall des jüdischen Viertels in der Altstadt?

PERES: Es war tragisch. Ich hatte mit Ben-Gurion und anderen unter heftigem Beschuss Nahrungsmittel in die belagerte Stadt gebracht. Obwohl uns die Uno mit einem Waffenembargo belegt hatte, gaben wir nicht auf. Ben-Gurion hatte den Krieg um die Stadt zur obersten Priorität gemacht. Wie übrigens auch der jordanische König Abdullah I. setzte er sich dabei über sein Militär hinweg: Unser Generalstabschef Jigael Jadin fand es wichtiger, die Ägypter im Süden zurückzuwerfen. Abdullahs Generalstabschef wollte Israel weiter im Norden bekämpfen. Aber Abdullah sagte: Jerusalem hat Priorität. Da sehen Sie auch etwas von der verborgenen Kraft Jerusalems. Beide Staatsmänner bezahlten einen hohen Preis in der verlustreichen Schlacht. Doch wir konnten zumindest einen Teil Jerusalems retten.

SPIEGEL: Warum verließ Ben-Gurion später Jerusalem und zog die Negev-Wüste als Wohnsitz vor?

PERES: Er wollte in den Ruhestand gehen und dachte, es ist an der Zeit, den Negev zu entwickeln. Er sehnte sich nach einem

Platz, der weder von Eroberern noch von der Zivilisation verdorben war, einem Ort wie in der biblischen Genesis.

SPIEGEL: Wie lebten die Israelis nach 1948 mit der Teilung? Sie konnten ja auch nicht zur Klagemauer…

PERES: Von unserem Herzen war die Stadt nie getrennt. Die Jordanier brachen ihr Versprechen, den Zugang zur Klagemauer offen zu halten. In unserer Tradition ist Abraham der beste aller Gastgeber, die Idee ist die eines Zeltes, das in alle vier Himmelsrichtungen offen ist. Daran halten wir uns heute: Wir hindern keinen Gläubigen einer anderen Religion, zu den heiligen Stätten zu kommen und auf seine Weise zu beten.

SPIEGEL: 1967 holten Sie aber nicht nur das jüdische Viertel zurück, sondern gleich die ganze Altstadt und das übrige Ost-Jerusalem.

PERES: Wir haben uns nicht um diesen Krieg gerissen, wir wurden angegriffen. Ich selbst hatte den Auftrag, immer wieder Alternativen zu prüfen. Als das jüdische Viertel zurückerobert war, ging ich mit Ben-Gurion zur Klagemauer. Wegen eines dicht angrenzenden Wohnviertels lagen nur etwa zwei Meter zwischen der heiligen Mauer und den nächsten Häusern. Irritiert entdeckte er am Ende der Klagemauer ein Schild in Arabisch, das vom »Burak Areal« sprach, nach dem Pferd Mohammeds. Ein Soldat, der die Reaktion Ben-Gurions sah, riss das Schild herunter. Es wurde später ersetzt.

SPIEGEL: Aber warum ließen Sie das arabische Wohnviertel davor abreißen?

PERES: Er wollte den Platz, der früher ein Gebetsort gewesen war, wieder öffnen. Er ließ ja auch die Trennmauer niederreißen. Ben-Gurion war gegen die geteilte Stadt, aber er hätte von sich aus keinen Krieg um Jerusalem geführt. Er dachte auch, wir sollten die Araber nicht regieren.

SPIEGEL: Aber warum haben die Israelis dann mehr getan, als sich nur zu verteidigen? Sie wurden zu Eroberern.

PERES: Sehen Sie, die Jordanier hatten diese Gebiete zuvor, nämlich 1948/49 erobert – und im Krieg herrschen eben die

Gesetze des Krieges. Damals waren wir unterlegen, jetzt gewannen wir. Aber wir sind auch 1967 nur in den Kampf gezogen, um uns zu verteidigen. In meinen Erinnerungen beschrieb ich, dass der jordanische König den Krieg nicht stoppte, weil der ägyptische Präsident Gamal Abd al-Nasser ihm wider besseres Wissen erzählt hatte, sie würden gewinnen, und König Hussein wollte auf der Siegerseite sein. Wir hatten die Funksprüche abgehört. Wie in Israel üblich, musste ich mein Buch dem Militärzensor vorlegen. Er sagte mir, ich müsse das Einverständnis eines jeden haben, den ich zitiere. Also sandte ich das Kapitel an König Hussein …

SPIEGEL: … Sie hatten damals schon Frieden mit Jordanien geschlossen?

PERES: Nein, das war vor 1994. Ich bekam einen sehr freundlichen Brief zurück, in dem Hussein schrieb: »Sie irren sich leider. Ich habe die Offensive nicht fortgesetzt, weil ich dachte, Nasser würde gewinnen, sondern weil wir einen gemeinsamen Generalstab mit Syrien und Ägypten unter einem ägyptischen Kommandeur bildeten. Wir hatten dessen Befehle umzusetzen.«

SPIEGEL: Warum hat Israel 1980 den Ostteil Jerusalems mit all seinen arabischen Bewohnern auch noch formal annektiert? International wurde das als illegaler Schritt kritisiert.

PERES: Praktisch niemand erkannte ja auch die jordanische Souveränität über das Westjordanland und Ost-Jerusalem an. Es gab ein Problem: Wir konnten nicht bauen, weil es keine gesetzliche Kartengrundlage dazu gab.

SPIEGEL: Seitdem sprechen Sie vom wiedervereinigten Jerusalem – dabei zerfällt Jerusalem in zwei sehr ungleiche Teile.

PERES: Da häufen sich in der Tat etliche Widersprüche …

SPIEGEL: Für die Prinzipienerklärung von Oslo 1993 erhielten Sie gemeinsam mit Jizchak Rabin und Jassir Arafat den Friedensnobelpreis. Sie hatten früher als andere erkannt – und das machte Sie zum Friedensstifter –, dass Israel das Land mit den Palästinensern teilen und 1967 erobertes Territorium zurückgeben muss.

PERES: Der große Fortschritt in Oslo war, dass Arafat überzeugt werden konnte, Israel in den Grenzen von 1967 – vor dem Krieg – anzuerkennen und nicht auf 1948 zurückzufallen. Die israelische Rechte wollte das ganze Land. Es gibt sogar eine Gruppe in der Arbeitspartei, was gern vergessen wird, die sagt, die Ganzheit des Landes sei wichtiger als die Unabhängigkeit. Eine andere Gruppe favorisiert einen binationalen Staat. Ben-Gurion sagte, und da bin ich auf seiner Seite: Besser ein jüdischer Staat auf einem Teil des Landes als das ganze Land ohne einen jüdischen Staat. Deshalb akzeptierte er ja auch den Teilungsplan der Uno 1947.

SPIEGEL: Sind Sie persönlich bereit, Jerusalem mit den Palästinensern zu teilen, was bedeuten würde: zwei Hauptstädte für zwei Nationen?

PERES: Ich möchte das nicht beantworten. Ich habe meine Vorstellungen, aber ich glaube nicht, dass es die richtige Zeit ist, sie publik zu machen. Ich glaube, Jerusalem muss für alle offen sein, jeder muss das Recht haben, hier zu beten.

SPIEGEL: Warum wollen Sie nicht konkreter werden?

PERES: Ich möchte, dass die Regierung das entscheidet. Ich bin der Präsident und möchte nicht den Eindruck erwecken, ich sei eine eigene Regierung.

SPIEGEL: In Oslo wurde die Jerusalem-Frage ja einfach verschoben. Später in Camp David schlug Bill Clinton vor, Jerusalem aufzuteilen, indem Israel die jüdischen Viertel bekommt und die Palästinenser die arabischen. Die Palästinenser sollten ihre Hauptstadt in ihrem Teil haben, und die heiligen Stätten würden unter ein gesondertes Regime gestellt. War das für Sie akzeptabel?

PERES: Damals schien es möglich.

SPIEGEL: Oslo ist 16 Jahre her, aber wir haben immer noch keinen Frieden. Ist eine Lösung an Jerusalem gescheitert?

PERES: Das wäre zu einfach. Wir konnten es nicht in einem Zug schaffen. Das Problem für die israelische Öffentlichkeit waren die Angriffe der palästinensischen Terroristen. Die Menschen

fragten: »Mit wem können wir Frieden machen?« Deshalb habe ich zweimal die Wahlen verloren.
SPIEGEL: Müssten Sie aus israelischer Sicht nicht schnellstens allein schon aus Gründen der Demografie eine Einigung finden? Die arabische Bevölkerung in Jerusalem wächst viel schneller, irgendwann wird sie in der Mehrheit sein.
PERES: Jerusalem ist ja mehr als ein Stück Land. Im Moment ist es relativ ruhig und friedlich in der Stadt. Aber in dem Moment, in dem Sie versuchen, einen Frieden auf Papier zu bringen, bricht wieder Krieg aus.
SPIEGEL: Aber so gesehen wäre es ja nie möglich, die Grenzen zwischen Israel und den Palästinensern festzulegen und ein Abkommen zu schließen?
PERES: Moment, nicht so schnell. Ich glaube nur, man braucht ein bestimmtes Klima, in dem wir alle klarer sehen und zwischen religiösen Bedürfnissen und Souveränitätserklärungen unterscheiden können. Wenn wir heute Verhandlungen eröffnen, reden wir doch gar nicht über die tatsächlichen Haltungen, sondern die Verhandlungspositionen. Deshalb würde es als Provokation gesehen, wenn ich jetzt eine Lösung vorschlagen würde.
SPIEGEL: Sie haben kürzlich mit US-Präsident Barack Obama gesprochen; will er aktiv werden?
PERES: Ja, ich habe mit ihm gesprochen, aber nicht über konkrete Pläne.
SPIEGEL: Nicht über Jerusalem?
PERES: Es gibt eine Verhandlungsregel, die heißt »konstruktive Unschärfe«. Man darf eine gute Idee nicht gleich an die große Glocke hängen. Man muss vorsichtig vorgehen – und im richtigen Moment zuschlagen. Frieden muss man zuerst im eigenen Volk schließen. Spricht man von Konzessionen, fragen die Leute: Warum müssen wir so viel hergeben? Man muss genau auf den Konsens achten. Ich habe bei Wahlen den Preis dafür bezahlt, dass ich die Toleranzgrenze der Menschen überschritten hatte, weil ich zu offen über das gesprochen hatte, was vor uns lag. Ich sprach von der anderen Seite, unserem Interesse an den

Palästinensern – eine Woche später sprengten sie in Jerusalem Busse in die Luft.

SPIEGEL: Aber wie können Sie das Volk auf einen Friedensschluss vorbereiten, wenn Sie nicht offen über die notwendigen Konzessionen sprechen?

PERES: Die Leute wollen Frieden, von Natur aus. Man muss ihnen nur zeigen, dass er möglich ist. Auch die Entscheidung Ben-Gurions, den Teilungsplan 1947 anzunehmen, war umstritten. Man muss über Frieden sprechen, aber darf nicht zu konkret werden, was die Opfer dafür angeht – vor allem nicht, ehe die Sache nicht reif ist.

SPIEGEL: Das klingt ja schön, aber der Frieden liegt noch nicht hinter der nächsten Ecke.

PERES: Es kommt darauf an, wo Sie die Ecke ansiedeln. Ich habe nicht den geringsten Zweifel, dass er kommen wird. Wissen Sie, mit dem Frieden ist es wie in der Liebe. Wer sie genießen will, muss die Augen schließen. Man muss ein bisschen romantisch, auch vergebungsbereit sein und Vorstellungskraft haben. Es ist kein physischer Akt, sondern eine Sache voller Emotionen, Erinnerungen, Komplikationen. Es geht nicht um einen Körper, sondern eine Seele.

SPIEGEL: Herr Präsident, wir danken Ihnen für dieses Gespräch.

TEIL II
RELIGIÖSE URSPRÜNGE

LEBEN IM HAUS GOTTES

1000 Jahre vor Christi Geburt wird Jerusalem zum Sitz der israelitischen Könige und schließlich zum wichtigsten Ort des Judentums. Die Überlieferung zeugt von einer einzigartigen Beziehung eines Volkes zu einer Stadt.

Von Gil Yaron

Es muss ein gigantisches Gelage gewesen sein. Der kupferne Altar konnte die Vielzahl der Schlachtopfer nicht fassen, auch im Tempelhof wurden Opfer dargebracht. 22 000 Rinder und 120 000 Schafe hatte König Salomo zusammentreiben lassen für die Einweihung des großen neuen Tempels in Jerusalem. Nach zwei Wochen Andachten und Festschmaus, so heißt es im Ersten Buch der Könige, kehrten die Bewohner seines Reiches »fröhlich und guten Mutes« zu ihren Hütten zurück.

Die prachtvolle Eröffnungsfeier ist einer von vielen Superlativen, in denen die Bibel von Jerusalem und seinem Tempel schwärmt. Historisch akkurat sind die Angaben wohl kaum, sie spiegeln aber die zentrale Rolle wider, die die Stadt in den Hügeln Judäas seit Jahrtausenden für Juden spielt. Ihre Anfänge sind mit dem Schicksal Davids verknüpft, dem sagenumwobenen Gründer der wichtigsten jüdischen Dynastie. Er beginnt seine Karriere als Soldat im Dienst des ersten jüdischen Königs Saul, Heerbannführer eines lockeren Bundes jüdischer Stämme. Als Saul getötet wird, lässt David sich zum König des südlichen Stammes Juda salben.

Bald macht sich der charismatische Regent auch die Stämme im Norden untertan und legt so das Fundament für ein vereintes Königreich. Wegen seiner zentralen Lage erobert er Jerusalem von den Jebusitern, einem Volksstamm im Land Kanaan. Er macht die Stadt zu seinem Herrschaftssitz und »Jahwe« zum

Gott seiner Dynastie. Feierlich holt er die Bundeslade mit den Steintafeln der Zehn Gebote, die Mose laut der Bibel von Gott erhielt, nach Jerusalem und macht es so auch zum kultischen Zentrum. Aber erst sein Sohn und Nachfolger Salomo errichtet dem Gott Jahwe einen Tempel. Im Inneren wird der Tempelschatz aufbewahrt, im Devir, dem Allerheiligsten, steht die Bundeslade.

Doch das Reich der judäischen Könige war wahrscheinlich viel bescheidener, als die Bibel glauben machen will. Jerusalem ist in dieser Zeit bloß eine Bergsiedlung mit einigen hundert Einwohnern. Der Tempel gleicht zu Beginn wohl eher einer Palast-Kapelle. Mit den Heldensagen wollten die Bibelautoren im winzigen Juda mehrere hundert Jahre nach Davids Tod offenbar die imperialen Ambitionen ihrer Geldgeber, der Könige des Landes, rechtfertigen.

Nach Salomos Tod zerfällt das Reich. Das wirtschaftlich mächtigere Nordreich Israel entfaltet sich schneller als Juda. Es errichtet eigene Tempel, die Jerusalem die Gläubigen streitig machen.

Der Einfall der Assyrer im Norden Israels im Jahre 722 v. Chr. nützt Jerusalem. Große Teile der Nordbevölkerung werden deportiert, Tausende Flüchtlinge bescheren der Stadt einen massiven Aufschwung. In den folgenden 150 Jahren ist die jüdische Gemeinde in Jerusalem zum einzigen Mal in der Geschichte die größte der Welt. Hier sitzt nun die geistige Elite des Jahwe-Kults; Priester, Philosophen und Propheten formulieren den Glauben aus. Noch stehen in Jahwes Tempel Götzen, die Bewohner Jerusalems, die teilweise noch der naturverhafteten Volksreligion Kanaans verbunden sind, opfern auch anderen Göttern. Doch König Joschija (640 bis 609 v. Chr.) lässt ihre Altäre zerstören. Die Bibel erzählt von einem brutalen Kulturkampf: »Ihre Haine sollt ihr abhauen und ihre Götzen mit Feuer verbrennen«, so steht es im Fünften Buch Mose.

Joschijas Priester beginnen, die Bibel zu redigieren: Sie verankern dauerhaft den Status Jerusalems als einzigen heiligen Ort des Judentums und liefern religiöse Rechtfertigung für Expansionsgelüste. Die Stadt wird zur einzigen offiziellen Kultstätte Jahwes. Ihr Sonderstatus ruht auf drei Grundpfeilern: der Berufung von Davids Königshaus zur von Gott gewählten Dynastie, der Bestimmung Jerusalems als einzigem legitimen Wohnsitz Gottes. Dazu kommt nun drittens der Anspruch des Judentums, nicht mehr nur Religion, sondern national-religiöse Identität zu sein.

Den imperialen Gelüsten stehen mächtige Nachbarn entgegen. Judas Lage auf der einzigen Landverbindung zwischen Europa, Afrika und Asien macht Jerusalem zum Spielball der Weltreiche, das kleine Königreich zieht stets den Kürzeren. Joschija stirbt im Kampf gegen die Ägypter. Seine Nachfolger erheben sich gegen Babylon, das schließlich König Zedekia und die Elite der Stadt, mindestens 5000 Menschen, ins babylonische Exil verschleppt. Der Eroberer Nebukadnezar II. macht Jerusalem mitsamt dem Tempel dem Erdboden gleich.

Für die Verschleppten wird Jerusalem zum Ort der Sehnsucht und damit zum Fundament der sich stetig entwickelnden jüdischen Identität. Die Stadt gilt als Sitz der Schechina, der geistigen Präsenz Gottes. Rabbiner erheben Jerusalem zum Sinnbild für das Paradies: Frauen hätten dort keine Fehlgeburt, niemand werde von Schlangen oder Skorpionen gebissen. Sie prägen die Idee der Rückkehr, die die Juden auch in spätere Exile begleitet und Jerusalem in der weltweiten Diaspora zur Heimat macht. Noch 1966 wird der jüdische Nobelpreisträger Samuel Josef Agnon in seiner Dankesrede betonen, er sei »wegen einer historischen Katastrophe, der Zerstörung Jerusalems durch den römischen Kaiser … in einer der Städte der Diaspora geboren. Aber ich habe mich immer als jemanden betrachtet, der in Jerusalem geboren wurde.«

Erst wenn Gott wieder mit Gnade auf Israel blickt, wird der Messias sein Volk heimführen, erklären die Rabbiner in Babylon. Erwartungsvoll hortet man die Tempelsteuer, einen halben Schekel pro Kopf, für den Wiederaufbau des Heiligtums.

Fünfzig Jahre später scheint der Augenblick gekommen. Der persische Schah Kyros II. zerschlägt das neubabylonische Reich und gestattet den Juden 538 v. Chr. die Rückkehr. Er stellt sogar Gelder aus seiner Schatulle für den Wiederaufbau des Tempels bereit. Doch nur wenige folgen der Einladung zur Heimkehr. Man hat sich ans »Exil« gewöhnt, viele sind hier geboren und ziehen das fruchtbare Zweistromland dem Bergdorf Jerusalem am Rande der Wüste vor. So bleibt die »heilige Stadt Gottes« vom 6. bis 3. Jahrhundert v. Chr. nur dünn besiedelt, der Tempelbau zieht sich hin, erst 516 v. Chr. wird er vollendet. Die Feiern erscheinen in der Bibel weitaus bescheidener und wohl realistischer als die des ersten Tempels; die Rede ist jetzt von »hundert Stieren, zweihundert Widdern, vierhundert Lämmern und zwölf Ziegenböcken« als Opfertieren.

Jerusalem, so der Geschichtsschreiber Polybios, ist nun »ein Tempel mit einer Stadt«. Der Tempelstaat Juda liegt im Grenzgebiet der Diadochen, die um das Erbe Alexanders des Großen streiten. Die Hellenisierung Jerusalems, die von einer Elite unterstützt wird, macht die Bevölkerung rebellisch. Als der Seleukiden-Herrscher Antiochus IV. Epiphanes 168 v. Chr. einen Teil des Tempelschatzes an sich reißt, das Gotteshaus in eine Zeus-Kultstätte verwandelt und die Einhaltung jüdischer Riten verbietet, sammeln sich die Juden zum Aufstand. Unter der Führung von Judas Makkabäus schütteln sie 164 v. Chr. sogar die Fremdherrschaft ab, der Tempel wird wieder einzig Jahwe geweiht.

Simon, ein Bruder des Judas, begründet die Hasmonäische Dynastie, die dem Königreich Juda eine 79-jährige Periode der Unabhängigkeit beschert und Jerusalem zur Hauptstadt eines kleinen Reiches macht. Die Hasmonäer expandieren und spannen die Priesterkaste in ihre Politik ein, damit sie eroberte Völker wie die Idumäer zum Judentum bekehren und ihre Sichtweise des Judentums gegenüber anderen jüdischen Strömungen durchsetzen.

Doch das mächtig drängende Rom will die strategisch wichtige Landbrücke zwischen Syrien und Ägypten ganz beherrschen.

Pompeius nutzt einen Bruderzwist im hasmonäischen Königshaus und marschiert 63 v.Chr. in Jerusalem ein. Der Krieg endet erst, als der römische Senat den Idumäer Herodes zum König Judas erklärt und dieser im Jahr 37 v.Chr. Jerusalem endgültig erobert. Der auch wegen seiner Grausamkeit verhasste Idumäer, dessen Volk erst kurz zuvor bei den hasmonäischen Feldzügen jüdisch wurde, will sich mit dem Ausbau des Tempels die Gunst der Juden erkaufen. Jerusalem macht er mit prächtigen Bauwerken zur »berühmtesten Stadt des Ostens«, schreibt Plinius der Ältere.

Der Tempel ist der Magnet. An den Wallfahrtsfesten pilgern Juden aus aller Welt hierher, unzählige Händler im Tross. Jerusalem, wo etwa 70000 Menschen wohnen, wird zur kosmo-

Topham Picturepoint / Keystone

Nach der Zerstörung des Tempels verschleppen römische Soldaten jüdische Kultgegenstände. (Darstellung auf dem Ende des 1. Jahrhunderts erbauten Titusbogen in Rom)

politischen Kleinstadt. In aller Welt richten Juden ihre Gebete gen Jerusalem.

Doch der Unmut über die römische Besatzung wächst und führt, angeheizt von einem innerjüdischen Bürgerkrieg, im Jahr 66 zum Aufstand. Er endet in einer Katastrophe. Nach vier Jahren Rebellion belagert Titus mit 60 000 Soldaten Jerusalem und nimmt verheerend Rache. Die grünen Hügel werden zur Mondlandschaft. Im Umkreis von 20 Kilometern stehen keine Bäume mehr. Roms Soldaten brauchen das Holz für die Kreuze, an die sie diejenigen schlagen, die aus der Stadt fliehen wollen.

Am 9. Tag des Mondmonats Av, an dem auch der erste Tempel zerstört worden sein soll, stecken die Römer den Tempel in Brand und zerstören die Stadt. Nur die mächtigen Steine der westlichen Stützmauer des Tempelvorhofs halten dem Vernichtungswahn stand. Sie sind das einzige Überbleibsel eines der wichtigsten Bauwerke der Antike. Der 9. Av ist Juden fortan ein Trauer- und Fasttag.

Für das Judentum bedeutet die Zerstörung des zweiten Tempels Katastrophe und Segen zugleich. Denn mit der Vernichtung der Priesterkaste entsteht die sich ständig erneuernde Meritokratie der Rabbiner. Ihr Status ist nicht mehr erblich, sondern wird durch Lernen erworben. Das Volk des Tempels wird zum Volk des Buches.

Das ideelle Jerusalem wird machtvoller als es als römisch dominierte Kleinstadt jemals hätte werden können. Den Glauben an Jerusalem kann man überall mit sich tragen. In der rabbinischen Literatur wird Jerusalem immer stärker idealisiert, der Felsen unter dem Allerheiligsten, wo der Tempel stand, wird endgültig zum Nabel der Welt, zum »Schöpfungsstein«, aus dem Gott alles formte. Zentrale biblische Ereignisse werden auf diesen Ort projiziert, hier soll der erste Mensch Adam begraben sein, Abraham fast seinen Sohn Isaak geopfert und Kain Abel erschlagen haben.

Bräuche halten die Erinnerung wach. Jerusalem wird in jedem Gebet erwähnt. Keine jüdische Hochzeit ist vollzogen, bis nicht der Bräutigam ein Glas zertritt, um an die Zerstörung des Tempels zu erinnern. Vorher zitiert er Psalm 137,5-6: »Wenn ich dich vergesse, oh Jerusalem, soll meine rechte Hand verdorren. Meine Zunge soll an meinem Gaumen haften bleiben, wenn ich dich Jerusalem nicht als meine höchste Freude betrachte.« Beim Wohnungsbau lassen Juden einen Teil unvollendet, um an den verlorenen Tempel zu erinnern. Das Festmahl zum Pessachfest endet mit den Worten: »Nächstes Jahr in Jerusalem!«

Der Wunsch Kaiser Hadrians, auf dem heiligen Berg wieder einmal einen heidnischen Tempel zu errichten, löst 132 den zweiten Aufstand gegen die römische Obrigkeit unter Führung von Simon bar Kochba aus. Diesmal brauchen die Römer zehn Legionen, um ihn niederzuschlagen, aus Britannien, Gallien und den Donaugebieten werden Truppen mobilisiert, um der Juden Herr zu werden. Die Zerstörungswut der Römer reicht weit über Jerusalem hinaus. Auf den Märkten sind erbeutete jüdische Sklaven für die Futterration eines Pferdes zu haben.

Von nun an dürfen Juden Jerusalem nicht mehr betreten, später soll sich das Verbot gelockert haben. Den Tempelberg können sie nur noch von weitem betrachten, gegen eine Sondersteuer. Jerusalem wird zur römischen Garnisonsstadt und heißt nun »Aelia Capitolina« – zu Ehren Hadrians. Der Tempelberg wird zur Ruine. Nur einmal im Jahr, am 9. Av, dürfen Juden in die Stadt. An dem letzten Überbleibsel ihres Tempels beklagen sie vor schadenfrohen Römern und später Christen ihr Schicksal. Der nunmehr heiligste Ort des Judentums wird so in der westlichen Welt als »Klagemauer« bekannt.

Erst im 5. Jahrhundert werden Juden hier wieder sesshaft, im Jahr 614 regieren sie sogar für kurze Zeit wieder Jerusalem. An der Seite der Perser, die zum entscheidenden Schlag gegen das christliche Byzanz ausholen, erobern sie die Stadt für drei Jahre. Doch Persien verrät die Juden im entscheidenden Moment. Von nun an werden Juden bis nach der Staatsgründung Israels 1948 nie mehr die Stadt beherrschen.

Kalif Omar erobert Jerusalem 638 und bringt eine neue Religion – den Islam. Dort, wo einst der jüdische Tempel stand, errichten die Muslime 691 ihren Felsendom. Die neuen Herrscher sind tolerant, die Juden dürfen in der Stadt bleiben, doch sie sind eine Art Bürger zweiter Klasse.

Rabbiner ermuntern zu Wallfahrten nach Jerusalem und erklären die Weigerung eines Ehepartners, die Fahrt anzutreten, zum Scheidungsgrund. Selbst die Kreuzritter, die bei der Eroberung Jerusalems im Jahr 1099 Juden und Muslime niedermetzeln und die jüdische Gemeinde auslöschen, können die jüdische Präsenz in Jerusalem nicht auf Dauer beenden. Schon 70 Jahre nach dem Massaker schreibt der Jerusalem-Pilger Benjamin von Tudela von 200 Juden, die an der Klagemauer beten. Eine zentrale Rolle spielt der aus Katalonien stammende Rabbi Nachmanides (Ramban), der wieder eine feste Gemeinde begründet. Seine Synagoge aus dem 13. Jahrhundert wurde wieder aufgebaut und ist im jüdischen Viertel der Altstadt noch heute in Gebrauch. Im 15. Jahrhundert treibt die spanische Inquisition viele Juden in die Stadt.

Die Sehnsucht nach dem himmlischen Zion, ein biblischer Name Jerusalems, fasst der in Spanien lebende Poet Juda Halevi (1075 bis 1141) in melancholische Gedichte: »Wenn ich nur deinen Staub küssen könnte/dann könnte ich ruhig sterben.« Diese Zionsliebe entspringt bis zum Ende des 19. Jahrhundert der Religion. Die Mehrheit der Juden bleibt jedoch im Exil, das die Rabbiner als Gottes Strafe auslegen, die nur der Messias aufheben darf.

Zu Beginn des 19. Jahrhunderts sind etwa 10 000 der vielleicht 250 000 Bewohner des osmanischen Palästina Juden. In Jerusalem bilden sie eine kleine, verängstigte Gemeinde. Sie müssen neben ihren Synagogen auf eigene Kosten Minarette errichten und Miete zahlen, um an der Klagemauer beten zu dürfen. Es ist ihnen sogar verboten, durch die Tore einen Blick auf den Tempelberg zu werfen. Als ein muslimischer Junge hier in einen vertrockneten Brunnen fällt, wird der zu Hilfe gerufene

Jude huckepack und mit verbundenen Augen auf den heiligen Berg getragen.

Doch in der zweiten Hälfte des 19. Jahrhunderts erlebt die jüdische Gemeinde Jerusalems einen rasanten Aufschwung. Im Jahr 1880, noch vor den großen zionistischen Einwanderungswellen, stellt sie mit 17 000 Bewohnern bereits die größte Bevölkerungsgruppe. Allerdings leben 85 Prozent von ihnen von Almosen aus der Diaspora. Getrieben von der Enge und der Cholera, sind die Juden unter den Ersten, die es wagen, sich im Gebiet außerhalb der schützenden Stadtmauern anzusiedeln.

Die Klagemauer, das letzte Überbleibsel des herodianischen Tempelkomplexes, ist im 20. Jahrhundert zum religiösen und nationalen Herz des Staates Israel geworden. Touristen bestaunen die fast mannshohen Steine und begreifen doch die wahre Größe des Bauwerks nicht: 17 unausgegrabene Steinreihen befinden sich noch unterhalb des Platzes. Auch wenn nach jüdischer Weltanschauung Gott überall präsent ist, spüren ihn Juden in Jerusalem doch am stärksten. »Es ist wie mit dem Puls«, sagt der Züricher Rabbi Michael Goldberger, »er ist überall, aber man fühlt ihn nur an besonderen Stellen.«

BLUT UND GOTTES HERRLICHKEIT

Die Stadt, in der Jesus seinen Leidensweg ging, wird zur Urmetropole der Christenheit. Von hier verbreitet sich der neue Glaube, hier suchen Pilger seit 1700 Jahren nach den Spuren des Gekreuzigten.

Von Ulrich Schwarz

Als sich Jesus mit seinen Begleitern Jerusalem näherte und nach Betfage am Ölberg kam, schickte er zwei Jünger voraus und sagte zu ihnen: Geht in das Dorf, das vor euch liegt; dort werdet ihr eine Eselin angebunden finden und ein Fohlen bei ihr. Bindet sie los, und bringt sie zu mir! Und wenn euch jemand zur Rede stellt, dann sagt: Der Herr braucht sie, er lässt sie aber bald zurückbringen.
Die Jünger gingen und taten, was Jesus ihnen aufgetragen hatte. Sie brachten die Eselin und das Fohlen, legten ihre Kleider auf sie, und er setzte sich darauf. Viele Menschen breiteten ihre Kleider auf der Straße aus, andere schnitten Zweige von den Bäumen und streuten sie auf den Weg. Die Leute aber, die vor ihm hergingen und die ihm folgten, riefen: Hosanna dem Sohn Davids! Als er in Jerusalem einzog, geriet die ganze Stadt in Aufregung.

(Matth. 21)

Detailreich, aber ohne Schnörkel, erzählt hier der Evangelist Matthäus, wie Jesus ein letztes Mal nach Jerusalem kam und dort gefeiert wurde. Fast wortgleich berichtet auch sein Kollege Markus.

Fünf Tage später fordern die Bewohner der Stadt »Kreuzige ihn«. Der römische Statthalter Pontius Pilatus lässt Jesus auf dem Berg Golgota vor den Toren Jerusalems hinrichten. Doch nach drei Tagen ist das Felsengrab, in den fromme Juden den Leichnam gelegt haben, leer. Der Gekreuzigte ist auferstanden. 50 Tage später fährt er in den Himmel auf. Dort sitzt er, der Sohn Gottes, der Messias, der Gesalbte (griechisch: Christos) zur Rechten seines Vaters, bis er wiederkommt, »zu richten die Lebenden und die Toten«.

So verkünden es Jesu Jünger. So glauben es heute rund zwei Milliarden Menschen in aller Welt, die sich nach ihrem Gründer Christen nennen.

Nicht Rom ist das theologische Zentrum des Christentums, sondern Jerusalem. Hier hat der Sohn Gottes gelebt, mit seinen Widersachern, den Pharisäern, gestritten, hier hat er Wunder gewirkt. Und auf dem Berg Golgota im Nordwesten der Stadt, davon sind seine Anhänger überzeugt, die Welt durch seinen Kreuzestod ein für alle Mal erlöst. Von Jerusalem aus verbreiten die Apostel und Jünger Jesu die Frohe Botschaft ihres Messias. Zunächst unter ihren Landsleuten in Judäa und Galiläa sowie in der jüdischen Diaspora. Bald aber auch bei den Heiden im gesamten Römischen Reich. Sie gründen Gemeinden in Antiochien, Ephesus und anderen Städten in Kleinasien. Der Apostel Paulus bringt die neue Lehre bis ins griechische Korinth und dann in die Hauptstadt des Imperiums, nach Rom.

Doch Jerusalem, wo die meisten Apostel leben, bleibt zunächst das Herz der Bewegung. Als es Streit gibt in der Gemeinde von Antiochien, ob auch die Heiden, die Christen werden wollen, sich nach jüdischem Reglement beschneiden lassen müssen, legt Paulus den Aposteln und Ältesten in Jerusalem die Causa vor. Auf dem Apostelkonzil anno 48/49 entscheiden sie: »Der Heilige Geist und wir haben beschlossen, euch keine weitere Last aufzuerlegen als diese notwendigen Dinge: Götzenopferfleisch, Blut, Ersticktes und Unzucht zu meiden. Wenn ihr euch davor hütet, handelt ihr richtig.«

Die jüdische Oberhoheit der Heiligen Stadt dauert bis zur Zerstörung Jerusalems 70 nach Christus. Vier Jahre zuvor hat ein großer jüdischer Aufstand gegen die römische Besatzungsmacht in ganz Palästina begonnen. Zunächst sind die Rebellen erfolgreich. Doch dann übernimmt der erfahrene römische Feldherr Vespasian das Kommando. Er erobert in zähem Kleinkrieg die aufständischen Gebiete zurück. Als Vespasian 69 römischer Kaiser wird, übernimmt sein Sohn Titus den Oberbefehl. Nach monatelanger harter Belagerung erstürmt Titus die jüdische Metropole. Seine Legionäre verwüsten nicht nur die Stadt, sie zerstören auch den zweiten, von Herodes erbauten Tempel. »Man hätte glauben können«, berichtet der jüdische Geschichtsschreiber Flavius Josephus, »die Stätte sei niemals bewohnt gewesen.« Den kostbaren siebenarmigen Leuchter aus dem Gotteshaus führt Titus später beim obligaten Triumphzug durch Rom im Gepäck.

Im Lukasevangelium sagt Jesus den Untergang der Stadt auf seinem Leidensweg nach Golgota vorher: »Es folgte eine große Menschenmenge, darunter auch Frauen, die um ihn klagten und weinten. Jesus wandte sich zu ihnen und sagte: Ihr Frauen von Jerusalem, weint nicht über mich; weint über euch und eure Kinder! Denn es kommen Tage, da wird man sagen: Wohl den Frauen, die unfruchtbar sind, die nicht geboren und nicht gestillt haben. Dann wird man zu den Bergen sagen: Fallt auf uns!, und zu den Hügeln: Deckt uns zu!«

Die Sätze sind wohl nicht authentisch. Das Lukasevangelium wurde 10 bis 20 Jahre nach der Zerstörung Jerusalems verfasst. Der Autor hat die Katastrophe literarisch verarbeitet. Aber die Worte des Evangelisten machen klar, dass die Urchristen die Vernichtung der Heiligen Stadt als Strafe Gottes für das Verbrechen an seinem Sohn interpretiert haben.

Nach dem Fall verlassen nicht nur viele Juden Jerusalem, auch die Christen zerstreuen sich über das Imperium Romanum. Jerusalem verkommt zu einem römischen Provinznest. Mehr als 60 Jahre später, zwischen 132 und 135, versucht letztmalig ein jüdischer Rebell, der charismatische Fürst Simon bar Kochba, gegen die verhassten Besatzer aufzubegehren. Doch auch Bar Kochba scheitert. Die Sieger bauen Jerusalem nach römischem

Vorbild um und nennen die Stadt fortan nach Kaiser Publius Aelius Hadrianus »Aelia Capitolina«. Anstelle des Herodes-Tempels errichten sie ein Heiligtum zu Ehren ihrer Gottheiten Jupiter, Juno und Minerva. Vom Tempel bleibt nur die Klagemauer. Den Juden wird das Betreten von Aelia Capitolina verboten.

Mehr als 200 Jahre lang versinkt die Stadt, in der Jesus gelitten hat und gekreuzigt wurde, für die Christen nun im Dornröschenschlaf. Unter den frühchristlichen Theologen setzt sich die Ansicht durch, Jerusalem habe seinen heiligen Charakter durch die Kreuzigung Jesu eingebüßt, Jerusalem sei eine »verworfene Stadt«. Der Priester Pionios von Smyrna, der vor dem Jahr 250 nach Jerusalem kommt, befindet, Palästina sei »ein Land, das bis auf den heutigen Tag vom Zorn Gottes zeugt, den es sich wegen der Sündhaftigkeit seiner Bewohner zugezogen hatte«. Und der Kirchengeschichtsschreiber Eusebius von Cäsarea merkt zu Beginn des 4. Jahrhunderts an, Jerusalem sei »nach dem Weggang Christi ohne die Herrlichkeit Gottes«. Es gebe dort, urteilt der Kirchenvater Hieronymus rund 60 Jahre später, »Dirnen, Schauspieler, Gaukler, kurz: das gleiche Gelichter wie in jeder anderen Stadt«.

An die Stelle des irdischen Jerusalem tritt in der religiösen Phantasie der Christen ein virtuelles himmlisches Jerusalem, wie es die geheime Offenbarung des Johannes beschreibt: »Und es kam einer von den sieben Engeln, die die sieben Schalen mit den sieben letzten Plagen getragen hatten. Er sagte zu mir: Komm, ich will dir die Braut zeigen, die Frau des Lammes. Da entrückte er mich in der Verzückung auf einen großen, hohen Berg und zeigte mir die Stadt Jerusalem, wie sie von Gott her aus dem Himmel herabkam, erfüllt von der Herrlichkeit Gottes.«

Hier wird das neue Jerusalem in hymnischer Verklärung gefeiert als Sinnbild des Gottesreiches, das nach urchristlicher Lesart unmittelbar bevorsteht. Die Anhänger Jesu brauchten Jahrhunderte, um sich von dieser eschatologischen Erwartung zu verabschieden.

Die Rückbesinnung auf das irdische Jerusalem kommt mit der Anerkennung des Christentums durch Kaiser Konstantin. Im

Jahr 326 pilgert, als eine der Ersten, die fromme Mutter Konstantins, die über 70-jährige Kaiserin Helena, nach Palästina, um vor Ort zu erkunden, wo Jesus gelitten hat, wo er gestorben und auferstanden ist. Helena findet angeblich nicht nur die Stätte der Kreuzigung und Jesu Grab, sondern – so die Legende – auch das Kreuz, an das er genagelt worden war.

Über das Jesus-Grab heißt es beim Evangelisten Markus, Josef von Arimathäa habe vom römischen Statthalter Pontius Pilatus die Erlaubnis erhalten, den Leichnam des Gekreuzigten zu bestatten. »Josef kaufte ein Leinentuch, nahm Jesus vom Kreuz, wickelte ihn in das Tuch und legte ihn in ein Grab, das in einen Felsen gehauen war. Dann wälzte er einen Stein vor den Eingang des Grabes.« Die Entdeckung des Jesus-Grabes rund 300 Jahre danach schildert der Historiker Eusebius: »Das Grab war eine Höhle. Staunenswert zu sehen aber der Fels, auf abgeplattetem Land, allein, aufrecht stehend und nur eine Grotte umfassend.«

Helenas Wallfahrt ist der Beginn eines Pilgerstroms, der seither nie mehr abgerissen ist. Ihr Sohn Konstantin lässt an den vermuteten heiligen Stätten prachtvolle Gotteshäuser bauen, das wichtigste ist die im Lauf der Jahrhunderte mehrfach zerstörte Grabeskirche. Ein weiterer Anziehungspunkt für die Pilger ist seit den Tagen der heiligen Helena die Via Dolorosa, auf der Jesus sein Kreuz zur Hinrichtungsstätte Golgota geschleppt haben soll. Historisch gesichert ist keine der 14 heiligen Stationen in der historischen Altstadt. Doch das tat dem Zustrom der Frommen aus aller Welt noch nie einen Abbruch.

Der älteste Pilgerbericht aus dem 4. Jahrhundert ist das pedantische Reisetagebuch eines Mannes aus Bordeaux, der vermutlich anno 333 die Strapazen eines mehr als 10 000 Kilometer langen Trips, zu Lande und zu Wasser, auf sich nimmt, um die Stadt seiner Sehnsucht zu sehen. Der Anonymus, sein Name ist nicht überliefert, erzählt nüchtern und trocken, was er in Palästina und in Jerusalem gesehen hat. Doch für das Pilgerwesen jener Tage ist das Tagebuch wenig ergiebig. Menschen kommen kaum vor; keine Gemütsbewegung beim Anblick der heiligen Orte, geschweige denn hymnische Begeisterung. Stattdessen pingelige Angaben über die Entfernungen zwischen den einzelnen Stationen seiner Route. Ein Jahr nach dem Start ist der Pilger von Bordeaux wieder zu Hause.

Doch Helenas Reise hat Jerusalem zurück ins christliche Bewusstsein gerückt. Je weiter das 4. Jahrhundert fortschreitet, umso stärker wird die neue Anziehungskraft der irdischen Heiligen Stadt. Um 400 schwärmt der Pilgerreport der Etheria oder Egeria, vermutlich eine Nonne, die von Konstantinopel aus durch Palästina und Ägypten tourte, von ihren Eindrücken und Erlebnissen im Lande Jesu – anders als Jahrzehnte zuvor der fromme Wanderer aus Bordeaux.

Die Stimmen, die Jerusalem jede Heiligkeit absprechen, weil es »das Blut des Herrn getrunken« hat, verstummen. Fortan gilt die Stadt unangefochten als Schauplatz der wichtigsten Ereignisse der christlichen Heilsgeschichte.

Der Pilgerstrom in die Heilige Stadt ist unter Konstantins Nachfolgern, die inzwischen in Konstantinopel residieren, ungebrochen. Kaiser Julian Apostata, der Abtrünnige, versucht zwar in den sechziger Jahren des 4. Jahrhunderts das Christentum im Römischen Reich wieder zurückzudrängen. Um die Christen zu ärgern, plant er, in Jerusalem den Tempel des Herodes wieder aufzubauen. Doch Julians Herrschaft bleibt ein Intermezzo. Er stirbt nach nur zwei Jahren Regierungszeit 363. Ihre byzantinische Glanzzeit erlebt die Stadt ab dem 5. Jahrhundert. Jerusalem steigt zu einem der fünf Patriarchate der Christenheit auf – neben Rom, Konstantinopel, Alexandria und Antiochien.

Die byzantinische Kaiserin Eudokia, die um 438 die Stadt besucht und später, nicht ganz freiwillig, als Verbannte die letzten 16 Jahre ihres Lebens in Jerusalem zubringt, befördert den Aufschwung durch prachtvolle Sakralbauten. Anfang des 6. Jahrhunderts kommen zahlreiche Klöster, Hospize und Bibliotheken hinzu. Zur Zeit des Kaisers Justinian (527 bis 565) entspricht der Umfang der Stadt wieder den Dimensionen vor der Zerstörung durch Titus im Jahr 70. Die Einwohnerzahl schätzen Historiker auf bis zu 100 000.

Der erneute Niedergang beginnt 614. Im Krieg mit den Byzantinern erobern die Perser Jerusalem. Sie brennen Klöster und Kirchen nieder, darunter die Grabeskirche, und verschleppen die Reliquie des Kreuzes, an dem angeblich Jesus gestorben ist. Zwar vertreibt 628 Kaiser Heraklius die Eroberer und holt das Kreuz zurück. Die Grabeskirche wird zum Teil wieder aufgebaut.

Aber das Christenglück ist nur von kurzer Dauer. Schon 636 fallen Muslime in Palästina ein, zwei Jahre später übergibt Patriarch Sophronius Jerusalem an den Kalifen Omar. Er handelt dem Eroberer das Zugeständnis ab, das Leben der Christen zu verschonen. Doch die christliche Ära ist für viereinhalb Jahrhunderte vorbei. Als Zeichen der neuen Zeit errichten die Muslime Ende des 7. Jahrhunderts auf dem Tempelberg den prächtigen Felsendom – als bewussten Kontrapunkt zur christlichen Grabeskirche.

Immerhin, das christliche Leben geht dank der Menschlichkeit der neuen Herren weiter. Und auch Pilger dürfen nach wie vor die heiligen Stätten besuchen. Erst der dem Wahnsinn verfallene Kalif Hakim (996 bis 1021) unterbindet die Wallfahrten und lässt die Grabeskirche erneut zerstören. Zwar schwillt auch nach Hakims Tod der Pilgerstrom rasch wieder an. Aber die Zeiten bleiben für Christen unruhig.

Ende des 11. Jahrhunderts rüsten sich die Glaubensbrüder in Europa, um Palästina heim ins christliche Reich zu holen. Am 15. Juli 1099 erstürmen Kreuzfahrer die Heilige Stadt. Sie richten im Namen ihres Gottes ein furchtbares Blutbad an, 30 000 Muslime und 50 000 Juden sollen hingeschlachtet worden sein. Wie Besessene morden sie, berichten Augenzeugen.

Nachdem das Gemetzel vorbei ist, so ein Kreuzzugsteilnehmer frohgestimmt, »gingen die Unsrigen, glücklich und vor Freude weinend, hin, um das Grab des Erlösers zu verehren«.

So brutal, so gnadenlos begannen 100 Jahre erneuter christlicher Herrschaft über Jerusalem.

METROPOLE DER GERECHTEN

Juden wie Christen war es verheißen: das »Himmlische Jerusalem«. Jahrhundertelang haben sich Künstler, Baumeister und Dichter von der ehrwürdigen Prophezeiung inspirieren lassen.

Von Johannes Saltzwedel

Schon von weitem leuchtet sie überirdisch in allen Farben. Umgeben ist die Stadt von einem mächtigen quadratischen Mauerring, dessen Unterbau aus kostbaren Steinen wie Saphir, Smaragd und Topas gefügt ist. Zwölf Tore, nach jeder Himmelsrichtung drei, weisen auf Macht und Herrlichkeit. Die Gebäude, ja selbst die Straßen sind aus purem Gold oder schimmern in der Pracht von Kristallglas. Offen für alle Reinen ist die wunderbare Metropole, nie schließen sich ihre von Engeln bewachten Tore.

Die visionäre Beschreibung im Offenbarungsbuch am Schluss des Neuen Testaments lässt vieles offen – dass etwa jedes Tor aus einer einzigen großen Perle bestehen sollte, war kaum noch vorstellbar. Und dennoch klang alles so konkret, dass gläubige Christen der Spätantike ein Bild vor sich sahen: Da lag es, das neue Jerusalem am Ende der Geschichte, die Himmelsstadt, das wiedergewonnene Paradies, wo nach dem Jüngsten Gericht Gott selbst herrschen wird, ohne Tempel, überall gegenwärtig, in ewigem Frieden, umgeben von Engeln und Auserwählten.

Die Juden sangen in ihren Psalmenliedern von einem neuen Zion für alle zwölf Stämme Israels; der Prophet Ezechiel hatte neun Kapitel lang den neuen Tempel geweissagt; Talmud-Kundige und Rabbiner erwarteten auch weiterhin mit der Ankunft des Messias ein »oberes Jerusalem«. Dieser Entwurf göttlicher Vollendung als Ziel aller Frommen kam auch den Aposteln des Jesus-Glaubens gerade recht. »Das Jerusalem, das droben ist, das ist die Freie; die ist unser aller Mutter«, verkündete der Brief an die Hebräer.

Aus dem Jammertal des Erdendaseins sollte sich das Gemüt der Betenden zur künftigen Welt der Erlösung erheben; Jerusalem als reich geschmückte Braut des Gotteslammes, so die dichterische Formulierung im Offenbarungsbuch, wurde zur Stadt des religiösen Wunders schlechthin, zum Fluchtpunkt jeder christlichen Lebens- und Seelenreise. Etliche Endzeit-Visionäre malten das symbolische Szenario immer weiter aus. »Alle ihre Gassen werden Halleluja rufen und Lobpreis darbringen«, hieß es beispielsweise im apokryphen Buch Tobias.

Ob mit den Perlen-Toren nun die zwölf Stämme Israels, die zwölf Apostel oder zwölf Tierkreiszeichen gemeint sein sollten: Wichtig war allein, dass sich an diesem glorreichen Ort die ewige Ordnung, Gottes Kosmos in reinster Form zeigte. Edle Steine, das damals kostbare Glas und jede Menge Gold – Materialien des puren Luxus, oft noch umströmt von den vier Paradiesesflüssen, waren für solch eine Vorstellung gerade gut genug.

Auch auf den ersten Bildern, beispielsweise den Apsismosaiken frühchristlicher Kirchen, leuchtete es so wertvoll wie möglich. Anfangs nahmen Künstler noch die durchaus vertraute kaiserliche Säulenpracht zum Vorbild, etwa in der Kirche Santa Pudenziana in Rom. Als dann alle die biblischen Muster kannten, entwickelte sich ein vielfältig einsetzbares, immer neu abgewandeltes Schema: Kreisförmige oder eckige Mauerringe, in deren Mitte Christus thronte, Engel die Seligen begrüßen oder der paradiesische Baum des Lebens zu erkennen war, Burgen in den Wolken, ja sogar Kanzeln und Reliquienschreine erinnerten nun die Gläubigen auf Schritt und Tritt an ihr Fernziel. Besonders Kronleuchter wiesen durch die Form einer Stadtbefestigung mit Zwischentürmchen auf das Leitbild hin.

Einfallsreiche Theologen und Künstler spannen die Analogie fort. Sollte denn nicht schon die Kirche als Haus einen Vorgeschmack kommender Herrlichkeit geben? Als himmlischen Baldachin, mit majestätisch gespannten Kuppeln, hatten die

Architekten von Byzanz das Gotteshaus entworfen; europäische Baumeister des frühen Mittelalters stellten es sich eher als Burg des Herrn vor, außen wuchtig-wehrhaft, mit soliden Türmen, innen funkelnd geschmückt und ausgemalt. Keine Kirchgründung oder -weihe, in der nicht das erhabene Bauwerk zur rettenden geistlichen Festung und ersten Etappe auf dem Weg zur verheißenen Wohnstatt aller Hoffenden erklärt wurde.

Nach dem Vorbild altrömischer Landvermesser markierte ein Priester vor der Grundsteinlegung die beiden Kreuzarme der neuen Basilika mit Asche und schrieb dann das griechische und lateinische Alphabet hinein; unter den Klängen des Hymnus »Urbs Jerusalem beata« (glückselige Stadt Jerusalem) und weiteren rituellen Worten, in denen von der Himmelspforte, der Halle Gottes oder den Zelten des Gebetes die Rede war, schwelgte die Liturgie im Gedanken an die künftige überirdische Glaubensheimat unter Gottes Regiment.

Der Konstruktionseifer gotischer Kathedralbaumeister trieb diese Vorstellungen dann buchstäblich auf die Spitze: Schier himmelhoch ragende Türme, Türmchen und nachtblaue, mit Sternen besetzte Gewölbe, wie schwerelos hinaufstrebende Säulenbündel und Pfeiler, dazwischen Glasfenster, die das reine Licht des Glaubens für Menschenaugen in ein überwältigendes Farbenspiel brachen, üppige Portale, Fresken, Skulpturen, Rankenwerk und Fialen, Reliefs, Schnitzerei, Schmiedekunst und Bodenornamente: Alles schien in seiner Pracht darin zu wetteifern, der biblischen Beschreibung des Himmlischen Jerusalem so nahe wie möglich zu kommen.

Als könnten wir ihn »mit leiblichen Augen sehen, mit allen Sinnen erleben«, so sollte der gotische Dom den Himmelsbau widerspiegeln, erklärte der Kunsthistoriker Hans Sedlmayr. Noch die gewaltige Fensterrose der großen französischen Kathedralen mit ihrer majestätischen Symmetrie war nach seiner Ansicht ein Vorblick auf die vollkommene Stadt am Ende der Geschichte.

Manche Glaubenseiferer machten selbst dabei noch nicht halt. Bernhard von Clairvaux, der die Ritter zum Kreuzzug ins

Heilige Land aufrief, sah sein eigenes Kloster als »Jerusalem«. Sogar ganz normale Städte sollten sich der ersehnten Idealgestalt anverwandeln; nur gut, wenn der jenseitige »Gottesstaat« des Kirchenlehrers Augustinus schon in der Gegenwart zu erahnen sei. Zumindest theoretisch fanden toskanische Baumeister des Spätmittelalters solche Überlegungen plausibel.

Erst als selbst Reliquienschreine, Monstranzen oder Räucherfässchen die Form des Himmlischen Jerusalem anzunehmen begannen, hatten manche von der Idee genug. Aber als Meditationsbild lebte die fromme Vision weiter – zum Beispiel im Kirchenlied: Johann Matthäus Meyfarts »Jerusalem, du hochgebaute Stadt«, mitten im Dreißigjährigen Krieg gedichtet, wird bis heute gern angestimmt. Das darin ersehnte »schöne Paradeis«, das »mit Klarheit hell umgeben, mit sonnenlichtem Strahl« die ewige Seligkeit verkörpert, dieses Symbol ersehnter Harmonie hat nichts von seiner Anziehungskraft eingebüßt.

AUFSTIEG ZUM HIMMEL

Nach Juden- und Christentum entdeckt eine dritte, neuentstandene Religion Jerusalem als Heilige Stadt: der Islam. 1200 Jahre lang herrschen hier Muslime.

Von Angelika Neuwirth

Jerusalem, so liest man oft, wird in der Hebräischen Bibel 669-mal erwähnt. Im Neuen Testament, wo es Schauplatz der entscheidenden Phasen im Wirken Jesu und später der Apostel ist, erscheint der Name 154-mal. Und im Koran? Keinmal. Das wird gern dann angeführt, wenn es darum geht, die Heiligkeit Jerusalems für Juden und Christen zu reservieren.

Tatsächlich scheint der Islam keine genuine Verbindung zu Jerusalem zu haben, ist er doch, anders als Judentum und Christentum, noch nicht einmal im Umland von Jerusalem entstanden, sondern im weit entfernten arabischen Hidschas. Immer wieder wird betont, dass Jerusalem kein Schauplatz des Koran sei.

Aber ist die reale Topografie tatsächlich maßgeblich für die Bedeutung eines Ortes in einer religiösen Tradition? In der Geschichte der Religionen war Jerusalem über lange Zeit viel mehr Idee als reale Stadt, ein Gewebe aus einer Vielzahl von schriftlichen und mündlichen, bildlichen und akustischen Traditionen. Es ist dieses spirituelle Jerusalem, nicht das physische, auf das sich auch der Islam gründet.

Die Heiligkeit Jerusalems ist für den Islam vor allem durch die Himmelsreise des Propheten verbürgt. Die Legende berichtet, Mohammed sei von Mekka nach Jerusalem entrückt worden und vom Felsen auf dem Tempelberg in den Himmel aufgestiegen. Dort habe er das Gebot der fünf täglichen Gebete empfangen. Schon die Ortswahl Jerusalems für dieses zentrale Ereignis in der

Glaubensgeschichte der damals noch jungen Religion zeigt, dass sich auch der Islam früh die mythischen Traditionen der Stadt, ihre heilsgeschichtliche Zentralität zu eigen gemacht hat.

Der Koran spricht in Sure 17,1 allerdings noch nicht von einer Himmelsreise, sondern nur von einer nächtlichen »Entrückung« des Propheten von der »Heiligen Kultstätte«, also Mekka, zur Masdschid al-Aksa, der »fernen Kultstätte«, »die wir ringsum gesegnet haben, um ihm von unseren Zeichen zu zeigen«. Ein geografischer Name fällt dabei nicht. Aber in der spätantiken Welt, in der der Jerusalemer Tempel selbst nach seiner Zerstörung das prominenteste Heiligtum überhaupt ist, scheint die »ringsum gesegnete ferne Kultstätte« unmittelbar verständlich.

Zudem spielte die Stadt bereits eine wichtige Rolle im Bewusstsein des Propheten und seiner Hörer. Jerusalem ist ihnen als biblischer Schauplatz durchaus bekannt. Der Koran lokalisiert mehrere aus dem Neuen Testament und den Apokryphen bekannte Erzählungen um Maria in Jerusalem (Sure 19), kennt aber auch die Geschicke des jüdischen Tempels (Sure 17). Mehr noch ist vom »Heiligen Land« die Rede, in das die Israeliten am Ende ihres Exodus einziehen. Es sind diese Israeliten, die als das erwählte Gottesvolk unter Führung eines Propheten, Mose, zum Vorbild für die sich in Mekka um den Propheten herausbildende Gemeinde werden.

So kommt es, dass sie sich zu ihren Gebeten, die sie zunächst gemeinsam mit den heidnischen Mekkanern abhielten, angesichts wachsender Konflikte separat versammeln und sich dabei nun nach Jerusalem ausrichten. Die Gemeinde löst sich damit aus dem lokalen arabischen Kontext und vernetzt sich enger mit den biblischen Vorbildern. Die Entrückung Mohammeds nach Jerusalem ist gewissermaßen die Umsetzung der Gebetsrichtung in eine persönliche Erfahrung.

Ausgeschmückt zur Himmelsreise findet sich die Geschichte erstmals bei dem Historiker Ibn Ishak im 8. Jahrhundert. Er berichtet, wie der Prophet in Begleitung des Erzengels Gabriel von einem Pegasus-ähnlichen Reittier namens Burak getragen nach Jerusalem gelangt und dort durch die Sphären zum Himmel aufsteigt. Auf jeder Sphäre begegnet er einem Propheten. Auf der siebten schließlich erlegt ihm Gott die Pflicht von fünfzig täglichen Gebeten auf. Eine auf Mohammed zurückgeführte Überlieferung berichtet:

»Bei meiner Rückkehr kam ich an Mose vorbei ... Er fragte mich, wie viele Gebete mir auferlegt worden seien. Als ich ihm die fünfzig nannte, sprach er: ‚Gebete sind eine gewichtige Sache, und deine Gemeinde ist schwach. Kehre zurück zu deinem Herrn und bitte ihn, die Anzahl zu mindern.' Ich tat es, und Gott zog zehn ab.«

So geht das weiter, bis es Mohammed gelingt, die täglichen Gebete auf fünf zu mindern. Gottes Ratschluss lautet: »Wer immer die Gebete im Glauben verrichtet, dem werden sie fünfzigfach vergolten.«

622 flieht der Prophet nach Medina. Dort wird die Jerusalemer Gebetsrichtung durch die nach Mekka ersetzt. Die Gemeinde hat gerade eine Zerreißprobe bestanden und sich in der Schlacht von Badr gegen die Mekkaner durchgesetzt. An ihrem Exilort ist sie nun mit den selbstbewussten Erben der Nachbartraditionen konfrontiert, mit gebildeten Juden und Christen. In dieser religionspolitisch aufgeladenen Situation wollen sich die Vertriebenen behaupten. Dazu dient die Rückbesinnung auf ihr altes Zentrum, auf die eigenen Anfänge – nicht anders als ein Jahrtausend zuvor bei der jüdischen Exilgemeinde in Babylonien. Die Auszeichnungen Jerusalems gehen nun auf Mekka über, es wird zum »Neuen Jerusalem« stilisiert.

Für die Muslime nach Mohammeds Tod, die sich längst nach Mekka verneigen, ist die Erinnerung an die vorausgehende Gebetsrichtung schon nicht mehr zentral. Sie verbinden Jerusalem nun mit der Himmelsreise, die vom Tempelberg im irdischen Jerusalem ins himmlische führt.

Nach der Rückeroberung Jerusalems durch Saladin im Jahre 1187 preist der Prediger Sakij al-Din in seiner ersten Jerusalemer Freitagspredigt die gerade wieder für den Islam zurückgewonnene Stadt mit ihren drei Ehrennamen, die ihre Rolle auf den Punkt bringen: »Erste der beiden Gebetsrichtungen«, »Zweites der beiden Heiligtümer« und »Dritter nach den beiden anderen Wallfahrtsorten«. Denn schon bald nach dem Tod des Propheten 632 in Medina wurde Jerusalem unter die drei einzig zugelassenen offiziellen Pilgerziele aufgenommen, zu denen die Gläubigen, so ein Prophetenwort, ihre »Reittiere satteln sollen«. Mit der Beibehaltung Jerusalems wurde offenbar den Erwartungen weiter Kreise Rechnung getragen, die sich nicht von dem monotheistischen Heiligtum par excellence zu trennen bereit waren.

Neben Mekka als Ort der vorgeschriebenen Pilgerfahrt des Hadsch wurden Medina und Jerusalem zu den Zielen einer Sijara, eines »Besuchs«, der im Anschluss an den Hadsch stattfinden sollte – als eine durch Brauch, »Sunna«, nahegelegte Leistung. Tatsächlich wurde durch die Geschichte hindurch das von der Hadsch-Route weit abgelegene Jerusalem immer wieder von Mekka-Pilgern aufgesucht. Erst mit der vollständigen israelischen Kontrolle über Jerusalem seit 1967 ist diese Tradition abgebrochen.

Jerusalem hat sich also vor allem als Idee, als Symbol für Gottesnähe im Gebet, als spiritueller Ort, wo die Grenzen zwischen Welt und Transzendenz durchlässig sind, in die islamische Religion eingetragen. Dies manifestiert sich am prächtigsten im weithin sichtbaren Felsendom. Über die Gründe, die den Erbauer bewegten, auf dem jüdischen Tempelberg einen Memorialbau zu errichten, besteht allerdings bis jetzt keine Einigkeit. Sicher ist, dass der als Reformer bekannte omajjadische Kalif Abd al-Malik eine bereits von seinen Vorgängern vorbereitete Bebauung des Areals fortsetzte – nach Pilgerberichten gab es bereits 680 eine provisorische Moschee, die angeblich mehrere tausend Betende fassen konnte.

Sicher hat die Ortswahl mit der Erinnerung an den ja auch in koranischen Erzählungen reflektierten salomonischen Tempel zu tun. Auch wurde am Hofe Abd al-Maliks die jüdische Vorstellung diskutiert, Gott sei nach Vollendung seines Sechstagewerks vom Felsen Jerusalems aus wieder zum Himmel aufgestiegen und habe dabei seinen Fußabdruck hinterlassen.

Muslimische Autoren geben zwei Erklärungen. Abd al-Malik habe mit dem Felsendom, so lautet die eine, vor allem Ersatz für die Kaaba schaffen wollen, die während seines Kalifats längere Zeit nicht seiner Autorität unterstand, sondern sich in der Hand eines Gegenkalifen befand. Der Historiker Mukaddasi spricht davon, dass Abd al-Malik unter dem Druck gestanden habe, der vor Ort mit prunkvollen Kirchen vertretenen christlichen Religion etwas Gleichrangiges entgegenzusetzen. In der Tat spricht nicht nur der reiche Mosaikschmuck des Felsendoms die Sprache spätantikfrühchristlicher Kunst. Bereits die achteckige Form sowie der von der Rotunde über dem Grab Christi in der Grabeskirche identisch übernommene Durchmesser sind Zitate aus dem christlichen Baubestand Jerusalems.

Vor allem aber die Inschriften im Felsendom verfolgen das Ziel, Mohammed und Jesus auf das gleiche heilsgeschichtliche Niveau, gewissermaßen auf Augenhöhe zueinanderzustellen. Dazu muss Jesus auf das Maß eines menschlichen Gottesdieners herabgestuft werden, während Mohammed, der im Koran als Gesandter Gottes und Prophet figuriert, eine transzendente Dimension erhalten muss. Jerusalem soll aus einem heiligen Ort der Christen zum heiligen Ort der Muslime werden.

Von der später so prominent gewordenen Himmelsreise steht in den Inschriften erstaunlicherweise noch kein Wort. Und dennoch wird ein Muslim zur Heiligkeit Jerusalems kaum je etwas anderes als diese Erzählung anführen, die zugleich die persönlich-biografische Verbindung des Propheten mit Jerusalem herstellt und seine Autorisierung als Prophet verbürgt.

Seit dem 10. Jahrhundert, besonders in der Kreuzfahrerzeit, zog Jerusalem wieder verstärkt Gelehrte und Dichter an. Es entstand eine eigene Literatur der »Vorzüge Jerusalems«, Fadaïl al-Kuds, Sammlungen von Aussprüchen, oft des Propheten, in denen noch einmal eine Fülle jüdischer und christlicher Traditionen in islamischer Verwandlung auflebten. Das Interesse an

Jerusalem, zumal dem in fremde Hände gefallenen, wurde durch heroische Gedichte beflügelt, die zum Einsatz für Jerusalems Befreiung aufriefen.

Nach der Eroberung durch Saladin begann eine Epoche intensiver Bautätigkeit, die vor allem von der Nachfolgedynastie der Mamluken und später den Osmanen fortgesetzt wurde. Dabei entstanden nicht nur zahlreiche islamische Lehranstalten, Medresen und Koranschulen, außerdem Hospize, Sufi-Klöster, wunderschöne Brunnenhäuser und Bäder, sondern auch Mausoleen.

Die Vorstellung, dass eine Grabstätte in Jerusalem den Verstorbenen in unmittelbare Nähe zu den endzeitlichen Ereignissen versetzt, bewegt nicht nur Angehörige der mamlukischen Elite in Kairo und Damaskus, sondern auch hochgestellte muslimische Persönlichkeiten aus ferneren islamischen Regionen, sich in Jerusalem ein Grabhaus zu errichten. Zugleich strömen arme Fromme in die Stadt, um hier in eigens für sie eingerichteten Hospizen ihr Leben nah den Orten der Toten-Auferstehung zu beschließen.

Zahlreich sind die Mausoleen vor allem auf der Bab-al-Silsila-Straße. Die Zeremonialstraße führt zu einem der Haupttore des heiligen Bezirks, arabisch Haram; sie ist benannt nach dem kleinen an den Felsendom angrenzenden Kuppelbau, der »Kubbat al-Silsila«, dem Kettendom. Dort wird, einer Legende zufolge, am Jüngsten Tag die Waage des Gerichts befestigt sein, auf der die Taten der vom Tod Erweckten gewogen werden.

Jerusalem wird in der Mamlukenzeit vom 13. bis zum 16. Jahrhundert – in Wiederaufnahme jüdischer Tradition – intensiv als Szenario des Jüngsten Gerichts und der Toten-Auferstehung architektonisch inszeniert: Das nördliche Stadttor trägt den Namen Bab al-Sahira, Tor der Sahira-Ebene, auf der die Toten-Erweckung stattfindet, das Osttor des Haram heißt Bab al-Rahma, Tor der Barmherzigkeit, ein Nordtor dagegen Bab al-Atma, Tor der Finsternis. Unterhalb der Südtore liegt das Wadi Dschahannam, das biblische Ge Ben Hinnom, Ort der Verdammnis – ein bereits in vorbiblischer Tradition als Ort des Todes wahrgenommenes Tal.

1200 Jahre währte die islamische Herrschaft. Aus einzelnen christlichen Zeugnissen seit dem 19. Jahrhundert aber spricht die Vorstellung, dass das Land eine exklusiv für die Juden und Christen geheiligte Region sei, gleichsam eine Oberfläche, in die nur der biblische Text eingeschrieben ist – nicht aber die Traditionen des Islam. Die Muslime erscheinen so als Eindringlinge, als Fremdlinge in ihrem eigenen Land.

Das gilt für Jerusalem im besonderen Maße, das heute auch politisch für eine ausschließlich biblische Tradition reklamiert wird. Nicht der Verlauf der Geschichte, sondern Ursprungsmythen sind also Auslöser jener heute besonders scharfen Polarisierung, die das islamische Jerusalem als eine in die Gesamtgeschichte der Stadt nicht integrierte »andere« Welt darstellt.

Diese Abwehr der islamischen Geschichte und Tradition Jerusalems ist aber vielleicht nur ein Symptom für eine viel weiterreichende Problematik: die Tendenz zur Monopolisierung von Epochen und kulturellen Leistungen für eine europäische und damit nichtislamische Geschichte – ein Besitzanspruch, der sich besonders deutlich in unserem Begriff eines – exklusiv – jüdisch-christlichen Europa manifestiert.

TRAUM UND TRAUMA

Die drei monotheistischen Weltreligionen kommen sich in Jerusalem nah wie nirgendwo sonst. Kaum ein anderer Ort ist so geeignet, Juden, Christen und Muslime an ihre gemeinsamen Wurzeln zu erinnern.

Von Karl-Josef Kuschel

Es ist nicht so einfach, in Jerusalem Weihnachten zu feiern. Ende 2005 war ich eingeladen, im Österreichischen Hospiz, seit Kaiser Franz Josephs Zeiten malerisch-orientalisch im muslimischen Viertel der Altstadt gelegen, ein Seminar über »Spiegelungen Abrahams in Bibel, Koran und Literatur« zu halten. Ein besonderer Zauber, dachte ich, gerade dort, in »seiner« Stadt, das Fest der Geburt Jesu zu feiern.

Die Wirklichkeit war ernüchternd. Ausgerechnet in Jerusalem wollte kaum jemand so feiern wie ich. Schon orthodoxe Christen gedenken in altkirchlicher Tradition der »Erscheinung des Herrn« (Epiphanias) erst am 6./7. Januar, wenn man bei uns schon das Fest der Heiligen Drei Könige begeht. Und während ich mich als westlicher Christ nun zum Heiligabend hin in Weihnachtsstimmung zu bringen versuchte, feierte die jüdische Welt um mich herum Chanukka, und dies acht Tage lang. Das Datum ändert sich nach dem jüdischen Kalender, 2005 fiel es mit den Weihnachtstagen zusammen. Doch bestenfalls im Anzünden von Kerzen sind Parallelen sichtbar, wird doch an Chanukka der Brauch gepflegt, einen achtfachen Leuchter anzuzünden, pro Tag ein Licht mehr. Doch damit feiern die Juden natürlich nicht die Geburt Christi, sondern die Wiedereinweihung ihres Tempels im Jahre 164 v. Chr.

Auch die Muslime, die dem Mond-Kalender folgen, feiern ihr Opferfest gelegentlich um die Weihnachtszeit, 2006 war es vom 10. bis 13. Januar. Neben dem Fastenbrechen am Ende des Ramadan ist es das bedeutendste Fest der islamischen Welt, es erinnert an die Bereitschaft Abrahams, auf Gottes Verlangen hin einen seiner Söhne zu opfern.

Eine Stadt, drei Religionen. Schon die unterschiedlichen Feste und Kalender lehren, die Andersartigkeit des anderen wahrzunehmen – und auszuhalten, an einem Ort, der wie nirgends sonst auf der Welt mit so viel religiösen Sehnsüchten und Utopien aufgeladen ist, aber auch mit so viel negativer Energie für brutalste Machtkämpfe im Namen Gottes. Dabei könnte kein Ort der Welt geeigneter sein, Juden, Christen und Muslime daran zu erinnern, dass sie gemeinsame Wurzeln und nur gemeinsam eine friedliche Zukunft haben.

Abraham, dessen Opferbereitschaft Muslime während des Opferfestes gedenken, ist die Urgestalt der drei Religionen. Juden, Christen und Muslime sehen ihn als den Erzvater ihres Glaubens. Nach der Hebräischen Bibel hat Gott mit Abraham einen »ewigen Bund« (Genesis Kapitel 17, Vers 13) geschlossen. In der Geschichte der Religionen ist das beispiellos: Der ewige Gott verpflichtet sich einem kleinen Volk in einem kleinen Winkel der Erde. Als Zeichen dieses Bundes sollen alle männlichen Nachkommen acht Tage nach ihrer Geburt an der Vorhaut beschnitten sein (Genesis 17,11 f.), ein Merkmal, das Juden von ihrer Umwelt unterscheiden sollte.

Glauben wie Abraham heißt nach der Hebräischen Bibel radikales Gottvertrauen – gegen allen Zweifel. Trotz hohen Alters gewährte Gott Abraham und seiner Frau Sara einen Nachkommen, Isaak, was wörtlich übersetzt heißt »Gott lacht«. Wie anders sollte die Zukunft des Volkes gesichert werden?

Doch nach derselben »Heiligen Schrift« ist Abraham auch »Stammvater einer Menge von Völkern« (Genesis 17,4). Der Völkerapostel Paulus wird für seine die Grenzen Israels überschreitende Christus-Verkündigung daran anknüpfen: Wenn Menschen – welcher Herkunft auch immer – wie Abraham radikales Gottvertrauen praktizieren, wenn sie etwa daran glauben, dass

Gott den Nazarener von den Toten erweckt hat, dann können auch Menschen zu Kindern Abrahams werden, die nicht Juden sind. Ein weltgeschichtlich folgenreicher Gedanke. Er schafft die Grundlage dafür, dass sich ein »Christentum« als eigenständige Größe neben dem Judentum geschichtlich behaupten wird.

Niemand konnte ahnen, dass nach der Durchsetzung des Christentums, sogar als Staatsreligion des Römischen Reiches, erneut eine religiöse Großmacht auftreten würde, die wiederum über Abraham nicht nur das eigene Glaubensverständnis rechtfertigt, sondern sich mit ihm auch als wahre Religion zu profilieren sucht. Mit seiner Verkündung ab 610 in Mekka knüpft der Prophet Mohammed explizit an Judentum und Christentum an, sieht in beiden aber Verzerrungen und Missdeutungen der Botschaft. Die neue Offenbarung des Islam soll nun das reine, unverfälschte Wort Gottes überbringen, Mohammed fordert die Wiederentdeckung der »Religion Abrahams« als ursprünglichen Monotheismus. Um aber seine Eigenständigkeit zu betonen, greift der Prophet dabei auf Abrahams erstgeborenen Sohn Ismael zurück, und nicht auf Isaak, den die Juden für sich beanspruchen. Abraham und Ismael sollen den Überlieferungen zufolge bis nach Arabien gekommen sein. Schon Mohammeds Stamm in Mekka, die Kuraisch, führt seine besondere Stellung in Mekka auf die Abstammungslinie Abraham-Ismael zurück.

Ismael hatte Abraham mit Hagar, der Dienerin, gezeugt. Von ihm berichtet die Hebräische Bibel: Auch Ismael trägt das Bundeszeichen der Beschneidung, auch auf ihm ruht Gottes Segen, auch ihm wird mit großer Nachkommenschaft Zukunft verheißen (Genesis 17,20–23).

Kritisch wird der Koran an die Adresse von Juden und Christen sagen: »Ihr Leute der Schrift, warum streitet ihr über Abraham, wo die Tora und das Evangelium erst nach ihm herabgesandt worden sind? Versteht ihr denn nicht? (…) Abraham war weder Jude noch Christ, sondern ein aus innerstem Wesen Glaubender, Gott ergeben. Er gehörte nicht zu denen, die (Gott) Partner beigeben« (Sure 3,65–67).

Abraham trennt Juden, Christen und Muslime, eint sie aber auch in einem entscheidenden Punkt: Sie alle glauben an den Gott, den Abraham als die Schöpfermacht bezeugt, der Menschen rückhaltlos vertrauen können und die von ihnen im Gericht Rechenschaft fordert. So wird er in allen drei religiösen Traditionen zum »Freund Gottes«: im Koran (Sure 4,125), im Brief des Jakobus (2,23) und im Buch des Propheten Jesaja (41,8).

Jerusalem spielt als Schauplatz bei all dem eine Schlüsselrolle. Denn die radikalste Glaubens-Geschichte in den Abraham-Überlieferungen, die »Bindung« des Erbsohnes, überliefert in der Bibel wie im Koran, wird hier lokalisiert. Es ist die Geschichte einer Glaubensprobe (Genesis 22,1), einer »deutlichen Prüfung« (Sure 37,106). Jüdische und muslimische Überlieferungen haben den Ort der dann durch Gott verhinderten Opferung, den in der Hebräischen Bibel erwähnten Berg im »Land Morija«, mit dem gewaltigen Felsen identifiziert, der auf dem Jerusalemer Tempelberg zu finden ist. Mitunter wird der Felsen sogar mit Weltschöpfung und Paradies verbunden. Nach alttestamentlichen Vorstellungen war vor allem der Garten in Eden Ursprung aller Wasserquellen (Genesis 2,10–14). Aber auch der Tempel wird als ein Ort betrachtet, wo als Zeichen des Segens eine Quelle entspringt: »Die Wasser eines Stromes erquicken die Gottesstadt, des Höchsten heilige Wohnung«, heißt es in einem Psalm (46,5). Und der Prophet Ezechiel spricht in seiner Vision eines neuen Tempels der kommenden Heilszeit von einer Quelle, die im Tempel entspringt (Ezechiel 47,1–12).

Einst stand hier der jüdische Tempel, unter König Salomo im 10. Jahrhundert v. Chr. erbaut, dann zweimal zerstört. Der Felsendom wird von Kalif Abd al-Malik 691 n. Chr. als muslimisches Gegengewicht zur christlichen Grabes- und Himmelfahrtskirche errichtet. Aber er ist mehr als ein religionspolitischer Triumphbau. In seiner einzigartigen Schönheit lässt er Erinnerungen an einen Garten des Paradieses wach werden. Unterhalb des riesigen Felsens, den er umgibt, befindet sich eine Grotte. Hier habe Gott, so jüdische Legenden, seinen »Fußabdruck« hinterlassen, als er sich nach der Erschaffung der Welt von diesem Stein abstieß und zum Himmel aufstieg.

Vorstellungen von der Weltschöpfung entsprechen in Jerusalem Bildern vom Weltgericht. Für Juden, Christen und Muslime ist die Stadt auch mit Verheißungen für die Endzeit verbunden. Unterhalb der östlichen Umfassungsmauer verläuft das Kidron-Tal, das wie ein tiefer Graben die Stadt von der gegenüberliegenden Hügelkette des Ölbergs trennt. Die Gerichtsverheißung des Propheten Joël hat man hier lokalisieren wollen: »Die Völker sollen aufbrechen und heraufziehen zum Tal Joschafat. Denn dort will ich zu Gericht sitzen über alle Völker ringsum« (Joël 4,12).

In byzantinisch-christlicher und in arabisch-islamischer Zeit hat man dieses Tal sogar mit dem biblischen Ben-Hinnom-Tal gleichgesetzt, in dem die Verdammten ihre ewigen Qualen erleiden werden. Tatsächlich ist die Vorstellung eines Gottesgerichts im Kidron-Tal im Legendenschatz von Juden, Christen und Muslimen reich vertreten. Das zeigt erneut: Wie unterschiedlich auch immer die einzelnen Überlieferungen der Juden, Christen und Muslime sein mögen, mit ihnen glauben mehr als zwei Milliarden Menschen an den einen Gott, der als Schöpfer den Menschen ins Sein rief und als Richter Menschen an ihre Verantwortung erinnert.

Jerusalem ist in diesem Prozess eine Stadt einzigartiger göttlicher Zeichen. Wie sehr, zeigt das Faktum, dass Jerusalem von Juden, Christen und Muslimen auch als eine Stadt der »Auferstehungen« und der »Himmelfahrten« verehrt wird. Für Muslime hat hier auf dem Tempelberg der spirituelle Aufstieg ihres Propheten Mohammed stattgefunden, in Jerusalem trifft er »Gottes Freund Abraham« sowie andere Propheten und betet mit ihnen.

Eine Himmelsleiter wird herabgesandt, und der Prophet durchläuft die verschiedenen Himmel. Schon im »zweiten Himmel« trifft er auf diejenigen, die schon vor Jahrhunderten an den einen und einzigen Gott geglaubt hatten: Jesus und Johannes den Täufer, im Koran Issa und Jahja genannt. Im »sechsten Himmel« trifft er Mose, der als ein »Mann von dunkler Farbe, großem Wuchs und mit einer gekrümmten Nase« beschrieben wird. Dann die Begegnung mit Abraham. Mohammed macht die überraschende Entdeckung, dass er offenbar nicht nur geistig Abraham ähnlich ist, sondern auch physisch: »Und er (der Engel Gabriel) brachte mich in den siebten Himmel; dort sah ich einen Mann in reifem Alter auf einem Stuhl am Tore zum Paradiese sitzen, durch das an jedem Tag siebzigtausend Engel eintraten, die erst am Tag der Auferstehung wieder zurückkehren. Nie habe ich einen Mann gesehen, der mir ähnlicher war. Und Gabriel sprach: Dies ist dein Stammvater Abraham.«

Mose und Jesus treten während der »Himmelsreise« nicht von ungefähr auf. Der Koran greift in überraschend vielen Suren Überlieferungen dieser beiden »Propheten« auf. In seinem prophetischen Kampf gegen das dem Götzendienst verfallene politische und wirtschaftliche Establishment in Mekka identifiziert sich Mohammed vor allem mit Mose: mit dessen Kampf gegen den »Pharao«, dessen Bindungs- und Führungskraft für seine verunsicherte, vielen Leiden ausgesetzte Glaubensgemeinschaft und mit seiner Bedeutung als Mittler göttlicher Offenbarungen und Lebensordnungen. Judentum, Christentum und Islam werden nicht zufällig außer »abrahamische« auch »prophetische« Religionen genannt. Sie teilen Überlieferungen miteinander, die sie mit Hinduismus und Buddhismus oder dem chinesischen Taoismus eben nicht verbinden.

Prophetische Kraft ging auch von einem Mann aus, der auf seine Weise das religiös-politische Machtkartell seiner Zeit in Jerusalem angegriffen hatte – Jesus. Die Stadt ist bis heute voll von Hinweisen auf seine Präsenz: der Garten Getsemane, die Via Dolorosa, Golgota. Der Tempel ist Schauplatz von Jesu Beschneidung, von Jesu Frömmigkeit und Kampfbereitschaft. Das macht diese Stadt auch für Christen zu einem Ort außerordentlicher Zeichen. Und obwohl die Christenheit neue Zentren bekommt, erst Rom, dann Byzanz, das zweite Rom, dann Moskau, das dritte Rom, sind die Bindungen an Jerusalem nie erloschen. Mit einer grauenhaften Kehrseite: In sechs Kreuzzügen versuchten christliche Mächte des Mittelalters, muslimischen Herrschern Jerusalem wieder zu entreißen und besudelten das Heilige Land im Namen Jesu mit Blut. Ein katastrophaler, bis heute traumatisch wirkender Irrtum. Jerusalem – oft genug mehr Trauma als Traum.

Dabei haben Christen von ihrer Ur-Kunde her keinerlei territoriale Ansprüche an Jerusalem. Im Gegenteil: Im Stile der Unheilspropheten Jesaja und Jeremia war dessen Zerstörung von Jesus vorausgesagt worden: »Siehst du diese großen Bauten? Kein Stein wird auf dem andern bleiben, alles wird niedergerissen« (Markus 13,2). Für Christen ist nicht das Irdische der Vergangenheit, sondern das himmlische Jerusalem der Zukunft entscheidend, nachzulesen in der »Offenbarung des Johannes« (Apokalypse 21,1f.).

Jeder Besucher dieses ungemein eindrucksvollen Tempelberg-Platzes spürt die religiösen Energien dieses Ortes, dessen stolze Herren nun die Muslime sind. Jeden Freitag kniet hier eine schier unübersehbare Menge von Gläubigen zum Gebet. Christen betreten diesen Platz mit gemischten Gefühlen, denken sie doch an das Schicksal Jesu, das von den Mächtigen des Tempels mitbestimmt wurde. Ein orthodoxer Jude weigert sich, diesen Platz zu betreten – aus Angst, er könnte das in seiner Lage unbekannte ehemalige innerste Heiligtum des Tempels versehentlich mit Füßen treten. Aber Hunderte von Juden stehen tagtäglich unten an der sogenannten Westmauer des Tempels und beten.

Der von Extremisten ermordete ägyptische Staatspräsident Anwar al-Sadat gehörte zu den wenigen Visionären, die verstehen, dass verfeindete Völker ihren Hass überwinden und Frieden schließen können, wenn sie sich auf ihre gemeinsamen geschichtlichen Wurzeln besinnen. Auf einer nächtlichen Nilreise schilderte er dem damaligen Bundeskanzler Helmut Schmidt einmal seine Vision: Er war überzeugt, dass Muslime, Juden und Christen ein gemeinsames Heiligtum der Versöhnung brauchen, ein Symbol dafür, dass sie alle drei aus der Wurzel Abrahams stammen und seinen Gott verehren.

Sadat dachte an den Mose-Berg auf dem Sinai. Christliche Theologen wie Hans Küng schlugen den Tempelberg vor. Hier könnten Christen, Muslime und Juden zu dem einen Gott beten, nicht ritualisiert, sondern spontan, offen, frei – und den umstrittenen Platz so zu einer spirituellen Friedensstätte machen.

Ich selber habe auf vielen Jerusalem-Reisen den Tempelberg besucht und im Felsendom gebetet, still und für mich. Immer wieder neu habe ich gespürt, was es bedeuten könnte, wenn von diesem Platz ein Signal ausginge, gemäß unseren heiligen Schriften: Jeder Mensch, welcher Hautfarbe, Nation oder Religion auch immer, ist Geschöpf des einen und wahren Gottes. Und vor ihm haben sie Rechenschaft darüber abzulegen, wie sie mit ihren Mitgeschöpfen umgegangen sind.

AM ORT ALLER ORTE

Das Madaba-Mosaik ist die älteste erhaltene Karte Jerusalems.

Von Johannes Saltzwedel

Wichtige Plätze sind auf Karten hervorgehoben – so war es schon in der Spätantike. Irgendwann zwischen 542 und 570 leisteten sich die Christen der Stadt Madaba, 20 Kilometer östlich vom Toten Meer, einen ganz besonderen Bodenbelag für ihre neue Kirche. Als gewaltiges Mosaik war fortan die nähere Welt vom Libanon bis zum Nildelta gut begehbar im Gotteshaus zu studieren.

Die Heilige Stadt bekam natürlich einen Ehrenplatz: »Hagia polis Ierusa…« ist noch heute in griechischen Lettern auf weißem Grund neben dem eindrucksvollen Mauerring zu lesen; jeder Laie erkennt sogleich die römische Säulenstraße, ja selbst die einzelnen Tore dieses Orts aller Orte, auch Grabeskirche und Davidszitadelle sind zu sehen.

Eroberungen, Erdbeben und muslimische Zerstörungen konnten dem Wunderwerk nur wenig anhaben; 1896 wiederentdeckt und 1965 von deutschen Archäologen gründlich restauriert, gilt die heute noch 16 mal 5 Meter große Madaba-Karte mit ihren etwa 150 Siedlungsnamen und liebevoll eingelegten Stadtplänen als ein Schlüsseldokument der byzantinischen Epoche.

Soli Dreckmann / A1PIX

WUNSCH ODER WAHRHEIT

Seit 150 Jahren graben Archäologen im Heiligen Land nach Beweisen für die Überlieferung – mitunter mehr beflügelt vom Glauben als von der Wissenschaft.

Von Dieter Vieweger

An einem herrlichen Oktobertag des Jahres 1898 liegt gespannte Ruhe über Jerusalem. Wieder einmal wird in der Stadt Geschichte geschrieben. Die Protestanten feiern das Reformationsfest, und aus Deutschland ist eigens Kaiser Wilhelm II. angereist, um in der Altstadt ihr neues prächtiges Gotteshaus einzuweihen – die Erlöserkirche. Ihr schlanker Turm überragt die ehrwürdige Grabeskirche, das alte Zentrum der Christenheit in Jerusalem. Die beiden Bauwerke liegen fast nebeneinander. Alle christlichen Konfessionen wollen so nahe wie möglich an dem mutmaßlichen Ort bauen, wo Jesus einst gekreuzigt und begraben wurde – und wo er am Ostermorgen auferstanden sein soll.

Über diese Frage hatten Katholiken und Protestanten allerdings jahrzehntelang heftig gestritten. Während sich die Katholiken gemäß den Traditionen ihrer Kirche sicher waren, dass sich Golgota, also der Hinrichtungsort Jesu, inmitten der Grabeskirche in der Altstadt befinde, bezweifelten das die Protestanten. Nach zeitgenössischen römischen und jüdischen Gebräuchen, so meinten sie, musste der Kreuzigungsplatz außerhalb der bewohnten Stadt gewesen sein, sie vermuteten eine bestimmte Stelle nördlich der Mauern. Um den Streit beizulegen, war es also wichtig herauszufinden, wo exakt die Stadtmauer zur Zeit Jesu gelegen hatte.

Bei den Ausschachtungsarbeiten für die neue Kirche geschah nun die Sensation: Bauarbeiter stießen auf eine Mauer, die deutsche Gelehrte als die antike Stadtmauer zur Zeit Jesu identifizierten, von der schon der jüdische Geschichtsschreiber Flavius Josephus berichtete. Mit Hilfe einer neuen Wissenschaft, der Archäologie, war damit der Streit beigelegt. Protestanten wie Katholiken gingen daraus gemeinsam als Sieger hervor: Der Ort der Grabeskirche hatte also zu Lebzeiten Jesu tatsächlich außerhalb der Altstadtmauer gelegen, und das Grab darin schien richtig lokalisiert. Die neue Kirche wurde in dem frommen Glauben eingeweiht, ihr Grundstein ruhe auf der alten Stadtmauer aus Jesu Zeiten.

Der faszinierende Gedanke, der biblischen Welt besonders in den Altertümern Jerusalems auf die Spur zu kommen, begeisterte schon im 19. Jahrhundert die Gelehrten des Abendlandes. Forscher wie Carsten Niebuhr, Ulrich Jasper Seetzen und Johann Ludwig Burckhardt riskierten dafür sogar ihr Leben, als sie in arabischer Verkleidung den Orient bereisten.

1865 durchstreifte auch der britische Offizier Charles William Wilson das Gebiet von Beirut bis Jerusalem. Er wurde überfallen, weil die Einheimischen bei ihm ausgegrabene Schätze vermuteten. In Jerusalem unternahm er einige Grabungen, auch ganz in der Nähe der Klagemauer. Weil er davon ausging, dass die monumentale Umfassungsmauer um Felsendom und al-Aksa-Moschee einst von Herodes dem Großen als Ummauerung des jüdischen Tempels errichtet worden war, versuchte er hier, diesem nahe zu kommen. Immerhin fand er einen Mauerbogen, der seit Herodes die Oberstadt mit dem Tempelbereich verband. Das trug ihm dauerhafte Ehre ein, »Wilson-Bogen« heißt das Mauerstück seitdem.

Aber Wilson rüttelte eben auch an Tabus. Grabungen an den heiligen Stätten waren in Jerusalem schon damals hochsensibel, wenn nicht gar verboten. Was die Forscher mit dem Spaten zu finden hofften, beunruhigte die Muslime. Sie fürchteten, Reste des ehemaligen jüdischen Tempels würden entdeckt und könnten so die Begehrlichkeit wecken, anstelle der islamischen Heiligtümer den Tempel wiedererrichten zu wollen.

Die Erzählungen von den sagenhaften Schätzen des salomonischen Tempels entwickelten eine ungeheure Anziehungskraft. Ihnen erlag, wie so viele, auch der junge britische Captain Montague Parker. Bereits 1909 gelang es ihm, zwei ganze Jahre lang in Jerusalem zu graben. Dabei versuchte er, durch einen jahrhundertealten Wasserversorgungstunnel bis zum Tempelberg vorzudringen. Als das misslang, bestach er die zuständigen osmanischen Behörden, damit sie ihm direkten Zugang gewährten. Doch der Plan wurde publik, und Parker musste aus Jerusalem fliehen.

Schon damals erwies sich die systematische Erforschung Jerusalems angesichts der engen Bebauung als äußerst schwierig, und Tunnelgrabungen schienen zu gefährlich. Die Archäologie verschob deshalb ihren Fokus auf das Land Palästina.

Auch das Deutsche Kaiserreich wollte sich an der Entdeckung des Heiligen Landes beteiligen. 1898 hatte Wilhelm II. bei seinem Besuch ein Gelände auf dem Ölberg gekauft, wo sich heute das »Deutsche Evangelische Institut für Altertumswissenschaft des Heiligen Landes« befindet. Die Protestantischen Kirchen Deutschlands hatten es 1900 auf der Eisenacher Synode gegründet. Sein erster Direktor, Gustaf Dalman, traf 1902 in Jerusalem ein. Er wollte das Leben Jesu aus den Sitten und Gebräuchen des damaligen Palästina verstehen.

Die Hoffnung, durch die Archäologie quasi objektive Maßstäbe zur Bestätigung der biblischen Auslegungen zu finden, war damals groß. So lautete der Auftrag der schon 1870 gegründeten amerikanischen »Palestine Exploration Society« denn auch: zu finden, »was immer dazu beiträgt, die biblische Geschichte als real … zu beweisen« und damit »den Unglauben zu widerlegen«.

Die Vorstellung, die Erzählungen der Bibel bestätigt zu finden, beherrschte auch die ersten deutschen Grabungen an den biblischen Orten Taanach und Megiddo im Norden Palästinas. Traurige Berühmtheit erlangten die Untersuchungen von Ernst Sellin und Carl Watzinger 1907 bis 1909 im alttestamentlichen Jericho. Sie lösten den ersten folgenschweren Skandal der Archäologie im Heiligen Land aus. Die beiden meinten nämlich, sie hätten die legendären Mauern von Jericho gefunden, die das Volk Israel unter Josuas Führung, so erzählt es das Alte Testament, zum Einsturz gebracht hatte. Doch es handelte sich um eine Fehldeutung der Forscher. Tatsächlich war Jericho in der Zeit der Sesshaftwerdung der Israeliten keine Stadt und besaß folglich keine Ummauerung. Es gab also auch »keine Posaunen vor Jericho«.

Unter diesem Titel veröffentlichte der Tel Aviver Archäologe Israel Finkelstein 2002 ein Buch mit provozierenden Thesen: Er rüttelte an der ruhmreichen Geschichte der Hauptstadt Jerusalem ebenso wie an der Bedeutung des ersten dort regierenden israelitischen Königs David. Finkelstein präsentierte Argumente, die das Großreich Davids in die Welt der Legenden verweisen. Danach sind die wesentlichen Überlieferungen aus dem Zeitalter Davids und Salomos (10. Jahrhundert v. Chr.) reine Fiktionen aus dem 7. Jahrhundert. Damals hätten die Schreiber am Jerusalemer Königshof im Zuge des neuauflebenden Nationalstaats das Reich Davids idealisiert. Vom großen König blieb nach Finkelstein nur ein Clanchef im jüdischen Bergland übrig. Die bisher David und Salomo zugeschriebenen Bauten in den alttestamentlichen Städten Megiddo, Geser und Hazor datierte der Archäologe in das Jahrhundert nach ihnen um.

Diese Neuinterpretation der Geschichte läuft den Interessen der israelischen Nationalisten zuwider, die mit dem Verweis auf die Macht und Tapferkeit ihrer biblischen Vorfahren die Rechtmäßigkeit ihres Landanspruchs zu belegen versuchen. Aber auch den frommen Anschauungen jüdischer und christlicher Bibelleser ist sie ein Dorn im Auge.

Die Existenz Davids als historische Person ist jedoch nicht mehr zu leugnen, seit 1993 und 1995 auf dem biblischen Siedlungshügel Tel Dan in Nordisrael drei Fragmente einer Stelen-Inschrift aus dem 9. Jahrhundert v. Chr. gefunden wurden, in der vom »König von Israel« und vom »Haus Davids« die Rede ist. Damit gibt es nun eine von der Bibel unabhängige Quelle.

Die entscheidende Frage nach Davids Machtfülle und Bedeutung bleibt aber offen.

Die archäologische Forschung ist reich an Irrtümern – gerade auch bei der Erforschung Jerusalems. Als Charles Warren am 24. Oktober 1867 am östlichen Hang der Davidstadt – dem ältesten Siedlungsteil der Stadt – einen später nach ihm benannten vertikal verlaufenden Stollen entdeckte, meinten viele Theologen und Historiker, nun sei jener Schacht aus dem Buch Samuel gefunden, durch den König David bei der Eroberung der Stadt seinen Gefolgsmann Joab als Vorhut geschickt hatte. Doch vor einigen Jahren gruben die Israelis Ronny Reich und Eli Schukron am Jerusalemer Wassersystem und entlarvten den »Warren-Schacht« dabei als natürliche Felsspalte, die man überhaupt erst im 8. Jahrhundert v. Chr. entdeckt hatte. Demnach konnte sie mit David und dessen Eroberung Jerusalems tausend Jahre vor Christus nichts zu tun haben.

Den vielgerühmten Palast Davids glaubt die israelische Archäologin Eilat Masar am Ostabhang der sogenannten Davidstadt gefunden zu haben. Dieses Gelände hatte bis 1967 schon die bedeutendste aller Archäologinnen des Heiligen Landes, Dame Kathleen Mary Kenyon (1906 bis 1978), erforscht und war dabei auf Spuren der vorisraelitischen Stadtbewohner Jerusalems, der Jebusiter, gestoßen. Masar interpretiert nun die oberhalb einer 37 Meter hohen Terrassenkonstruktion gelegenen Mauern eines größeren Gebäudes als Davids Königspalast.

Es gibt jedoch keinerlei zwingenden Beweis für ihre These, zumal die Fußböden des Bereichs durch spätere Bebauungen weitgehend zerstört sind. Das Gebäude könnte auch bereits in vorisraelitischer Zeit entstanden und eventuell nach Umbauten israelitisch genutzt worden sein – von wem auch immer. Das erscheint plausibel, da David die eroberte Stadt nicht zerstörte. Unter diesen Umständen müsste man sich jedoch aus archäologischer Sicht einer so dezidierten Interpretation enthalten – noch dazu einer mit solch gravierenden Folgen für den Gebietsstreit zwischen Israelis und Palästinensern.

Manchmal hilft der Zufall. Als 1974 bei Renovierungsarbeiten in der Erlöserkirche der Fußboden herausgenommen werden musste, stieß die damalige Direktorin des Deutschen Evangelischen Instituts für Altertumswissenschaft, Ute Wagner-Lux, nicht nur auf den Gründungsstein der Kirche. Sie entdeckte auch einen römischen Steinbruch, der sich unmittelbar angrenzend außerhalb der Stadtmauer befunden haben musste. Damit war die Lage der Grabeskirche jenseits der Stadtmauer zu Jesu Zeiten bestätigt. Die vermeintliche Stadtmauer aus jenen Zeiten allerdings, die Kaiser Wilhelm II. bei der Einweihung unter der Kirche vermutet hatte, erwies sich als bloße Hangbefestigung, die erst Jahrhunderte später errichtet wurde.

Die Archäologie im Heiligen Land rührt an die Grundüberzeugungen und die Ansprüche der Juden, Christen und auch Muslime. Deshalb ist ihr breites Interesse sicher. Sie lockt aber auch Fälscher und Scharlatane auf den Plan. Zu den dreistesten Fälschungen zählt ein nur wenige Zentimeter großer Granatapfel aus Elfenbein, der jahrelang im renommierten Israel-Museum als Zepteraufsatz aus der Zeit König Salomos ausgestellt war. Das kostbare Stück, das das Museum 1987 mit Hilfe einer anonymen Spende für 550 000 Dollar angekauft hatte, trug die althebräische Inschrift »Zum Tempel JHWHs gehörend, heilig den Priestern«.

Vor dem Kauf hatte natürlich ein israelischer Experte das sensationelle Exponat auf seine Echtheit hin untersucht. Doch Ende Dezember 2004 musste das Museum kleinlaut vermelden, dass es sich um das Werk eines Schwindlers handelte: Experten hatten herausgefunden, dass die Elfenbein-Frucht viel älter sein musste, die Inschrift dagegen erst jüngeren Datums. Auch die 2002 aufgefundene angebliche Knochenkiste (»Ossuar«) Jakobs sowie kurz darauf eine Steintafel des Königs Joas (circa 840 bis 801 v. Chr.) wurden als unecht entlarvt. Als mutmaßliche Fälscher stehen zwei der bekanntesten israelischen Antiquitätenhändler vor Gericht.

In der Altstadt Jerusalems sind bis heute nahezu alle Grabungen umstritten. Für die Vereinten Nationen handelt es sich um besetztes Territorium, damit ist es nach Völkerrecht für Archäologen tabu. Israelische Forscher und einige ihrer ausländischen Kollegen setzen sich allerdings darüber hinweg. Sie sehen Jerusalem als legitimes Staatsgebiet Israels an, wo sie nach den Wurzeln der jüdischen Kultur forschen.

Im aktuellen Konflikt gelten Grabungen schnell als feindlicher Akt. Als der israelische Premier Benjamin Netanjahu in seiner ersten Amtszeit 1996 einen Tunnel von der Klagemauer aus entlang der ehemaligen Umfassungsmauer des jüdischen Tempels, tief unter den Kellern der arabischen Häuser, zum muslimischen Viertel öffnen ließ, war das für die palästinensischen Anwohner eine gezielte Provokation. Unruhen brachen aus, bei denen fast hundert Araber und ein Dutzend israelischer Polizisten starben.

Andererseits nahm die islamische Behörde, die heute den Felsendom und die al-Aksa-Moschee auf dem Tempelberg verwaltet, unter der Moschee Ausschachtungen vor und kippte das »überflüssige« Erdreich einfach über die Mauer des Tempelbergs. Diesmal schimpfte die israelische Öffentlichkeit über die Zerstörung ihres Kulturgutes. Israelische Archäologen beeilten sich, den wertvollen Bauschutt zu sichern, akribisch untersuchen sie ihn nun auf Spuren der Tempelgeschichte. Die stets schnell hochgeputschten Emotionen zeigen, wie groß das Misstrauen ist und die Angst, die Gegenseite schaffe Fakten zu ihrem Vorteil.

Das ist das Problem der biblischen Archäologie: Viele missbrauchen die Wissenschaft zu politischen oder religiösen Zwecken und sind allein auf ein Wunschergebnis bedacht. Archäologen haben jedoch nicht die Aufgabe, die Bibel durch Ausgrabungen zu beweisen und damit eine Bestätigung des Glaubens zu liefern. Die Chance der biblischen Archäologie ist es, nicht nur auf die aufgefundenen Zeugnisse, sondern auch auf Bibeltexte und historische Dokumente zurückgreifen zu können, und zwar ohne Übereinstimmungszwang, um so das Wissen über die damalige Zeit um weitere eigene Quellen zu bereichern. Sicher sah man das im bibelbegeisterten 19. Jahrhundert anders. Und selbst in der zweiten Hälfte des 20. Jahrhunderts war die Devise »Forscher beweisen die historische Wahrheit« noch immer sehr populär.

150 Jahre biblischer Archäologie enden, was dies betrifft, mit einem ernüchternden Ergebnis: Man findet bei Ausgrabungen im Heiligen Land selbstverständlich Relikte der Kulturen des Alten und Neuen Testaments und auch wichtige Schauplätze biblischer Geschehnisse. Aber die Bibel ist mit archäologischen Methoden nicht auf ihre Wahrheit zu überprüfen.

Die Archäologie erforscht die Lebensverhältnisse, den Stand der Technik, die Architektur vergangener Generationen und vieles mehr. Wir sehen Städte und Plätze, aber nicht die biblischen Ereignisse, die dort spielten. Der theologische Gehalt der biblischen Überlieferungen ist mit den Methoden der Archäologie weder zu untermauern noch zu widerlegen. Es ist Zeit, sich von solchen Erwartungen endgültig zu verabschieden.

»UNSER HERZ SCHLÄGT HIER«

Geheime Tunnel, meterdicke Mauern, 3000 Jahre alte Siegel: Archäologen suchen nach dem Ursprung Jerusalems und wollen König Davids Palast entdeckt haben – unter einem arabischen Viertel.

Von Clemens Höges

Das Rauchen hat sich Jawad Siyam angewöhnt, als die Israelis ihn mal wieder eingesperrt hatten. Er war so oft im Gefängnis, dass er nicht mehr genau weiß, wann. Siyam steckt sich eine Gauloise an, schiebt die Sonnenbrille ins Stoppelhaar wie immer und blinzelt ins gleißende Mittagslicht.

Der Palästinenser schaut die Straße hoch, auf Jerusalems Tempelberg, rund 300 Meter weit weg von seinem eigenen Haus. Er schaut die Straße hinunter, dort haben Archäologen Gruben zwischen die Grundstücke der Palästinenser gegraben. Israelische Flaggen wehen über Gittern, auf Hausdächern patrouillieren Männer mit Gewehren. Sie würden auf ihn schießen, wenn er einen Fehler macht. Siyam macht aber keine Fehler, nicht mehr: »Wir wollen keine Gewalt«, sagt er, doch »dieses Land hier ist uns heilig.«

Keine 100 Meter weiter blickt etwas später Doron Spielman durch ein Stahlgitter, das seine Arbeiter über uralten Mauern errichtet haben. Man kennt das Gesicht des Israelis weltweit aus den Fernsehnachrichten: Beim Feldzug gegen Gaza redete Captain Doron Spielman meist vor der brennenden Palästinenserstadt. Als Armeesprecher versuchte er, der Welt zu erklären, warum Israel schießen müsse.

Spielman wirkt gut im Fernsehen, entschlossen, smart, ziemlich amerikanisch. Er spricht Englisch mit dem Sound des Mittleren Westens, er stammt aus Detroit, zum Israeli wurde er erst vor wenigen Jahren. Für Israel kämpfen, das ist seither sein Leben, egal an welcher Front.

»Dies hier ist der Ort, an dem alles begann«, sagt Spielman, er meint die Ruinen unter seinen Füßen. Wohin auch immer es Juden verschlage – »unser Herz schlägt hier«. Wenn ihn die Armee nicht braucht, befehligt er als Direktor einer Organisation namens »Ir David« eine Schar von Arbeitern und Archäologen. Was sie ausgraben, glauben manche, soll der Palast des ersten jüdischen Königs David sein, 3000 Jahre alt. Gesucht wird also Davids Stadt: »Ir David« eben – das erste Jerusalem, älter noch als die sogenannte Altstadt.

Siyam, der Palästinenser, und Spielman, der Israeli, reden nicht miteinander. Sie kennen sich aber, sie beobachten sich. Denn auch wenn nicht geschossen wird, kämpfen diese beiden Männer – einen Kampf, der vor 3000 Jahren begann.

Es geht nicht nur um die Anfänge der Heiligen Stadt dreier Religionen. Es geht um die jüdische Identität und Beweise, die Archäologen herbeischaffen sollen. Es geht um die Macht in Jerusalem, in Israel, um einen eigenen Palästinenserstaat und um die Weltpolitik. Deshalb streitet die amerikanische

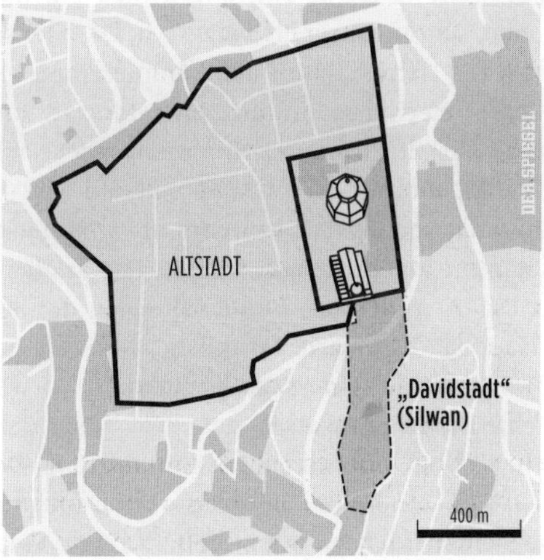

Außenministerin Hillary Clinton mit der neuen israelischen Regierung um genau die Häuser, für die Jawad Siyam kämpft. Und auch die Europäische Union warnte in deutlichen Worten, was da passiere, sei eine »akute Gefahr« für den Friedensprozess.

Denn Spielman und seine Archäologen wollen das Jerusalem des Alten Testaments ausgerechnet unter dem Stadtteil Silwan entdeckt haben – im palästinensischen Osten der Stadt. Silwan soll irgendwann Teil der Hauptstadt Palästinas werden, so ergibt es sich aus vielen Papieren, die nach internationalen Verhandlungen verfasst wurden.

Aber jetzt vertreiben konservative Israelis die Palästinenser, eine Familie nach der anderen. Wohnhäuser werden abgerissen, durchs Viertel auf dem Hügel neben dem Tempelberg wühlen sich Archäologen. Geplant ist ein Bibel-Disneyland für 100 Millionen Dollar – Israel wird Davids Stadt nie wieder hergeben, die Palästinenser werden nie auf Silwan verzichten. Und so verhindert der König von damals den Frieden von morgen.

Denn die Zeit vergeht nicht in Jerusalem, nicht so wie an anderen Orten. Alles ist Gegenwart. Was vor Jahrtausenden passierte genauso wie das, was vor Jahrzehnten geschah. Nichts wird vergeben, schon gar nichts vergessen. Die Menschen von heute verstricken sich heillos in den Kämpfen ihrer Vorfahren.

Das jüngste Gefecht begann 1993. Bis dahin galt König David als mythische Gestalt. Er war der Hirtenjunge, der nach der Zeitrechnung der Bibel um 1000 v. Chr. den Riesen Goliat tötete, er war der Diplomat und der Trickser, der mit Ränkespielen herumziehende Stämme zu einem Volk einigte. Er war aber auch der König, der Psalmen dichtete, und der Krieger, der dem neuen Volk eine Hauptstadt eroberte: Jerusalem. »Jeder kleine Junge in Israel will König David sein«, sagt Spielman.

Doch lebte David einst tatsächlich, liegt hinter der Legende eine Wahrheit? Über tausendmal erwähnt die Bibel David, aber ansonsten gab es kein Indiz – bis Archäologen 1993 im Norden Israels eine Steintafel fanden mit zwei Inschriften. Eine erwähnt das »Haus Davids«, und in der zweiten stehen die Wörter »König von Israel«.

Jahrzehnte zuvor hatten Kollegen direkt südlich der heutigen Altstadt Jerusalems gewaltige Fundamente ausgegraben, unter ihnen lagen Eingänge zu Tunneln. Die Mauern gehörten wohl zu einer befestigten Stadt. Vielleicht 4000 Jebusiter lebten vor 3000 Jahren auf diesem Hügel, sie nannten ihre Burg »Zion«.

David fand laut Bibel die Schwachstelle dieser Bergfestung, den »Tsinnor«, einen geheimen Tunnel, durch den die Jebusiter bei einer Belagerung Wasser aus einer Quelle im Kidron-Tal holen konnten. Ein Stoßtrupp kletterte durch den Tunnel in die Stadt, Zion fiel – und Jerusalem war geboren. David begann sofort, die Stadt zu erweitern; als Erstes ließ er sich einen Palast bauen.

Wenn David tatsächlich gelebt hat und wenn diese Trümmer auf dem Hügel einst Zion waren, dann müsste sich die Spur des Königs dort finden lassen, dachte sich die Archäologin Eilat Masar. Sie war schon aufgewachsen mit Schaufeln, dem Staub der Grabungsstätten und der Bibel. Ihr Großvater galt als führender Archäologe des jungen Staates Israel. Eilat Masar ist jetzt eine starke blonde Frau, ihre vier Kinder zieht sie allein groß, sie hat keine Zeit für Zweifel. Und sie glaubt an die Schrift: »Ich arbeite mit der Bibel in der einen Hand und den Werkzeugen in der anderen Hand.«

1997 las sie im Buch Samuel über den Angriff der Philister auf die Stadt Davids. Und diesmal fiel Masar ein Nebensatz auf: Direkt vor der Attacke sei David »herabgestiegen« in die Festung. »Herabgestiegen von wo?«, fragte sich Masar – der König könne ja wohl nur aus seinem Palast gekommen sein, der müsse also etwas höher gestanden haben. 1997 veröffentlichte sie ihre Theorie im Fachblatt »Biblical Archaeology Review«, illustriert mit einem Plan der Jebusiter-Festung. In die Grafik zeichnete sie einen Pfeil, er zeigte auf einen Punkt südlich des heutigen Tempelbergs. Darunter stand: »Dort muss er sein.«

Archäologie ist ein langwieriges Geschäft, aber 2005 konnte Masar anfangen zu graben. Innerhalb von Monaten stieß sie auf Mauern eines gewaltigen Gebäudes, bis zu fünf Meter dick, sie fand Keramiken, Tunnel, Tonsiegel mit den Namen von Ministern, die in der Bibel stehen.

Archäologen nummerieren ihre Funde und die Fundstellen. Ein Kernstück von Masars Theorie, dass vor 3000 Jahren hier der Mensch David lebte, ist »Locus 47«, eine winzige Mauerlücke, man könnte sie mit einem Küchenhandtuch abdecken. Heute liegt auf Locus 47 ein zerdrückter Plastikbecher, Kraut wächst aus Steinritzen. Aber mit Hilfe von Tonscherben, die Masar dort fand, und aufgrund der Bauweise, glaubt sie, könne sie die Ruinen präzise datieren – auf das Jahr 1000 vor Christus. Dies sei eine erste Ecke von Davids Palast.

Andere Archäologen bezweifeln die Datierung, aber es gibt größere Probleme: Masar und nach ihr Kollegen konnten bislang nur einen kleinen Teil der Stadt ausgraben. Denn schon König Davids Sohn Salomo verlegte das Zentrum auf den nächsten Hügel im Norden. Später brannten die Babylonier die Davidstadt nieder. Masar fand in einem verschütteten Tunnel intakte Öllampen, die vielleicht die letzten Juden des alten Jerusalem trugen, als sie versuchten, vor den Feinden zu fliehen. »Dort endete das Leben«, sagt Spielman.

Jahrhundertelang lag der Hügel verlassen da, ein Müllabladeplatz, ein Olivenhain, eine Ziegenweide. Dann bauten Araber auf den Ruinen; ihr Stadtteil wuchs in die Täler rundum, sie nannten ihn Silwan. Heute leben dort vielleicht 50 000 Palästinenser. Und das alte Jerusalem liegt unter ihren Häusern. Wer es ausgraben will, muss die Menschen vertreiben. Das zweite Problem: Die israelische Altertumsbehörde kann die Arbeiten nicht bezahlen. Geld hat aber eine jüdische Siedlerorganisation namens Elad, sie steht hinter Spielmans Projekt Davidstadt. Die rechtsnationale Gruppe bezahlt die Archäologen der Behörde. Woher die Millionen stammen, verrät Spielman nicht. Aber Ehrengast bei der Einweihung des neuen Besucherzentrums war der russisch-jüdische Oligarch Roman Abramowitsch.

Spielmans Leute dringen immer weiter vor. Manche Häuser kaufen sie den Palästinensern ab, andere werden enteignet. Es gibt praktische Gesetze in Israel für so etwas, zum Beispiel jenes, nach dem Palästinenser enteignet werden können, wenn sie längere Zeit nicht da sind. Zudem bauten viele ihre Häuser formal illegal, weil Araber in Jerusalem so gut wie nie eine Baugenehmigung bekommen. Die Stadt, der Staat und Elad arbeiten Hand in Hand, den Namen »Silwan« haben sie den Palästinensern schon genommen. Der Stadtteil heißt jetzt »Ir David«, die Hauptstraße Wadi Hilwa Straße heißt »Ir David Aufstieg«.

Auf jedem leeren Grundstück fangen sie an zu graben, in manche Häuser ziehen Elad-treue Siedler. Sie setzen Funkantennen auf die Dächer, falls Terroristen die Telefonleitungen zerschneiden, sie schrauben Kameras an Laternenpfähle. Sie tragen Sturmgewehre beim Sabbat-Spaziergang, und Gitter über Dach und Scheiben schützen ihre Geländewagen, wie Schildkröten sehen die klobigen Autos aus.

Es geht Spielman darum, zu zeigen, dass dies schon immer jüdisches Land war, dass nach David nichts kam, zumindest nichts, was eine Schaufel nicht schnell beiseiteschieben kann. Seine Archäologen haben kein einziges muslimisches Gebäude gesichert, sogar einen jahrhundertealten Friedhof baggerten sie mitsamt den Knochen einfach weg.

»Wir waren eine Nation ohne Ort. Wir haben auch heute kein Mekka oder Medina«, sagt Spielman, »wir haben nur dieses kleine Stück Erde, Israel. Es ist eine fragile Existenz.« Deshalb gehe es darum, so tief wie möglich zu wurzeln, am besten so tief, wie Wurzeln in 3000 Jahren wachsen können.

»Sie nutzen die Archäologie als Werkzeug für ihre Pläne«, sagt der Archäologe Joni Mizrachi. »Archäologen sollen eigentlich nach den Spuren alter Kulturen suchen. Sie aber suchen nach Belegen, dass ihnen das Land gehört.« Mizrachi trägt seine Haare im Pferdeschwanz, das erste Grau ist zu sehen, er kennt seine

Courtesy of the City of David

So soll die Stadt Davids um 1000 v. Chr. ausgesehen haben (Rekonstruktion von »Ir David«).

Gegner seit langem. Der Israeli hat schon mit Eilat Masar zusammengearbeitet, »sie ist gut«, sagt er, »aber sie folgt ihrer Agenda: Sie will die Bibel beweisen.«

Er selbst hat lange für die Altertumsbehörde gegraben, auch auf Palästinenserland; Bodyguards mussten ihn schützen. »Als Archäologe änderst du nicht nur, was die Menschen sehen, sondern vor allem, wie sie es sehen. Das ist eine enorme Macht.« Und oft werde sie missbraucht.

Deshalb hat Mizrachi seinen Job hingeworfen: »Man trifft seine Entscheidungen, und so ist das Leben dann.« Er schreibt jetzt Essays, oder er führt Touristen durch die Ruinen der Davidstadt. Er sagt ihnen, welcher Stein welche Geschichte erzählt. Er sagt ihnen aber auch, wo die historische Wahrheit endet und die politische Fiktion beginnt. 1500 Menschen kamen im vergangenen Jahr mit Mizrachi und ein paar Kollegen, 500 000 aber ließen sich von Spielmans Führern die David-Theorie als Wahrheit verkaufen.

Ohne seinen Freund Jawad Siyam hätte Mizrachi wohl keine Chance. Siyam lebt ein kompliziertes Leben. Seine Frau ist eine christliche Serbin aus Bosnien mit deutschem Pass. Er selbst entstammt einem der großen Araber-Clans, doch studiert hat er unter anderem in Berlin. Er spricht fünf Sprachen, er hat seine Doktorarbeit (Amerikanistik) schon im Kopf. Aber er hat keinen Pass, sondern nur eine Karte, die ihn als Bewohner Jerusalems dritter Klasse ausweist: Er darf Steuern zahlen, wählen darf er nicht, und die Stadt lässt sein Viertel verfallen.

Siyam organisiert den Widerstand, er hat lange gelernt dafür. Als Jugendlicher warf er bei der Intifada Steine, dann bekämpfte er den Imperialismus, wie er sagt, als Mitglied der Fatah. Er wirft keine Steine mehr, er hat jetzt Anwälte. Er hält Vorträge über den illegalen Vormarsch der Israelis, er gibt der »Washington Post« Interviews zur Nahost-Politik, er redet mit Reisegruppen. Siyam will, dass es Zeugen gibt. Und manche Israelis wünschen sich, er würde wieder Steine werfen, das wäre leichter.

Siyam hat mit Israelis und Palästinensern zusammen einen Verein gegründet, sie haben ein Haus gemietet. Moniereisen ragen in den Himmel, Geckos huschen über raue Wände, aber hier bringen Lehrer den Frauen Hebräisch bei, damit sie sich im Alltag besser zurechtfinden; sie machen eine Zeitung, Web-Seiten, und manchmal kommt ein Zirkus. »Wir wollen dem Leben in Silwan eine Bedeutung geben. Dies ist nicht eine Müllhalde, die man einfach abräumen kann.«

Die Palästinenser kämpfen um jedes Haus, jeden Quadratmeter. Keine Familie soll freiwillig aufgeben, aber erst vor kurzem kam wieder ein Bulldozer, beschützt von Kommandosoldaten mit Gesichtsmasken. Polizisten zerrten eine Familie aus ihrem Haus, dann walzte der Caterpillar durch die Wände. Immer wieder geht das so, und trotzdem kann Siyam nicht klein beigeben.

»Ich will hier leben«, sagt er: im Haus seines Vaters. Es steht wohl ziemlich genau mitten über Davids Stadt. »Es geht auch um unsere Identität«, sagt Siyam. Wie soll es einen Kompromiss geben?

Jawad Siyam ist 39 Jahre alt; Doron Spielman von Elad ist 35, der Archäologe Joni Mizrachi 38. Sie gehören zur selben Generation, und diese Generation wird die Zukunft im Nahen Osten bestimmen. Es sieht nicht so aus, als könnte sie Frieden schließen.

TEIL III

EROBERER, HERRSCHER, DESPOTEN

ES WAR EINMAL IN JUDÄA

König Salomo war der reichste und weiseste König auf Erden, schreibt die Bibel. Heute aber zweifeln Archäologen, ob der ruhmvolle Tempelbauer Jerusalems wirklich gelebt hat.

Von Annette Bruhns

»Du hast mehr Weisheit und Güter, als die Kunde sagte, die ich vernommen habe«, schwärmt die Fremde und schmeichelt ihrem Gastgeber: »Weil der Herr Israel lieb hat ewiglich, hat er dich zum König gesetzt, dass du Recht und Gerechtigkeit übst.«

Die Fremde ist selber eine Königin und sagenhaft reich. Sie ist aus dem fernen Saba (heute vermutlich Jemen) gekommen, um sich davon zu überzeugen, dass ihr Pendant in Jerusalem, Salomo, tatsächlich so klug ist, wie alle Welt sagt. Sie testet ihn mit Rätseln. Am Ende, so steht es in der Bibel, ist sie »außer sich vor Staunen« – und reist wieder ab. Viel mehr gibt der Bericht nicht preis. Mit welchen Fragen prüft die Königin Salomos Intelligenz? Ist sie jung und schön oder alt und grau? Die Bibel schweigt dazu.

Trotz – oder vielleicht gerade wegen – dieser Lücken haben wenige Berichte die Phantasie der Nachwelt so nachhaltig angeregt wie dieser. Maler, Schriftsteller, Kirchendekorateure haben das royale Gipfeltreffen verewigt. Von Marokko bis Persien ist die Begegnung des auch im Koran bewunderten »Sulaiman« mit der Sabäerin, die im Arabischen Bilkis heißt, verherrlicht worden. Die äthiopischen Salomoniden, Könige bis 1974, rühmten sich gar, von einem Sohn aus jener Liaison abzustammen.

Die schönsten Lieben sind angeblich die unerfüllten. Näher besehen, konnten Salomo und die Frau aus Saba gar nicht zusammenkommen. Zwar gab es in der altarabischen Region

Königinnen – aber erst 200 bis 300 Jahre nach der für Salomo angenommenen Regierungszeit im 10. Jahrhundert v. Chr. Die Entstehungszeit der ersten Texte über ihn dürfte in die Regierungszeit jener bewunderten Herrscherinnen fallen. Es drängt sich der Verdacht auf, dass der Auftritt der Sabäerin vor allem dazu dienen sollte, dem Glamour-König zu noch mehr Glanz zu verhelfen.

»Streng historisch gesehen, ist nicht einmal die Existenz von Salomo selbst nachweisbar«, sagt der Rostocker Theologe Hermann Michael Niemann. »Schließlich existiert neben der Bibel kein einziger weiterer Beleg für ihn.« Niemann gehört zu einer Reihe von Wissenschaftlern, die den Bibeltext weder für bare Münze nehmen (wie die sogenannten Maximalisten), die aber auch keine Minimalisten sind. Für Letztere ist Salomo ungefähr so real wie Pippi Langstrumpf.

Niemann hält es für durchaus wahrscheinlich, dass ein Salomo auf dem davidischen Königsthron saß. Eine 1993 in Tel Dan nicht weit von den Golanhöhen entdeckte Inschrift führt in aramäischer Sprache den Namen des Hauses David an; damit ist die biblische Dynastie auch historisch belegt.

Nach Spuren Salomos hat Niemann jahrelang gemeinsam mit dem Archäologen Israel Finkelstein aus Tel Aviv gegraben – ohne fündig zu werden. Die Forscher deuten die biblische Darstellung als politisch motivierte Geschichtsklitterung. Der Salomo-Mythos sei ein »raffiniertes Propagandawerk«, das am Jerusalemer Hof lange nach dem Tod des Königs geschrieben wurde. Es habe die zur Zeit der Schreiber herrschenden Machthaber legitimiert und erhöht.

Das Alte Testament berichtet über Salomos Reich in drei Büchern: Samuel, Könige und Chronik. Drei weitere Bücher berufen sich auf Salomo als Verfasser: die Sprüche Salomos, der Prediger Salomo und das Hohelied Salomos – im Volksmund das »Hohelied der Liebe«. Literarisch gehören sie zum Schönsten, was die Bibel zu bieten hat, mit so lebensfrohen Einsichten wie der, dass »ein lebender Hund besser als ein toter Löwe« sei.

Den Glauben an eine Autorschaft Salomos dieser frühestens im 4. Jahrhundert v. Chr. geschriebenen Weisheiten erschweren allerdings die inneren Widersprüche. Da enden die Sprüche mit einem Lob auf die tüchtige Hausfrau. Es gipfelt in der Behauptung: »Lieblich und schön sein ist nichts; eine Frau, die den Herrn fürchtet, soll man loben.« Schönheit sei nichtig? Das sieht der Autor des Hohelieds offenkundig anders, wenn er schwärmt: »Wie schön ist dein Gang in den Schuhen, du Fürstentochter! Die Rundung deiner Hüfte ist wie ein Halsgeschmeide, das des Meisters Hand gemacht hat. Dein Schoß ist wie ein runder Becher, dem nimmer Getränk mangelt. Deine beiden Brüste sind wie junge Zwillinge von Gazellen.«

Für Archäologen ist es abwegig, dass Salomo derlei gedichtet haben könnte. Zu seiner Zeit, 1000 Jahre vor Christus, hatte Israel noch keine nennenswerte Schriftkultur. Umso phantasievoller statteten die späteren Schreiber den Ahnen aus. Salomo, so das Erste Buch der Könige, war »größer an Reichtum und Weisheit als alle Könige auf Erden«. Nur von Gold habe er gegessen, »das Silber achtete man zu den Zeiten Salomos für nichts«.

Größer könnte der Abstand zwischen Dichtung und Wahrheit kaum sein. Salomos Reich, das sich laut Bibel zwischen Ägypten und Euphrat, also 900 Kilometer weit, erstreckte, kann in Wirklichkeit nur ein Zwergstaat gewesen sein. In der Mitte des 10. Jahrhunderts v. Chr. dürfte der König, glaubt Niemann, gerade mal ein Gebiet der Größe des Saarlands fest in der Hand gehabt haben: Jerusalem und das Stammesgebiet Juda.

Salomos Untertanen, so die ernüchternde Erkenntnis, beliefen sich auf höchstens 10 000 Männer, Frauen und Kinder. Die Davidstadt selbst war eher ein Dorf. Die biblische Streitmacht von »zwölftausend Gespannen« und »tausendvierhundert Wagen« des angeblichen Rosseliebhabers ist nicht nur unplausibel, weil Pferde in der unwegsamen Bergregion höchst unpraktisch waren. Salomo hätte sie nicht mal bemannen können.

Er soll der zehnte Sohn Davids sein, des legendären Königs, der einst als Hirte den Riesen Goliat bezwang. Erster Thronanwärter war er also, der Bibel zufolge, keineswegs. Wie er schließlich doch an die Macht kam, wird in einer höchst verwickelten Intrigengeschichte erzählt. Ein solches Ränkespiel aber war nur an einem ausgereiften Königshof möglich, wie es ihn in Juda frühestens im 9. vorchristlichen Jahrhundert gab.

Am Ende der Geschichte steht ein Brudermord auf Salomos Geheiß. Der weise Herrscher lässt reichlich Blut seiner innenpolitischen Gegner fließen. Erst nach deren Beseitigung wird er zum vorbildlichen Regenten. 40 Jahre lang – eine verdächtig runde Zahl – habe er »Juda und Israel« ein »sicheres« Leben beschert, jedem »unter seinem Weinstock und unter seinem Feigenbaum«. Sein Reich soll eine wohlgeordnete Verwaltung mit zwölf Distriktbeamten gehabt haben, im Frieden mit allen Großmächten ringsum.

Die armseligen Verhältnissen im 10. Jahrhundert v. Chr. hatten mit diesem Bibel-Idyll nichts gemein. Viele Generationen später sah es schon anders aus. Der Archäologe Finkelstein und sein Co-Autor Neil Asher Silberman kommen, in ihrem Buch »David und Salomo«, zu dem Schluss: »Wenn eine historische Figur dem biblischen Salomo ähnelt, dann ist es Manasse.« Manasse ist von 698 bis 642 v. Chr. König von Juda – nicht aber von Israel. Das mächtige assyrische Reich hat sich da bereits das aufrührerische Israel als Provinz einverleibt. Juda dagegen kann sich sein Überleben als Vasall der Assyrer sichern.

Manasse steht vor großen Aufgaben: Die Wirtschaft Judas liegt nach dem assyrischen Feldzug am Boden. Jerusalem ist so isoliert wie eine öde »Nachthütte im Gurkenfeld« (Jesaja 1,8). Um die Situation zu ändern, kann Manasse mächtige Ahnen und hochgesteckte Ideale gebrauchen. Die Salomo zugeschriebene Herrschaft auch über den Norden mit seiner gutausgebauten Verwaltung und seinen befestigten Städten – Megiddo, Geser, Hazor – ist historisch zwar nicht haltbar. Sie ist aber hervorragend dazu geeignet, die Macht von Manasse, seinem Sohn Joschija und seinem Vater Hiskija gegenüber den vielen Flüchtlingen aus dem besetzten Norden zu legitimieren. Salomo ist der Übervater, der die sich in Juda drängenden Völker und Stämme ideell eint.

Wie steht es nun mit Salomos legendärer Weisheit? Er erwirbt sich diesen Ruf mit seinem berühmten Richterspruch über zwei Frauen, die sich um ein Kind streiten. Sein Urteil sieht vor, das Kind in der Mitte zu zerschneiden. Entsetzt verzichtet daraufhin eine der Streitenden auf ihre Hälfte – woraufhin Salomo dieser als der »echten« Mutter das Kind geben lässt.

Der Leipziger Bibelexeget Andreas Kunz-Lübcke weist auf den irritierenden Umstand hin, dass laut Heiliger Schrift die beiden Frauen Prostituierte sind. Diese erzählerisch unmotivierte Zuschreibung könnte ein Hinweis darauf sein, dass hier ein Schreiber eine kursierende Legende übernommen hat. Tatsächlich taucht der Mutterstreit auch in altindischen Sagen auf.

In die Geschichte Israels ist Salomo als Erbauer der zentralen Kultstätte Jerusalems eingegangen. Der Bibel zufolge baut er seiner Frau (angeblich eine Pharaonentochter, was so wahrscheinlich ist wie seine Bekanntschaft mit der Königin von Saba) ein Haus, sich selbst einen Palast und seinem Gott Jahwe einen Tempel – seltsamerweise der kleinste der drei Bauten. Generationen von Archäologen haben erfolglos nach Spuren dieser Gebäude gesucht. Kein Wunder: Das dörfliche Jerusalem wird diese Prachtbauten tausend Jahre v. Chr. noch nicht gehabt haben. Samaria im nördlich gelegenen Israel dagegen hatte den Funden nach sogar schon vor Jerusalem einen Palast – etwa 100 Jahre nach Salomo, unter den über Juda siegreichen Omriden. Vermutlich wollten die judäischen Schreiber diese Schmach vertuschen, indem sie Jerusalem eigene Paläste und Salomos Tempel zuschrieben.

Auffällig sei das Desinteresse der Schreiber an kultischen Handlungen in Salomos Tempel, hebt Kunz-Lübcke hervor: »Es ist nicht entscheidend, dass die Gebete am Tempel vorgebracht werden, sondern dass sie – ganz gleich von welchem Ort aus – zum Tempel gerichtet werden.« Dieses Desinteresse spricht für die jüdische Perspektive in der Exil- und Nachexilzeit: der ferne Tempel als einigendes Ideal für das versprengte Volk.

Auch wenn Salomo niemals gelebt haben sollte: Als Ideal eines Herrschers – weise, friedfertig, gerecht – wird er immer tauglich bleiben. Laut Bibel wurde ihm ein allzu menschliches Laster zum Verhängnis: seine Liebe zu den Frauen. Insgesamt 1000 sollen es gewesen sein, die Mehrzahl Ausländerinnen. Ihre Gunst, so die Heilige Schrift, sei ihm am Ende wichtiger gewesen als sein Gott Jahwe.

KÖNIG, MONSTER, BAUHERR

Herodes der Große ging als Kindermörder in die Geschichte ein, wohl zu Unrecht. Brutal war er offenbar wirklich, machtbewusst – und erfolgreich.

Von Stefan Berg

Das Neue Testament gilt gemeinhin als »Gute Nachricht«. Aber für einige überliefert es auch sagenhaft schlechte Botschaften: Über Herodes I., genannt Herodes der Große, jedenfalls enthält die Schrift einige wenige Sätze, die reichten, um ihn scheinbar auf ewig zum Kindermörder abzustempeln: »Als Herodes merkte, dass ihn die Sterndeuter getäuscht hatten, wurde er sehr zornig«, so steht es im Evangelium des Matthäus, »und er ließ in Betlehem und der ganzen Umgebung alle Knaben bis zum Alter von zwei Jahren töten, genau der Zeit entsprechend, die er von den Sterndeutern erfahren hatte.« Das ist er also, Herodes, der monströse Verbrecher, der Urböse – und Jude dazu. So ging er in das kollektive Gedächtnis der Menschheit ein.

Geschichtsschreibung und ihre Deutung wird inzwischen filigran erforscht. Und so widerfuhr Herodes späte Wiedergutmachung. Heute sind sich viele Historiker in einem Punkt einig: Die Erzählung vom Kindermord sollte die Geburt Jesu noch aufwerten, stimmen aber dürfte sie nicht. Denn der jüdische Historiker Flavius Josephus, dessen Chroniken die Hauptquelle zu Herodes bilden, erwähnt die Mordgeschichte überhaupt nicht. Und auch in Punkt zwei ist alter Glaube neuen Zweifeln gewichen. Ob der »König der Juden« wirklich Jude war, ist Interpretationssache. Wahrscheinlich hatten seine Vorfahren – freiwillig oder gezwungen – den jüdischen Glauben angenommen, Herodes war als Jude erzogen worden, jedoch ohne direkt jüdischer Abstammung zu sein.

Klar ist in der Causa Herodes so viel: Er wurde circa 73 vor Christus geboren und starb 4 Jahre vor Christi Geburt. Er war ein machtbewusster Herrscher, König über Judäa, Samaria und Galiläa, über ein Gebiet, das im Norden weit über das heutige Israel hinausgeht. Aber er war nur Herrscher von römischen Gnaden, vielleicht vergleichbar mit einem Ostblock-Staatschef im Sowjetreich. Herodes verwaltete die ihm anvertrauten Gebiete im Auftrag Roms.

Aber was ist schon vergleichbar, was für den heutigen Betrachter der Person Herodes vorstellbar? Seine persönliche Lebensbilanz etwa? Zu ihr gehören sagenhafte zehn Ehen, darunter mit Frauen, deren Namen der Nachwelt nicht überliefert wurden. Aus den vielen angeblichen Verbindungen stammen unzählige Kinder. Einige brachten es zu trauriger Bekanntheit, eine Bekanntheit, die auch ein wenig erklärt, wie Herodes in den Ruf des Kindermörders geraten konnte. Er ließ drei seiner eigenen Söhne hinrichten, weil er ihnen Putschpläne und Intrigen vorwarf.

Geschichtsschreiber, auf die sich die Herodes-Forschung bezieht, haben vom Hof des Herrschers Erzählungen hinterlassen, die als Vorlage für Kriminalfilme dienen könnten. Von blindem Hass wird berichtet, von verqueren Liebes- und Bettgeschichten ist da die Rede, von Machtkämpfen und heimlichen Bündnissen, von Folter und immer wieder von Hinrichtungen auf Befehl Herodes'.

Eine der tödlichen Affären soll sich kurze Zeit vor dem Tod des Königs abgespielt haben, die sogenannte Adler-Affäre. Zwei jüdische Gesetzeslehrer sollen dazu aufgerufen haben, einen großen Adler vom Sockel zu reißen, den Herodes als Zeichen seiner Macht am jüdischen Tempel angebracht hatte. Für die Strenggläubigen, denen Herodes nie Jude genug war, offenbar ein Frevel. Als sich die Randalierer daranmachten, das Steinrelief in Stücke zu schlagen, griff die Tempelwache ein, 40 Personen wurden Herodes vorgeführt. Er machte ihnen den Prozess, ließ die Anstifter lebendig verbrennen und die Mittäter hinrichten.

Yaakov Saar / dpa

Südlich von Jerusalem legen Archäologen
die imposante Herodes-Grabstätte frei.

Um Macht ging es in der Affäre, auch um die Macht, die ein Bauwerk symbolisierte. Das Verhältnis des Königs Herodes zu Prunkbauten, könnte man zynisch resümieren, war inniger als das zu seinen Frauen und Kindern. Der Anblick Roms muss ihn als Bauherren geprägt haben. In dieser Hinsicht ist die Bezeichnung Herodes der Große keinesfalls eine Übertreibung.

Mit römischer Technik trieb er für die damalige Zeit gigantische Projekte voran: den Tempelbau in Jerusalem, Paläste, Festungen, Wasserleitungen, Hafenanlagen. Spuren der Bautätigkeit des Herodes sind bis heute überall im Heiligen Land erkennbar: der Palast des Herodes etwa am Nordhang von Massada am Toten Meer, dessen Reste im sommerlichen Abendlicht heute die Touristen faszinieren.

Von seinem Vater 47 v. Chr. als Statthalter von Galiläa eingesetzt, hatte Herodes zu Beginn seiner Karriere vor gefährlichen Widersachern aus Jerusalem fliehen müssen. Damals reiste er erstmals übers Meer in die Ewige Stadt, deren imposante Bauten ihn so nachhaltig beeindruckten. Sie waren nicht nur Zeichen der Macht, sondern auch Symbole der Dauerhaftigkeit in einer Zeit voller Ungewissheiten, voller Angst vor tödlichen Intrigen.

Nach seiner Rückkehr aus Rom, wo er zum König von Judäa ernannt worden war, zog er in den Krieg gegen den Hasmonäer-Herrscher Antigonos und schlug seine Feinde vernichtend. Er eroberte Jerusalem zurück und konnte seinen Herrschaftsbereich ausdehnen. Er war jetzt auf dem Höhepunkt seiner Macht, er galt als guter Herrscher, bekämpfte Hungersnöte, senkte die Steuerlast, er brachte die Wirtschaft – speziell die Bronzeherstellung – voran, hielt eine Balance, die ihm als diplomatisches Geschick ausgelegt wurde. Er blieb stets loyal zu Rom und huldigte gar den heidnischen Göttern, was ihm daheim als Verrat am Judentum vorgeworfen wurde.

Pompös muss das Leben des Herodes zu Ende gegangen sein, mit einer prachtvollen Beisetzung in einem eigenen Mausoleum südlich von Jerusalem. Von einer gewaltigen Prozession wird berichtet, von einem Leichnam in Purpur, von Hunderten Dienern, die dem Trauerzug folgten.

2007 wurde seine Grabstätte auf dem Herodeion entdeckt, einem Hügel im Süden von Jerusalem, den der König für seinen Festungs- und Palastbau eigens hatte erhöhen lassen. Seitdem werden Funde ausgewertet, das Bild dieses bedeutenden Herrschers wird präzisiert. Aber die spektakuläre Entdeckung wurde zum Zankapfel der Politik. Denn die historische Stätte liegt im Westjordanland, im Gebiet der Palästinenser also. Und so streiten Israelis und Palästinenser darüber, wem das Erbe des Herodes wirklich zusteht. In dieser Hinsicht scheint sich über Tausende von Jahren im Heiligen Land wenig geändert zu haben.

»GOTT WILL ES«

Im Sommer 1099 eroberten christliche Ritter Jerusalem, sie herrschten beinahe ein Jahrhundert lang. Die Kreuzzüge gehören zu den brutalsten Kapiteln der Kirchengeschichte.

Von Clemens Höges und Ulrich Schwarz

Das Gemetzel begann gegen Mittag des 15. Juli. Im Südwesten waren die provenzalischen Kreuzritter gegen Jerusalem vorgerückt, im Norden die Flamen unter ihrem Herzog Gottfried von Niederlothringen, den sie Gottfried von Bouillon nannten, weil er die gleichnamige Festung in den Ardennen einst belagert hatte. Zwei Tage brauchten die Lothringer, um ihren Belagerungsturm, ein hölzernes Ungetüm höher als die Stadtmauern, durch den Pfeilhagel der Verteidiger voranzuschieben.

Nun stand auch der Herzog selbst auf der höchsten Plattform, erst kletterten zwei seiner Ritter auf die Mauerkrone, dann sprangen auch schon Gottfried und die Männer seiner Leibwache. Und das war das Ende der muslimischen Verteidiger Jerusalems. Was kurz darauf passierte, beschrieben Augenzeugen:

In die Stadt eingedrungen, verfolgten unsere Pilger die Sarazenen bis zum Tempel des Salomo, wo sie den Unsrigen den wütendsten Kampf lieferten, so dass der ganze Tempel von ihrem Blut überrieselt war. Nachdem die Unsrigen die Heiden endlich zu Boden geschlagen hatten, ergriffen sie im Tempel eine große Zahl Männer und Frauen und töteten oder ließen leben, wie es ihnen gut schien. Bald durcheilten die Kreuzfahrer die ganze Stadt, sie rafften Gold, Silber, Pferde und Maulesel an sich, sie plünderten die Häuser. Dann glücklich und vor Freude weinend gingen die Unsrigen hin, um das Grab unseres Erlösers zu verehren. Am folgenden Tag erkletterten die Unsrigen das Dach des Tempels, griffen die Sarazenen an, zogen das Schwert und schlugen ihnen die Köpfe ab. Niemand hat jemals von einem ähnlichen Blutbad unter dem heidnischen Volk gehört. Scheiterhaufen gab es wie Steine, und niemand außer Gott kennt ihre Zahl.

Das Massaker im Jahr 1099 war der Höhepunkt des ersten Kreuzzugs – und der Auftakt zu einem der mörderischsten Kapitel der katholischen Kirchengeschichte. Der Papst hatte zum Heiligen Krieg aufgerufen, offiziell ging es darum, Christen im Osten vom Joch der Muslime zu befreien – in Wahrheit ging es um mehr Macht für den Vatikan und um das Prestige, die Stadt Jesu zu beherrschen. Natürlich trieb die adligen Ritter auch die Gier nach Land, nach Titeln, nach Fürstentümern.

Sechs große Kreuzzüge folgten, dazu Dutzende kleinere, viele gescheiterte. Es gab einen Kreuzzug der Kinder, der im Desaster endete, Kreuzzüge nach Tunesien, Ägypten, sogar nach Finnland und Litauen – als das Instrument einmal erfunden war, missbrauchten es viele geistliche und weltliche Kriegsherren.

Zu Legenden wurden aber vor allem zwei Krieger des ersten Kreuzzugs: Gottfried von Bouillon und sein jüngerer Bruder Balduin. Die beiden Adligen aus dem heutigen Belgien sollten die ersten christlichen Herrscher des Königreiches Jerusalem werden.

Dabei ging es ursprünglich gar nicht um die Heilige Stadt. Auslöser war ein Hilferuf aus Konstantinopel: 1095 bat Alexios I., griechisch-christlicher Kaiser am Bosporus, den Papst um Krieger: Die türkischen Seldschuken hatten seine Truppen geschlagen, die Muslime beherrschten nun fast ganz Kleinasien. Papst Urban II. sagte zu. Er sah die Chance, seinen Machtanspruch über die gesamte Christenheit zu untermauern. Nur hatte er selbst keine Armee. Am 27. November hielt der Pontifex, Sohn eines französischen Adligen, deshalb auf einer Wiese bei Clermont eine Rede – die Zehntausende Menschen in den Tod schicken sollte. Viel Volk hatte sich versammelt, denn er sprach zum Abschluss eines katholischen Konzils.

Unter Seufzern und Tränen beschrieb Urban, ein erstklassiger Demagoge, das angeblich üble Treiben der Muslime: »Sie haben die Christen beschnitten und das Blut von der Beschneidung vergossen oder es in die Taufbecken geschüttet. Und sie schneiden denjenigen die Bäuche auf, die sie mit einem schrecklichen Tod quälen wollen, zerren ihnen ihre Organe heraus, sie stoßen sie herum und spießen sie auf, bevor sie sie töten. Mit herausgequollenen Eingeweiden liegen sie auf dem Boden.«

Dann beschwor der Papst die Christenheit, »dieses gemeine Gezücht« zum Teufel zu jagen. Zur Belohnung versprach er allen, »die dort hinunterziehen«, dass ihnen »ihre Sünden vergeben werden«. Wer mitmachen wolle, möge sich ein Stoffkreuz aufs Kleid nähen.

Für den Papst war auch klar: Konstantinopel sollte nur ein Zwischenstopp werden, das Ziel war Jerusalem selbst. Die Stadt stand schon seit über 450 Jahren unter islamischer Herrschaft, aber den Christen ging es dabei gar nicht schlecht. Pilger konnten jederzeit kommen, es residierte sogar ein christlicher Patriarch in Jerusalem.

Das Echo auf Urbans Aufruf war trotzdem gewaltig. Tausende nahmen schon in Clermont »auf der Stelle«, so der Chronist Fulcher von Chartres, das Kreuz. Und der Papst begann sofort eine Werbetournee. Er reiste durchs Frankenland und predigte überall Hass, seine Kleriker verbreiteten den Appell in ganz Europa.

Ziemlich früh hörte davon auch Gottfried von Bouillon. Er war ein frommer Mann, und Urbans Plan muss auch sonst gut geklungen haben in seinen Ohren. Als zweiter Sohn des Grafen von Boulogne konnte er das Land seines Vaters nicht erben. Ein Onkel, Gottfried der Bucklige, hatte ihm zwar wenigstens das Herzogtum Niederlothringen vermacht, doch stand er da unter der Kuratel des Königs. In Lothringen, das war klar, würde nicht mehr viel aus ihm werden. Gottfried war ein großgewachsener Mann für seine Zeit, schreiben die Chronisten, er galt als hartnäckig, als stur. Er war Mitte dreißig und hatte zwei Kriege überlebt, ein Profi seines Handwerks. Dies war seine Chance: Gottfried verkaufte fast alles, was er hatte, um damit eine Armee auszurüsten.

Im Sommer 1096 zogen schließlich insgesamt fünf Heere los, mit zusammen wohl fast 100 000 Mann. Nur etwa jeder Zehnte war ein Ritter, der große Tross bestand aus mehr oder minder gut bewaffneten Bauern und Städtern, die vom Wahn mitgerissen wurden. Viele Huren waren auch dabei. Zu erklären ist die Euphorie, die in den Monaten davor herrschte, nur durch die Macht der Kirche im Mittelalter. Sie predigte Angst und Schuld, ihre Ansprüche ans Volk waren derart hoch, dass selbst die Gläubigsten ihnen kaum genügen konnten. So verlangten die Geistlichen von Eheleuten, dass sie sechs Monate pro Jahr keusch lebten, was selbst viele Priester überforderte.

Zudem hatten manche der adligen Ritter scheinbar wenig zu verlieren, aber viel zu gewinnen: Das Erbrecht der Feudalgesellschaft sah vor, dass der erste Sohn eines Herzogs oder Grafen in der Regel alles erbte, die zweiten und dritten Söhne nichts. Sie mussten ihr Glück dann als Söldner fremder Herren suchen – oder als Mönche im Kloster. Doch Reichtümer sollten auf den Kreuzzügen dann nur wenige erwerben. Die meisten kamen ohne Gold und Edelsteine heim, wenn sie überhaupt den Rückweg schafften. Viele starben schon auf dem Weg nach Jerusalem, andere fielen im Kampf. Nur die Anführer eroberten Latifundien im Nahen Osten.

Die Truppen des ersten Kreuzzugs marschierten getrennt los. Gottfried von Bouillon und sein Bruder Balduin zogen durch Ungarn, andere Anführer setzten von Italien über. In Konstantinopel empfing Kaiser Alexios die Kämpfer keineswegs als Retter. Er fürchtete die wilden Horden, die da vor seiner Stadt kampierten. Sie fingen schon an zu plündern, was sie eigentlich schützen sollten. Der Herr von Byzanz ließ sie schließlich durch seine eigenen Truppen bewachen, und oft mussten die sich mit den »Franken« schlagen, wie die Ritter aus dem Abendland genannt wurden. Alexios zwang Gottfried schließlich, wie auch schon die anderen Heerführer, einen Treueid zu leisten. Dann verfrachtete der Kaiser die Ritter über den Bosporus.

Auf der asiatischen Seite der Meerenge vereinigten sich die Truppen. Als Erstes eroberten sie Nikäa, dann schlugen sie ein türkisches Heer, und nach monatelanger Belagerung fiel auch noch die Festung Antiochia. Der Schlachtruf der Muslime war »Allahu akbar« – Gott ist groß. Und die Christen brüllten »Deus lo vult« – Gott will es.

Gottfrieds Bruder Balduin hielt die Befreiung Jerusalems nicht für so dringend. Er machte lieber jetzt schon Beute: Mit seinen Rittern setzte er sich vom Hauptheer ab, bemächtigte sich der Stadt Edessa und errichtete dort eine schöne kleine Grafschaft für sich selbst.

Am 13. Januar brach das Hauptheer zum letzten Ziel auf, zur Befreiung Jerusalems. Das war eigentlich gar nicht nötig. Denn kurz nach der Belagerung Antiochias hatten die schiitischen Fatimiden aus Ägypten ihren Todfeinden, den sunnitischen Seldschuken, die Heilige Stadt abgenommen. Der neue Fatimiden-Statthalter Iftichar al-Daula sah die Kreuzritter eher als Verbündete und bot ihnen umgehend freien Zugang zu ihren heiligen Stätten an. Doch das passte denen nun gar nicht. Nach all den Strapazen sollte Jerusalem mit Gewalt genommen werden. Und schließlich waren auch die freundlichen Schiiten Muslime.

Am 7. Juni 1099, dreieinhalb Jahre nach dem Aufruf des Papstes, sahen die Christen Jerusalems Kuppeln vor sich liegen – und die wuchtigen Verteidigungsanlagen der Stadt. Von den Männern, die in Europa aufgebrochen waren, hatten es nur 20 000 bis hierher geschafft. Und Fatimiden-Statthalter Iftichar hatte sich bestens vorbereitet: Die Zisternen der Stadt waren voll mit Trinkwasser, es gab reichlich Vorräte. Die Mauern waren verstärkt worden, die Brunnen und Quellen der Umgebung zerstört oder vergiftet, alles Vieh der Umgebung hatten die Ägypter wegschaffen lassen. So lagerten die Europäer in einem kargen Land, die Sonne brannte, überall lauerten ihnen Stoßtrupps der Ägypter auf, sie litten unter Hunger und vor allem Durst, wochenlang.

Doch am 17. Juni legten in Jaffa sechs Schiffe an. Sie hatten Werkzeuge an Bord, dazu Seile, Nägel, Bolzen – fast alles, was man zum Bau von Belagerungsmaschinen braucht. Drei Wochen lang hämmerten und sägten die Krieger, dann waren drei bewegliche Türme fertig. Und bald konnten Gottfried und seine Männer stürmen.

Nach dem Blutrausch der ersten Tage wurde den Anführern schnell klar, dass sie überhaupt nicht wussten, was sie nun mit der Stadt anstellen sollten. Ein päpstlicher Abgesandter hatte sich Jerusalem als Geschenk für seinen Chef gewünscht. Doch die weltlichen Ritter hielten die Idee für etwas absurd. Einer von ihnen sollte Jerusalem bekommen, die anderen würden sich Fürstentümer im Rest Palästinas greifen. Die Wahl fiel zunächst auf Raimund von Toulouse, den mächtigsten der Kreuzritter.

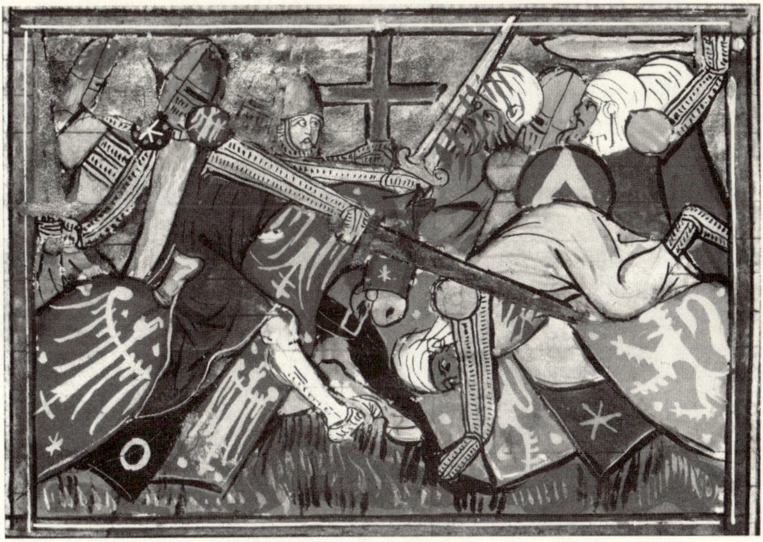

Rue des Archives / Süddeutsche Zeitung Photo

Schlacht zwischen Kreuzrittern und Muslimen
(Französische Darstellung von 1337)

Doch der lehnte ab, mit der seltsamen Begründung, er wolle keine Königskrone aufsetzen in der Stadt, in der Jesus eine Dornenkrone auf dem Haupt getragen hatte. Vielleicht war er so fromm, vielleicht aber, mutmaßen Historiker, wollte er nur um bessere Bedingungen zocken.

Doch da hatten sich die Ritter schon auf einen anderen geeinigt: auf Gottfried, dessen Männer schließlich als Erste in die Stadt eingedrungen waren. Das Problem mit der Dornenkrone umging der Lothringer geschickt, indem er sich halt nicht König nannte, sondern »Hüter des Grabes Christi«.

Gottfried überlebte seinen Triumph nur um ein Jahr. Die Ursache seines Todes am 18. Juli 1100 ist unklar: Erlag er einer Typhus-Infektion? War es Gift? Oder starb er an den Folgen einer Pfeilwunde? Die Herrschaft über die Heilige Stadt blieb in der Familie. Aus dem 700 Kilometer entfernten Edessa eilte sein Bruder Balduin herbei. Er wurde der erste König von Jerusalem: Balduin I.

Der Mann, der das Ganze angezettelt hatte, erfuhr von all dem nichts mehr: Papst Urban II. war zwei Wochen nach der Eroberung Jerusalems in Rom gestorben, die Nachricht konnte ihn nicht rechtzeitig erreichen. Und von Dauer war der Sieg auch nicht. 200 Jahre später eroberten muslimische Heere die letzten Kreuzritter-Festungen im Heiligen Land zurück. »Deus lo vult« – Gott hat all das gewollt? Mag sein, aber ganz sicher war es völlig sinnlos.

DER HEILIGSTE KASTEN DER WELT

Wo ist die mystische Bundeslade geblieben? Spuren führen nach Afrika.

Von Clemens Höges

Gott weiß offenbar genau, was er will. Im Buch Exodus der Bibel befiehlt Jahwe seinem Gefolgsmann Mose, eine Transport-Kiste bauen zu lassen für die beiden Steintafeln mit den Zehn Geboten:

Macht eine Lade aus Akazienholz, zweieinhalb Ellen lang, anderthalb Ellen breit und anderthalb Ellen hoch! Überziehe sie innen und außen mit purem Gold. Gieß für sie vier Goldringe, und befestige sie an ihren vier Füßen. Fertige Stangen aus Akazienholz an. Steck die Stangen durch die Ringe, so dass man die Lade damit tragen kann. Verfertige auch eine Deckplatte aus purem Gold. Mach zwei Kerubim aus getriebenem Gold, und arbeite sie an den beiden Enden der Deckplatte heraus! Die Kerubim sollen die Flügel nach oben ausbreiten.

Mose tut wie geheißen, über Jahrhunderte tragen die Israeliten danach die Bundeslade als ihr höchstes Heiligtum immer mit sich: Die Kiste kann laut Bibel Menschen töten, sie drängt die Fluten des Jordans zurück und lässt zusammen mit Posaunenschall die Mauern von Jericho einstürzen. König David bringt sie dann ins frisch eroberte Jerusalem, Davids Sohn Salomo baut schließlich seinen großen Tempel um sie herum – ungefähr dort, wo heute der Felsendom steht.

Alles nur fromme Legenden? Sicher. Aber Wissenschaftler glauben, dass diese Legenden einen wahren Kern haben könnten, dass dieses mystisch verklärte Möbel einst existierte – und vielleicht noch existiert. Nur wo?

Seit Jahrzehnten treibt diese Frage nicht nur Filmhelden um wie Indiana Jones (»Jäger des verlorenen Schatzes«), sondern auch Abenteurer, Raubgräber, aber auch Wissenschaftler: Ein Hamburger Archäologieprofessor verkündete vergangenes Jahr, er wisse Neues über die alten Geschichten von der Bundeslade in Äthiopien; ein renommierter Konkurrent von der University of London behauptet, die Lade sei im Süden Afrikas. Und schon weitaus länger stehen bei einigen die Tempelritter in Verdacht, den Goldkasten nach England geschafft zu haben.

Sicher ist nur, dass alle Geschichten und Erwähnungen der Bibel auf die Zeit vor 597 v. Chr. hindeuten. Es ist das Jahr, in dem Babylons Herrscher Nebukadnezar II. Jerusalem erobert. Seine Soldaten plündern den Tempel, rauben alle Reichtümer. Die Chronisten der Bibel notieren penibel, welche Stücke ihre Militärs davonschleppen – nur den größten Schatz, die Bundeslade, listen sie nicht auf.

Vielleicht hat einer der vielen Feinde Israels sie irgendwann zerstört, vielleicht ist sie in Jerusalem verbrannt oder verschüttet worden, vielleicht haben Priester sie aber auch vor dem Anrücken der Babylonier versteckt, in einer Höhle, einem Gang unter dem Tempelberg. Zu gern würden Archäologen den heiligsten Hügel der Menschheit durchstöbern. Aber weder Muslime noch Juden werden das je genehmigen.

Die Forscher würden die Bundeslade dort auch nicht finden, wenn stimmt, was im Zweiten Buch der Makkabäer steht: Der Prophet Jeremia habe einen »Gottesspruch empfangen« und die Lade, vor dem Angriff der Babylonier, aus Jerusalem weggeschafft. Er sei »hinausgegangen zu dem Berg, auf den Mose gestiegen war. Dort fand Jeremia eine Höhle wie ein Haus. Er trug die Lade hinein; dann verschloss er den Eingang«.

Aber welches ist der Berg der Zehn Gebote? Viele Expeditionen suchten schon vergebens – weil die Kiste längst wieder weg war, sagt der britische Autor und Rechercheur Graham Phillips: Er zitiert einen arabischen Chronisten, nach dessen Worten britische Tempelritter um 1180 am Berg Madhbah im heutigen Jordanien – der manchen Bibelarchäologen als Mose-Berg gilt – einen geheimnisvollen Kasten fanden.

Phillips verfolgt die Spur, vage Quellen nutzt er, aber auch mittelalterliche Grundbücher. Und nach denen sollen mehrere heimkehrende Kreuzfahrer »heilige Dinge« aus Palästina nach England geschafft haben. Am Ende steht Phillips vor einem Brunnen und einer Höhle in der Grafschaft Warwickshire in Mittelengland. Dummerweise haben die Briten das Areal nach dem Zweiten Weltkrieg gründlich umgepflügt, eine Straße musste verbreitert werden.

Noch abenteuerlicher klingen die Geschichten, die bekannte Professoren verfechten. Der Londoner Hochschullehrer Tudor Parfitt etwa hat einen ziemlich guten Ruf zu verlieren. Trotzdem behauptet er, die Bundeslade sogar gesehen zu haben – oder das, was von ihr übrig ist. Parfitt nimmt seine Spur in den achtziger Jahren auf, als er die seltsame Geschichte einer Volksgruppe in Südafrika erforscht, der Lemba. Die Lemba glauben seit Jahrhunderten, sie seien ein verlorener Stamm des Volkes Israel. Und irgendwann glaubt der Professor ihrer Überlieferung. Kollegen attackieren ihn, verlachen ihn. Bis 1999.

Dann ergibt die DNA-Analyse genetischer Marker, dass die Lemba wahrscheinlich mit den Israeliten verwandt sind. Genauer noch: Das Ypsilon-Chromosom zeigt Ähnlichkeiten sogar zu einem speziellen Stamm, dem der Kohanim, der Cohens – der einstigen Tempelpriester.

Also untersucht Parfitt einen besonders farbigen Strang der Lemba-Überlieferung genauer: die Legende vom »Ngoma Lungundu«, einem göttlichen Kasten, der erst um 1940 verschwunden sei. Der Ngoma soll mit zwei Stangen getragen worden sein, er konnte angeblich Blitze aussenden, Menschen töten, er war zu heilig, um auf den Boden gestellt zu werden – alles so ähnlich wie bei der Bundeslade. Die Lemba behaupten, ihre Vorfahren hätten ihn aus Jerusalem mitgebracht. Kleiner Schönheitsfehler: Die Kiste ihrer Legende soll abgerundet sein, eher ein Fass also.

Der Professor verfolgt die Spur der Lemba trotzdem rückwärts, auch mit einem weiteren DNA-Abgleich. Die Suche führt ihn in eine Geisterstadt im Jemen, zu arabischen Dokumenten aus dem 9. Jahrhundert – und schließlich in das Lagerhaus eines Museums in Harare, Simbabwe. Dort findet Parfitt nach eigenen Angaben wohl den Ngoma Lungundu: zerstört, halb verbrannt, aber die Trageringe kann er noch erkennen, auch seltsame Reliefs.

Parfitt lässt einen Holzsplitter mit der C-14-Methode datieren. Das Material stammt aus dem 14. Jahrhundert, nach Christus – kann also nicht zu Moses Bundeslade gehört haben. Doch die Lemba-Legende erzählt, dass der Original-Ngoma vor ein paar Jahrhunderten zerstört wurde; auch aus Resten des alten sei ein neuer Schrein gebaut geworden. Parfitt sagt, der heilige Schrott aus Harare sei wohl »das letzte Ding auf dieser Welt, das direkt von Moses Bundeslade abstammt«. Weitere Forschungen sind zurzeit nicht möglich, denn das, was Parfitt gesehen hat, verschwand im vergangenen Jahr aus dem Museum; dahinter, vermutet der Professor, stecke der Clan des greisen Diktators Robert Mugabe.

Parfitts Hamburger Kollege Helmut Ziegert verfolgt eine ganz andere Spur. Der inzwischen emiritierte Archäologieprofessor sucht seit Ende der neunziger Jahre nach Belegen für die zentrale Legende der äthiopischen Juden, von denen viele Christen wurden, vor rund 1500 Jahren schon. Die Legende, erzählt in der Chronik »Kebra Negast«, geht so: Menelik, Äthiopiens König in grauer Vorzeit, sei ein illegitimer Sohn König Salomos gewesen – gezeugt mit der Königin von Saba. Menelik habe seinen Vater besucht und danach die Bundeslade in sein Reich geschafft. Doch gab es ihn je, diesen phantastischen Dreiklang, Salomo, die Königin von Saba und die Bundeslade?

Ziegert fängt an zu graben, in Aksum, der alten Königsstadt Äthiopiens. Und schließlich stößt sein Team auf Mauern von zwei Prachtbauten, einen Altar und genug andere Hinweise, dass Ziegert seither die äußerst gewagte Theorie vertritt, dort hätten die Paläste von Menelik und seiner Mutter gestanden. Und die Bundeslade, glaubt Ziegert, werde tatsächlich gleich nebenan in der Kapelle der Heiligen Maria von Zion gehütet – wie es die äthiopische Kirche seit Urzeiten behauptet.

Das Problem: Seit vielen Generationen schützt immer ein Mönch die angebliche Bundeslade, bis zu seinem Tod. Dann wird ein neuer ernannt. »Der Wächter«, wie er nur heißt, verlässt die umzäunte Kapelle sein Leben lang nicht; aber außer ihm darf sie auch kein Mensch betreten. Niemand kann prüfen, ob er jene Kiste bewacht, die Mose bauen ließ – oder nur irgendeine Kiste.

RITTER AUS DEM MORGENLAND

Er hat Jerusalem erobert, Arabien geeint und selbst Dante, Lessing und Voltaire beeindruckt. Doch Saladin wäre kein wahrer Orientale, wenn sich nicht auch an ihm die Geister schieden.

Von Bernhard Zand

Im März 2002, genau ein Jahr vor seinem Sturz, lud der irakische Tyrann Saddam Hussein eine Abordnung regimetreuer Kurdenführer in seinen Palast nach Bagdad ein. Er schmeichelte ihnen, er drohte ihnen, er schürte Angst vor dem Feind: »Glaubt ja nicht, dass die Fremden euch helfen! Nirgendwo seid ihr besser aufgehoben als in meinem Staat.« Dann nahm er Platz, und einer der bärtigen Clan-Führer erhob sich. »Du bist der Irak«, holte er zu einer Ode auf Saddam aus. »Du bist Palästina! Du, Saladin, bist unser Frieden …«

Weiter kam er nicht, denn beim Stichwort Saladin hellte die Rührung das schwarze Herz des Despoten auf. Eine Handbewegung nur, der Kurde schwieg, und Saddam seinerseits begann, ihn mit Schmeicheleien zu übergießen. Betreten stand der Kurde im Licht der Scheinwerfer vor den Fernsehkameras, die Saddam zur landesweiten Verbreitung des Treffens eingeladen hatte, und ließ das Lob des Herrschers über sich ergehen.

Mancher Muslimen- und Araberführer hat sich im Glanz des großen Saladin gesonnt, des mittelalterlichen Sultans, der Syrien und Ägypten einte und Jerusalem von den Kreuzrittern befreite. Doch keiner tat es mit solchem Aufwand und solcher Schamlosigkeit wie Saddam Hussein. Er führte den Adler Saladins in seiner Standarte, er ließ ihm Standbilder errichten und trug auf seinen eigenen Denkmälern den von Saladin zurückeroberten Felsendom als Helm. Er ließ sich, wie der Kurde von

Bagdad natürlich wusste, überhaupt gern als »zweiter Saladin« verehren.

Viel sprach nicht für den Vergleich, eines aber doch: Wie 800 Jahre nach ihm Saddam Hussein war auch Jussuf Ibn Ajjub, später Salah al-Din genannt, in der Tigris-Stadt Tikrit zur Welt gekommen, vermutlich 1138. Europa lag tief im Mittelalter, doch die Muslime blickten auf fünf glanzvolle Jahrhunderte zurück. Von der Arabischen Halbinsel aus war der Islam weit nach Westen und Norden vorgedrungen, in Damaskus und Bagdad hatten die Kalifen ein Weltreich begründet, Emirate entstanden vom Persischen Golf bis Andalusien. Die Muslime dominierten die Kultur und Wirtschaft ihrer Zeit.

Unübersehbar aber war dieser Zenit Mitte des zwölften Jahrhunderts überschritten. Von Westen drängten die christlichen Kreuzritter in die islamische Welt herein, aus dem Osten die Völkerschaften Asiens. Dass ihnen der Islam nicht mehr als ein einheitliches Machtgefüge, als ein festgefügtes Reich entgegentrat, merkten sie schon daran, dass es zwei Kalifen gab – einen sunnitischen in Bagdad und einen schiitischen in Kairo. In diese Wirren hinein wurde Saladin, ein ethnischer Kurde, geboren. Er sollte, bis 300 Jahre später die Osmanen auf den Plan traten, der letzte große Held der Muslime sein.

Ungewöhnlich viel ist über seine Feldzüge bekannt, wenig weiß man über seine Jugend. Aufgewachsen ist er in Baalbek in der Bekaa-Ebene, in Aleppo und Damaskus – das er liebte und das, trotz seiner wichtigen Jahre in Kairo, seine Stadt blieb. Geprägt haben ihn sein Vater Nadschm al-Din Ajjub und sein Onkel Assad al-Din Schirkuh, die Söldnerheere führten und, wie der Saladin-Biograf Hannes Möhring schreibt, »politische Abenteurer« waren, deren Loyalitäten häufig wechselten. Beide dienten Nur al-Din, dem Emir von Damaskus und Aleppo. Der schickte Schirkuh zu einem Feldzug nach Ägypten, sein Neffe Saladin, inzwischen ein junger Mann, folgte ihm und stieg dort, obwohl Sunnit, zum Wesir des schiitischen Kalifen auf.

Schon in Ägypten galt, was für seine ganze Laufbahn gelten sollte: Saladin kämpfte an vielen Fronten, es waren Byzantiner und Schiiten, Kreuzritter und ehrgeizige muslimische Fürsten unter seinen Gegnern, und sie koalierten je nach Lage. Von einem klar definierten Kampf zweier Kulturen, der christlichen und der islamischen, konnte anfangs kaum die Rede sein. Es ist eher ein Erfolg von Saladins Propaganda, dass es im Nachhinein so scheint.

Als Wesir von Ägypten wehrte er christliche Angriffe auf die Küstenstadt Damietta, innere Revolten der Fatimiden und Übergriffe von Nubiern und Armeniern ab. Er erwies sich als allen Gegnern überlegen, setzte 1171 den schiitischen Kalifen ab und etablierte sich als Sultan von Ägypten – ein für das Schisma von Sunniten und Schiiten bis heute zentrales Datum.

Aus Kairo wandte er sich nach Damaskus, das ihm nach dem Tode des Emirs Nur al-Din relativ leicht zufiel. Der dank Saladin nunmehr alleinige Kalif von Bagdad erklärte ihn zum »Sultan von Ägypten und Syrien«. Als solcher ließ er sein Abbild nun auf Münzen stanzen und in den Moscheen seines Reiches für sich beten. Den chronisch zerstrittenen Arabern gilt die Vereinigung Ägyptens und Syriens bis heute als Saladins größtes Verdienst, übertroffen nur von seiner Heldentat, Jerusalem von den Kreuzrittern zu befreien.

Nach Jahren der Scharmützel und der mühsamen Suche nach Bündnispartnern kam es 1187 zur Entscheidungsschlacht. Am 4. Juli schlug Saladin bei Hattin am See Genezareth das christliche Heer vernichtend, nahm seine Führer gefangen und erbeutete die Reliquie des Heiligen Kreuzes; am 2. Oktober fiel Jerusalem.

Saladins Sieg ging in die Geschichte ein – für die Muslime als ein Datum der Befreiung, für christliche Chronisten aber als Niederlage gegen einen als merkwürdig ritterlich empfundenen Gegner, der die meisten seiner Verträge hielt, Metzeleien nicht immer mit Metzeleien vergalt, sondern die geschlagenen Christen für die damals üblichen Summen Lösegeldes freiließ.

Schon König Richard Löwenherz, der Saladin im Dritten Kreuzzug noch selbst als Gegner gegenüberstand, lobte den Sultan als ebenbürtig; Walther von der Vogelweide sprach von Saladins großer »milte«, Dante nahm ihn als »rechtschaffene Seele« in den Limbus auf. So ging es durch die Jahrhunderte westlicher Kultur bis zu Ridley Scotts Actionfilm »Königreich der Himmel« (2005).

Geprägt haben das positive Saladin-Bild dabei vor allem die Aufklärer. Selbst Voltaire, der von Religionen im Allgemeinen und vom Islam im Besonderen nichts hielt, sagte über Saladin: »Wenige unserer christlichen Fürsten haben je diesen Großmut besessen.« Und Lessing lässt Saladin in »Nathan der Weise« zum Schluss kommen, dass die drei abrahamitischen Religionen letztlich gleichberechtigt seien. Nicht dass das Klischee der grausamen Herrscher des Islam heute überwunden wäre – doch Saladin ragte stets als Ausnahme heraus.

Gern nahmen die modernen Araber den Mythos vom »edlen Ritter« auf, als den ihn Kaiser Wilhelm II. pries, als er 1898 sein Grab in Damaskus besuchte. Und trotzdem streiten sie bis heute trefflich über Saladin. Die Kurden sehen ihn als einen der ihren, die Schiiten als Feind des Fatimidenkalifen von Ägypten, und Jussuf al-Karadawi, der einflussreichste sunnitische Rechtsgelehrte der Gegenwart, lobte ihn erst im September 2008 dafür, dass er sein Heimatland einst von den Schiiten gesäubert habe: »Ägypten, das ich gut kenne, hatte seit den Tagen Salah al-Din al-Ajjubis keinen einzigen Schiiten. Nun aber ist es ihnen gelungen, wieder einzudringen ...«

Die schiitische Gegenseite hat ihren Kreuzzug längst begonnen. Am alten Nordtor von Bagdad, wo Saddam eine von ungezählten Saladin-Bronzen aufstellen ließ, hat der neue, schiitisch regierte Irak dem edlen Ritter übel zugesetzt. Ein Lauf seines Pferdes ist abgebrochen, sein Schweif hängt nur mehr an wenigen Fasern, und statt des Schwertes, unverzichtbarer Bestandteil aller Saladin-Statuen, hält der Reiter nun eine irakische Fahne in der Hand.

Auf einem Plakat daneben erklärt der Stadtrat den Hintergrund: Die Statue, steht dort zu lesen, sei gar nicht Saladin, sondern Malik al-Aschtar, ein Gefolgsmann des Schiiten-Imams Ali, der ihn 658 zum Gouverneur Ägyptens ernannt haben soll. Dass Saladin 500 Jahre später die Herrschaft der Schiiten erneut beendete, nehmen die ihm bis heute übel. Es ist nicht einfach, im Morgenland ein Held zu sein.

BRATPFANNE DES TEUFELS

Wie ein preußischer General für die Türken Bagdad zurückerobern sollte und dabei Jerusalem verlor.

Von Stephan Burgdorff

Yildirim – »Blitz« lautete der Deckname für die ungewöhnliche deutsch-türkische Militäroperation. Mit vereinten Truppen wollten dic im Ersten Weltkrieg verbündeten Mächte Bagdad zurückerobern. Die alte Kalifenstadt, damals ein Teil des Osmanischen Reiches, war am 11. März 1917 von den Briten eingenommen worden.

Der Verlust war ein schwerer Schlag für die Osmanen, ihre Herrschaft im Nahen Osten geriet in Gefahr. Alarmiert reiste der Kriegsminister Enver Pascha ins deutsche Große Hauptquartier nach Kreuznach, um sich den Beistand des Waffenbruders zu sichern.

Schon seit dem 19. Jahrhundert hatten preußische Offiziere den Sultan bei der Militärreform beraten; im Bündnis übernahmen sie sogar hohe Kommandostellen der türkischen Armee. Das Kaiserreich hatte die Türkei am 1. November 1914 zum Kriegseintritt an der Seite der Mittelmächte gebracht, nun war es zur Unterstützung verpflichtet. Ein deutsches »Asienkorps« sollte, beschloss die Heeresleitung, das osmanische Heer im Kampf gegen den Kriegsgegner England im Vorderen Orient stärken.

Das Kommando über die neue deutsch-türkische »Heeresgruppe F« erhielt der preußische Ex-Kriegsminister General Erich von Falkenhayn. Der starre und eigensinnige Generalstabschef hatte sich als Erfinder der mörderischen Ermattungsstrategie von Verdun in Misskredit gebracht und war abgelöst worden.

Von dem Auftrag, der ihn in seinen Augen an einen Nebenkriegsschauplatz abschob, war er wenig begeistert.

Es war eine heikle Mission: Neben ihrem Vormarsch im Irak drängten die Briten gleichzeitig aus Ägypten ins ebenfalls türkisch beherrschte Palästina vor. Doch von einer Erkundungsreise an die Front, bei der er auch testen wollte, »ob seine Gesundheit dem asiatischen Klima gewachsen sei«, kehrte Falkenhayn zuversichtlich zurück. Das Unternehmen, so telegrafierte er, sei »zwar ungemein schwierig, aber doch mit Hoffnung auf Erfolg zu führen«.

Der bereits im türkischen Dienst kämpfende fränkische Oberst Kreß von Kressenstein warnte dagegen, das Osmanische Reich sei nicht mehr stark genug, um »noch eine Offensive großen Stils gegen Bagdad durchzuführen«. Doch solche Orientkenner, die ihn kritisierten, tat Falkenhayn als »bereits vollkommen vertürkt« ab.

Auch mit dem ihm später unterstellten türkischen Befehlshaber Dschemal Pascha geriet er aneinander. Der wegen seines

anmaßenden Tons unbeliebte Preuße sei »von Gott als letzte Heimsuchung für dieses Land geschaffen worden«, lästerte Dschemal. Früh warnte er, dass »wir in einer sehr naheliegenden Zukunft genötigt sein könnten, für die Erhaltung von Jerusalem, vielleicht sogar von Damaskus zu kämpfen«.

Die beiden Skeptiker behielten recht: Der Angriff auf Bagdad musste schließlich abgeblasen und die Kräfte gegen die Briten in Palästina mussten umgelenkt werden. Doch Falkenhayn, der nicht auf die Warnungen gehört hatte, brauchte Monate, um die Aussichtslosigkeit des Bagdad-Angriffs einzusehen.

Unterdessen waren die britischen Truppen bereits bis zur palästinensischen Küstenstadt Gaza vorgerückt, Jerusalem war bedroht. Falkenhayn, der bisher von Aleppo aus, rund 600 Kilometer hinter der Front, mitunter »wirklichkeitsfremde« Befehle erteilt hatte, wie Oberst Kreß fand, musste nun näher ans Kampfgeschehen heran. Am 5. November 1917 traf der General in Jerusalem ein. Im evangelischen Auguste-Viktoria-Stift auf dem Ölberg, das Kaiser Wilhelm II. nebst Gattin hatte errichten lassen, bezog er sein Hauptquartier. Nun waren die Deutschen praktisch die Herren von Jerusalem.

Dort befand sich bereits eine große deutsche Kolonie. Die Soldaten aus dem Kaiserreich fühlten sich wie zu Hause. Für das Wohlbefinden der Feldgrauen sorgten deutsche Krankenhäuser, Kirchen und Hospize. Neben der Erlöserkirche entstand ein Offizierskasino, das katholische Paulus-Hospiz wurde zum Militär-Genesungsheim umfunktioniert. Es gab deutsche Schulen, deutsche Hotels und Gaststätten und sogar eine Niederlassung der Deutschen Post.

In den letzten Kriegsmonaten allerdings herrschten Terror, Unterdrückung und Hungersnot. Als das Gerücht aufkam, der Feind habe schon die Front durchbrochen, setzte eine Massenflucht nach Jerusalem ein. Die engen Straßen der alten Stadt waren verstopft mit fliehenden Soldaten, Pferden, Maultieren, Kamelen, Frauen und Kindern. Dazu wollte der türkische Befehlshaber Dschemal, der bereits Anfang 1917 9000 Juden aus

Jaffa vertrieben hatte, die Zivilbevölkerung Jerusalems und jüdische Siedler deportieren – was zum Tod zigtausender Menschen geführt hätte. Doch das verhinderten die Deutschen. Falkenhayn und Kreß, der die Idee für »verrückt« hielt, sorgten dafür, dass das Auswärtige Amt in Berlin intervenierte.

In seinem Hauptquartier auf dem Ölberg genoss Falkenhayn trotz der verheerenden Lage an der Front, so sein Biograf Holger Afflerbach, den grandiosen Ausblick auf die Jerusalemer Altstadt. In der Romanischen Halle des Stifts philosophierte er mit seinem Stab über Jesus und die Bibel. Weil er eine baldige Landung der Briten fürchtete, hielt er den Stab im Alarmzustand. Alles wurde gepackt, im Hof stand eine Wagenkolonne jederzeit abfahrbereit.

Zu dieser Zeit war die dringend nötige Verstärkung des Asienkorps noch immer nicht eingetroffen. Der schwierige Truppentransport über den Balkan in den Orient gehörte zu den Hindernissen, die Falkenhayn unterschätzt hatte. Im Taurusgebirge etwa mussten Truppen und Material auf eine schmalspurige Feldbahn umgeladen werden. In Konstantinopel hatten die Truppen zuvor wochenlang auf den Weitertransport warten müssen. Die anatolische Bahn war hoffnungslos überfordert. Dann vernichtete eine Explosion im Bahnhof auch noch Tausende von Granaten und Munitionskisten.

Immerhin besuchte Wilhelm II. im Oktober 1917 Konstantinopel und feuerte die in Paradeuniform angetretenen Soldaten gewohnt martialisch an: »Es gab eine Zeit, wo sich Wallfahrer und Osmanen gegenüberstanden und in ritterlicher Weise die Klingen kreuzten. Nunmehr gehen vereinigt germanische und osmanische Krieger, um das geliebte Vaterland zu verteidigen. Gott mit euch! Haut mir den Feind, wo ihr ihn trefft!«

Für ihren Einsatz im Orient waren die Soldaten eigens mit einer Khaki-Sommeruniform samt Tropenhelm ausgestattet worden, dazu bekam jeder eine wollene feldgraue Heimatuniform, ein Bett und ein Zelt. In Merkblättern wurden die Truppen aufgefordert, die »Gefühle und Ansichten der Mohammedaner zu schonen«. Frauen dürften »nicht einmal angesehen werden«, beim Betreten von Moscheen und Häusern seien die Stiefel auszuziehen. Und: »Betrunkenheit macht im Orient verächtlich.«

Auf ihrer nächsten Station, dem syrischen Aleppo, herrschten Seuchen; Cholera, Beulenpest und Typhus forderten viele Opfer. Die als »Bratpfanne des Teufels« verrufene Stadt war voller Bordelle, die deutschen Soldaten litten bald an Geschlechtskrankheiten. Aber auch der türkische Nachschub war geschwächt: Bei der Fahrt durch Anatolien desertierte etwa ein Drittel der Truppe, die Soldaten hatten jahrelang keinen Urlaub erhalten und waren krank vor Heimweh. Zum Einsatz in Bagdad kam es nie – die Bataillone wurden nach Palästina umdirigiert. Erst im Dezember kamen dort einzelne Einheiten an, da waren die entscheidenden Schlachten schon geschlagen. Die Briten nahmen Jerusalem in die Zange.

Falkenhayn wollte, wie auch die Türken, die Stadt um jeden Preis verteidigen: »Ich habe Verdun verloren und soll nun eine

Topfoto / Picture Alliance / dpa

Empfang des Generals Falkenhayn (M.) im Jerusalemer Bahnhof 1917, rechts neben dem Mädchen: der türkische Befehlshaber Dschemal Pascha

Stadt räumen, auf die die ganze Welt mit höchstem Interesse schaut. Niemals!« Doch Berlin entschied anders: Die Zerstörung der heiligen Stätten hätte dem Prestige der Mittelmächte einen schwereren Schlag versetzt als die Aufgabe der strategisch unwichtigen Stadt. Falkenhayn musste nachgeben.

Eilends ließ er im Hauptquartier das große Ölbild von Kaiser Wilhelm aus dem Rahmen schneiden, damit es den Engländern nicht in die Hände fiel. Dann befahl er den Abzug der Truppen. Wenig später, am 8. Dezember 1917, standen die ersten britischen Soldaten vor Jerusalem.

Es war die 37. Eroberung der Heiligen Stadt, kampflos diesmal. Die Flagge mit dem Halbmond wurde durch den Union Jack ersetzt, nicht zuletzt wegen der Fehleinschätzungen des deutschen Generals. Der höfliche Sultan schickte zum Dank zwar noch prachtvolle osmanische Schwerter mit Brillanten und eine goldene Zigarettendose. Doch Falkenhayn wurde versetzt – an die weißrussische Front.

HITLERS ARABISCHER FREUND

Sein erbitterter Kampf gegen die Juden führte Amin al-Husseini an die Seite der Nazis. Doch der »Großmufti« von Jerusalem erwies der palästinensischen Sache keinen Dienst.

Von Michael Sontheimer

Tausende von palästinensischen Pilgern zogen am 4. April 1920 durch die Straßen Jerusalems. Wie jedes Jahr waren die Muslime auf dem Weg zu einem Grab unweit Jerichos, in dem angeblich Mose bestattet worden war.

Doch arabische Agitatoren verwandelten die Wallfahrt zur Ruhestätte des auch im Islam verehrten Propheten in eine politische Manifestation gegen die britischen Besatzer und die Zionisten. Sie forderten den Anschluss Palästinas an Syrien. Auf einem Balkon schwenkte ein junger Nationalist ein Bild des syrischen Herrschers Faisal I. und rief: »Das ist euer König!« Kurz darauf zettelten Muslime Straßenkämpfe an, in deren Verlauf neun Menschen getötet und über 200 verletzt wurden; die allermeisten von ihnen Juden.

Der junge Nationalist auf dem Balkon hieß Mohammed Amin al-Husseini, war 1895 in Jerusalem geboren und stammte aus einer der einflussreichsten arabischen Familien der Region. Er sollte bis zu seinem Tod 1974 den Kampf der Palästinenser gegen den Judenstaat führen. »Mr. Palestine« nannte ihn die US-Presse. Für Winston Churchill war er der »tödlichste Feind des britischen Empire«. »Stark beeindruckt« von Husseini zeigte sich dagegen Nazi-Chefpropagandist Joseph Goebbels.

Nach den Unruhen im Frühjahr 1920 setzte sich Husseini nach Syrien ab, währenddessen verurteilte ihn ein britisches Militärgericht als Rädelsführer des Aufruhrs zu zehn Jahren Haft.

Allerdings konnte er dank einer Amnestie rasch nach Jerusalem zurückkehren. Die Briten schlossen mit ihm einen Deal: Husseini versprach, künftig Unruhen zu verhindern, dafür durfte er 1921 »Großmufti« werden. Dem jungen Eiferer fehlte zwar eine umfassende theologische Ausbildung, aber schon sein Großvater, Vater und Bruder waren religiöse Führer. Durch Klientelwirtschaft und Einschüchterung sicherte Husseini fortan seine Machtbasis. Damit war er häufig mehr beschäftigt, als die Interessen der Palästinenser zu vertreten.

1923 und 1929 kam es zu blutigen Ausschreitungen, viele Juden wurden ermordet, aber auch Araber starben. Stets kursierten glaubhafte Gerüchte, der Großmufti sei einer der Drahtzieher der Unruhen. Die Briten aber hielten an ihm als einzigen Repräsentanten der Palästinenser fest, der vielleicht doch mäßigenden Einfluss ausüben könne.

Die Kolonialherren hatten ein zwiespältiges Verhältnis zu ihrem Schützling, der gleichzeitig ihr Gegner war. »Hadsch Amin ist ein Mann von beträchtlichem persönlichen Charme«, konstatierte Sir Charles Tegart, ein Berater des Hochkommissars. Doch nach und nach mussten die Briten erkennen, dass Husseini nicht zu Kompromissen bereit war. Palästinenser, die nicht jede Kooperation mit Juden ablehnten, wurden von seinen Getreuen ermordet. Der Großmufti kämpfte an mehreren Fronten: Er wollte das Land von der Kolonialmacht befreien und zugleich verhindern, dass die Zionisten einen Teil Palästinas zum »Judenstaat« machten. Husseini verstand es, die Religion für diesen Kampf zu funktionalisieren. Er rückte Jerusalem ins Zentrum, sammelte etwa für die Restaurierung des Felsendoms und der Aksa-Moschee und berief internationale Muslim-Kongresse ein. Er war ein versierter Taktiker, doch es fehlte ihm eine Strategie.

Noch 1936 nach der großen Rebellion hielten die Briten an Husseini fest. Erst als ein Jahr später bereits der nächste Aufstand losbrach, ließen sie ihn fallen. Im Oktober 1937 musste der Mufti aus Jerusalem fliehen, um seiner Verhaftung zu entgehen. Über den Libanon ging er in den Irak, bis dort die Briten einmarschierten. Später fand Husseini in der japanischen Gesandtschaft in Teheran Zuflucht. Mit falschen Papieren gelangte er 1941 über die Türkei nach Italien und von dort nach Deutschland. Der Großmufti folgte der Devise: Die Feinde meines Feindes sind meine Freunde.

Am 28. November 1941 empfing Adolf Hitler den Palästinenserführer. »Deutschland trete für einen kompromisslosen Kampf gegen die Juden ein«, dozierte der Diktator laut Gesprächsprotokoll. »Dazu gehöre selbstverständlich auch der Kampf gegen die jüdische Heimstätte in Palästina, die nichts anderes sei als ein staatlicher Mittelpunkt für den destruktiven Einfluss der jüdischen Interessen.«

Der Mufti war der wichtigste arabische Alliierte der Nationalsozialisten. Am 27. November 1941 zierte der rothaarige und blauäugige Palästinenser das Titelblatt der »Berliner Illustrierten Zeitung«. Fast immer trug er einen weißen Fes auf dem Kopf. Schon als junger Mann war er nach Mekka gepilgert.

Allein das Auswärtige Amt alimentierte ihn monatlich mit 50 000 Reichsmark. Für sich und seinen Stab hatte er eine Villa in Berlin-Zehlendorf und eine Suite im Hotel Adlon zur Verfügung. Husseini sandte »dem genialen Führer« seinen »besten Dank für die freundliche und herzliche Aufnahme«. Der Gast hielt Rundfunkansprachen, in denen er die arabischen und sogar die indischen Muslime zum Kampf gegen die Alliierten aufrief. Zudem beriet er das Propagandaministerium, dessen Chef Goebbels ihn so schätzte. Für die Lobbyarbeit im arabischen Raum riet Husseini, bei Hitler deutlich herauszustellen, »dass er weder Wein trinkt, noch raucht, noch auch sich der Völlerei hingibt«.

Im Judenhass stand der Großmufti seinen Gastgebern wenig nach. »Sie werden stets ein zersetzendes Element auf Erden bleiben, denen daran gelegen ist, Ränke zu schmieden, Kriege anzuzetteln und die Völker gegeneinander auszuspielen«, erklärte er 1942 bei der Eröffnung des »Islamischen Zentral-Instituts« in Berlin. Über den Holocaust soll er nach Angaben eines SS-Mannes frühzeitig unterrichtet worden sein. Kurz nach seinem Treffen mit Hitler besuchte er Adolf Eichmann. Der SS-Obersturmbannführer soll dem arabischen Freund dabei detailliert die »Lösung der europäischen Judenfrage« erläutert haben. Mit Heinrich Himmler traf sich Husseini öfters zum Tee. Der Reichsführer SS soll ihm dabei Mitte 1943 von einer Atombombe erzählt haben, die in drei Jahren den Endsieg bringen werde. Er berichtete ihm auch über den Judenmord: »Wir haben bis jetzt ungefähr drei Millionen von ihnen vernichtet.«

In einem Geburtstagsbrief an den SS-Chef schrieb der Großmufti im Oktober 1943: »Möge das kommende Jahr unsere Zusammenarbeit noch enger gestalten und unsere gemeinsamen Ziele noch näher bringen.« Immer wieder intervenierte er gegen Pläne, europäische Juden nach Palästina auswandern zu lassen. So bedrängte er den bulgarischen Außenminister, 4000 jüdische Kinder und ihre Begleiter lieber »dorthin zu schicken, wo sie unter starker Kontrolle stehen, z. B. nach Polen«. Beim deutschen Außenminister Joachim von Ribbentrop hatte er schließlich Erfolg: Die Rettung der Kinder wurde vereitelt.

Als Nazi-Deutschland zusammenbrach, gelang dem Palästinenser erneut eine abenteuerliche Flucht über die Schweiz und Paris nach Kairo, wo ihn König Faruk protegierte. Auch als ihn der jordanische König Abdullah I. Ende 1948 als Großmufti absetzte, agitierte er weiter unermüdlich gegen Israel. Seinen Kampf verlor er gleichwohl; mehr als der Sache der Palästinenser hat er sich selbst gedient.

Viele Palästinenser verehrten ihn dennoch als Helden. Als Mohammed Amin al-Husseini im Juli 1974 in Beirut zu Grabe getragen wurde, war nicht nur der libanesische Ministerpräsident zur Stelle, sondern auch ein Verwandter, der als gefährlichster Feind Israels an seine Stelle getreten war – Jassir Arafat.

»ICH BEGANN ZU WEINEN«

Drei junge Soldaten stehen im Krieg 1967 plötzlich vor der Klagemauer.

Von Christoph Schult

Tagelang hat Zion Karasenti, 24, in Uniform zu Hause gesessen und gewartet, die gepackte Tasche neben sich. Seine Freunde sind schon alle bei der Armee. »Zigi«, fragen die Nachbarn den Fallschirmjäger, »gehst du nicht in den Krieg?«

Es ist Ende Mai 1967, der israelische Generalstabschef Jizchak Rabin hat mehr als 20000 Reservisten mobilisiert – als Antwort auf die Drohungen aus Kairo. Der ägyptische Präsident Gamal Abd al-Nasser lässt seine Truppen in Richtung Israel vorrücken. Am 22. Mai sperrt er die Straße von Tiran, den einzigen Zugang des jüdischen Staates zum Roten Meer. »Unser Ziel«, sagt Nasser, »ist die Zerstörung Israels.«

Als der Truppentransporter endlich auch vor der Haustür der Familie Karasenti in Tiberias am See Genezareth hält, weint Zions Mutter. Von der Militärbasis am Flughafen Lod nahe Tel Aviv ruft er seine Eltern noch einmal an: »Wir warten auf eine Gelegenheit, uns selbst zu beweisen und zu zeigen, dass wir unser Land um jeden Preis verteidigen.« So selbstsicher, wie er spricht, fühlt er sich eigentlich gar nicht, denn dies ist sein erster Krieg. Die Veteranen in seiner Einheit erzählen Horrorgeschichten aus dem israelischen Unabhängigkeitskrieg 1948 und dem Suez-Krieg 1956.

Es ist der Morgen des 5. Juni 1967: Zion und seine Kameraden ordnen gerade ihre Ausrüstung, da sehen sie, wie israelische Kampfjets in Richtung Ägypten abheben. Die Soldaten schnallen ihre Fallschirme auf den Rücken. Sie sollen über dem Sinai abspringen und die Küstenstadt Arisch einnehmen.

Der oberste Militärrabbiner, Schlomo Goren, betet mit den jungen Soldaten, auch Zion ist in einem religiösen Elternhaus aufgewachsen. Er kann es kaum glauben, als der Chef der israelischen Luftwaffe wenig später vermeldet: »Die ägyptische Luftwaffe hat aufgehört zu existieren.« Arisch ist bereits eingenommen, der Auftrag für Zions 55. Fallschirmjäger-Brigade erledigt.

Drei Stunden später erfahren sie ihr neues Ziel: Jerusalem. Beim Kampf um die Heilige Stadt, deren Osthälfte von jordanischen Truppen besetzt ist, sollen sie die regulären Truppen verstärken. Im Dunkel der Nacht, vorbei an den Beobachtungsposten der Jordanier, kriechen die Militärbusse mit den Soldaten die steile Straße hinauf nach Jerusalem. Zion Karasenti kennt die Stadt nur aus den Erzählungen seiner Eltern. Er war gerade fünf, als das jüdische Viertel in der Altstadt 1948 von den arabischen Armeen erobert und zerstört wurde. Seitdem hatten die Juden keinen Zugang mehr zur Altstadt.

Um 2.15 Uhr nachts greift Zions Brigade den »Ammunition Hill« an, einen strategisch wichtigen Hügel, von hier kann man schon die Altstadt sehen. Die Jordanier leisten heftigen Widerstand, 36 Kameraden sterben. Doch bei Sonnenaufgang ist der Hügel eingenommen. »Wir haben die Höhen besetzt und blicken auf die Altstadt, von der wir seit Generationen geträumt haben«, hört Zion den Kommandeur, Mordechai »Motta« Gur, funken.

Es kommt zum Streit zwischen Armeeführung und Re--

David Rubinger / AFP

Fallschirmjäger Karasenti, Jifat und Oschri vor der Klagemauer am 5. Juni 1967

gierung. Die Offiziere wollen die Altstadt einnehmen und, wie ein General sagt, »einen Schandfleck beseitigen, der unserer Landkarte vor 20 Jahren aufgedrückt wurde, als unsere geheiligte alte Hauptstadt aus dem Herzen der Nation herausgerissen wurde«. Die Regierung jedoch zögert, vor allem aus Angst vor zu vielen Toten im Häuserkampf der engen Gassen. Zions Brigade soll die Altstadt zunächst nur umzingeln. Sie rücken zum Skopusberg vor mit der Hebräischen Universität und zum Auguste-Viktoria-Krankenhaus auf dem Ölberg. Von hier aus sehen sie die goldene Kuppel des Felsendoms und das heilige Plateau, auf dem wohl einst der jüdische Tempel stand.

In der zweiten Kriegsnacht fordert der Uno-Sicherheitsrat einen Waffenstillstand. Im israelischen Kabinett macht sich die Sorge breit, der Krieg könnte zu Ende sein, bevor Israel die Klagemauer kontrolliert. Am Mittwoch, den 7. Juni 1967, um 8.04 Uhr weist Verteidigungsminister Mosche Dajan Brigadekommandeur Gur schließlich an, durch das Löwentor in die Altstadt einzurücken. Viel leichter als erwartet nehmen sie den Tempelberg ein, ein paar jordanische Heckenschützen sind schnell überwunden, viele Bewohner hissen weiße Fahnen. Um 10.15 Uhr funkt Gur den für Israel historischen Satz: »Der Tempelberg ist in unseren Händen!«

Die Fallschirmjäger tanzen vor dem Felsendom, hissen die blau-weiße Fahne mit dem Davidstern, posieren für Siegesfotos. In einer Mauer entdeckt Zion eine Öffnung, dahinter eine steile Eisentreppe. Er steigt hinunter und findet sich in einer schmalen Gasse wieder, links ärmliche Hütten, rechts mächtige Steinquader. »Wo bin ich hier?«, fragt er eine vorbeilaufende Soldatin. Sie antwortet: »Das ist die Klagemauer.« Zion kann es nicht glauben. »Ich war unter Schock und begann zu weinen«, erinnert er sich. Er kritzelt etwas auf ein Zettelchen und steckt dieses, wie später andere auch, zwischen die mächtigen Steinquader. »Es war der bewegendste Moment meines Lebens«, sagt er.

Andere Kameraden strömen herbei. Da ist Chaim, der aus dem Jemen einwanderte, und Jizchak »Itzik«, dessen Eltern aus

Europa kamen. Der Fotograf David Rubinger sieht die drei, wie sie dicht nebeneinanderstehen und an der Mauer emporgucken. Auf dem Boden liegend schießt er das Foto: Zion steht links, Chaim rechts, Itzik in der Mitte, er hat den Helm abgenommen, sein blonder Schopf kommt zum Vorschein. Ehrfürchtig schauen die drei auf die Klagemauer.

Als der Fotograf den Film später zu Hause entwickelt, hält er nicht viel von dem Bild, am Rand ist ein Soldat abgeschnitten, einige Gesichter sind nur halb zu erkennen. Doch seine Frau sagt sofort: Das ist das beste. Er schickt das Foto an die Armee, die es an die Zeitungsredaktionen verteilt, kostenlos. Das Foto wird überall gedruckt, es wird zum Symbol des israelischen Sieges.

Vor zwei Jahren, zum 40. Jahrestag des Krieges, trafen sich die drei an der Klagemauer wieder. Ein Fotograf bat sie, sich wie damals, am 7. Juni 1967, aufzustellen. Kaum einer erkannte die drei Kameraden. Neben ihnen beteten Ultraorthodoxe, junge Zionisten tanzten, und japanische Touristen steckten Zettel in die Ritzen zwischen den Steinen.

Itzik Jifat lebt immer noch in Tel Aviv, er ist Gynäkologe geworden. »Ich frage mich, ob es das alles wert war«, sagt er heute über die Eroberung Jerusalems. »Alles scheint so kompliziert, und unsere Politiker haben keine Vision für die Zukunft.«

Chaim Oschri, der Jemenit, leitete lange eine Fabrik zur Herstellung von Enzymen. Er ist tief gläubig, lebt nach den Regeln des orthodoxen Judentums, die es ihm verbieten, am Sabbat Auto zu fahren oder Elektrizität zu nutzen. Er sagt: »Wo immer wir her sind, ob aus Polen oder dem Jemen, es ist Jerusalem, das uns eint.«

Zion Karasenti, 66, lebt nun in Afula im Norden Israels. Er wurde Tänzer, choreografierte lange erfolgreich israelische Folkloregruppen. Er möchte einen Kompromiss mit den Palästinensern, sagt er, selbst für Jerusalem lasse sich irgendeine Lösung finden. »Aber die Klagemauer, die dürfen wir nie wieder hergeben.«

TEDDYS WELT

Von 1965 bis 1993 war Teddy Kollek Bürgermeister von Jerusalem. Er verhalf der lange vernachlässigten Stadt zu neuem Glanz. Sein Vorhaben, aus den arabischen Bewohnern gleichberechtigte Bürger zu machen, misslang allerdings.

Von Karen Andresen

Eigentlich passte er nicht zu der Stadt und sie nicht zu ihm. Bürgermeister von Paris, London oder Wien – das ja. Aber von Jerusalem? Genauer gesagt von West-Jerusalem, denn die östlichen Stadtteile gehörten zu Jordanien, als Teddy Kollek im Dezember 1965 seinen Posten im Rathaus antrat.

Theodor Kollek, genannt Teddy, war ein säkularer Jude, weltläufig und gebildet, geboren 1911 in der Nähe von Budapest, aufgewachsen in einem gutbürgerlichen Elternhaus in Wien, der prächtigen Metropole österreich-ungarischer Monarchen. Ein Bonvivant, der guten Wein, gutes Essen, Zigarren und die Gesellschaft schöner Frauen liebte. Ein Charmeur mit großem Verhandlungsgeschick.

1935 reiste er in das britische Mandatsgebiet Palästina ein und gründete zusammen mit anderen den Kibbuz Ein Gev am See Genezaret. 1939 erreichte er bei Adolf Eichmann in Wien die Entlassung von 3000 tschechischen Jugendlichen aus dem Konzentrationslager.

Während des Zweiten Weltkriegs arbeitete er für die Jewish Agency in London und Istanbul, 1947 besorgte er in New York Waffen für die Haganah, die zionistische Untergrundarmee. Später war er dann Botschafter in Washington, bevor er 1952 Büroleiter des ersten israelischen Ministerpräsidenten David Ben-Gurion wurde.

Und nun also West-Jerusalem, eine Provinzstadt mit rund 195 000 Einwohnern, arme Juden zumeist und viele sehr, sehr fromm. Eine Stadt, die wie ein Kopf auf schmalem Hals in jordanisches Gebiet ragte, ohne Industrie und damit finanziell immer am Rande des Ruins. Cafés und Kinos der Stadt schlossen früh, über das Nachtleben spottete der Rest des Landes, das Beste daran sei die Straße nach Tel Aviv. Um Besuchern nachts wenigstens eine Attraktion bieten zu können, wollte Kollek das neue Israel-Museum nach Einbruch der Dunkelheit anstrahlen lassen. Aber selbst diesen bescheidenen Höhenflug ließ die klamme Stadtkasse nicht zu. Das Geld reichte allenfalls für zwei Nächte Illumination pro Woche.

Kollek war kaum ein Jahr im Amt, als er frustriert ans Aufgeben dachte. Er habe niemanden, mit dem er gut arbeiten könne, klagte er gegenüber Ben-Gurion, auf dessen Wunsch er sich 1965 in Jerusalem zur Wahl gestellt hatte. Kolleks Frau Tamar überredete den Bürgermeister schließlich, wenigstens die Legislaturperiode zu Ende zu bringen.

So saß Kollek in seinem Amtszimmer knapp 200 Meter von der Grenze entfernt, als Granatenbeschuss aus Jordanien am Morgen des 5. Juni 1967 schwarze Rauchwolken über Jerusalem aufsteigen ließ. Der Sechstagekrieg hatte begonnen, der die Stadt und mit ihr auch den Posten an der Spitze radikal verändern sollte.

Siebzehn Tage nach dem siegreichen Ende des Waffengangs annektierte Israel den Ostteil Jerusalems, und der umtriebige Bürgermeister hatte die Herausforderung, die er suchte. Dreimal so viel Fläche umfasste seine Stadt jetzt, die Einwohnerzahl war um 70 000 Muslime und Christen gewachsen. Mehr als eine Viertelmillion Jerusalemer sollten fortan miteinander auskommen, darunter viele, die vor kurzem noch aufeinander geschossen hatten.

Kollek machte sich sofort an die Arbeit. Bald schon stapelten sich Entwicklungspläne auf seinem Tisch. Parks sollten angelegt, Gebäude restauriert, das jüdische Viertel in der Altstadt wieder aufgebaut werden. Wie groß die Aufgabe war, zeigt ein Blick in die Statistik Ost-Jerusalems: 40 Prozent der arabischen Haushalte dort hatten kein fließend Wasser, 60 Prozent waren ohne Strom, eine Stadtreinigung existierte gar nicht, das Abwasser floss durch die Straßen.

In der jordanischen Hauptstadt Amman hatte man sich um die Lebensqualität der Ost-Jerusalemer nie viel geschert, jetzt plädierten manche in Israel dafür, den Arabern auch fortan nur so wenig zu geben, wie Jordanien ihnen zugestanden hatte. Bei der Stadtverwaltung mit Kollek an der Spitze stießen sie damit auf entschiedenen Widerspruch. Man dürfe die Araber nicht zu Bürgern zweiter Klasse machen, denn, so Kollek, »das wird uns später noch verfolgen«.

»Araberknecht« schimpften ihn manche deshalb – und missverstanden ihn gründlich. Es wäre ihm wohl lieber gewesen, eine Stadt ohne arabischen Bevölkerungsanteil zu regieren, aber er war Pragmatiker genug, um zu wissen: »Die Araber sind seit

David Rubinger / Time & Life Pictures / Getty Images

Teddy Kollek im Gespräch mit Jerusalemer Polizisten 1967

mehr als tausend Jahren hier ansässig. Man kann sie nicht einfach vertreiben.« Und, fügte er hinzu, ständig in Streit mit ihnen leben, das könne man auch nicht – schon aus eigenem Interesse. Denn eine Stadt, in der es dauernd blutige Konflikte gebe und deren arabische Bürger sich bitter über Diskriminierungen beklagten, »wird nie erreichen, dass die Welt sie als vereinigte Hauptstadt Israels anerkennt«.

Genau das aber wollte Kollek. Ziel sei es, sagte er 1968 in einem Interview, »sicherzustellen, dass das ganze Jerusalem für alle Zeit Teil Israels bleibt«. Sein Jerusalem sollte den Beweis liefern, dass Gleichberechtigung und ein friedliches Zusammenleben zwischen Muslimen und Juden möglich war. Ein Wunsch, der nicht in Erfüllung ging. Hätte es mehr Menschen von Kolleks Format gegeben, der Traum hätte vielleicht eine Chance gehabt. Aber viele israelische Politiker teilten seine Haltung nicht. Und die arabischen Wortführer Ost-Jerusalems lehnten jede Mitarbeit ab, um nicht in den Verdacht zu geraten, die israelische Besatzung anzuerkennen. Mehrfach forderte Kollek sie auf, eigene Vertreter in den Stadtrat zu entsenden. Vergebens.

Wie kompliziert das Verhältnis zwischen arabischen Bewohnern und jüdischer Stadtverwaltung war, zeigt die Geschichte des Denkmals für Araber, die im Juni 1967 in den Kämpfen um Jerusalem gefallen waren. Beim Löwentor, neben dem muslimischen Friedhof an der Altstadtmauer sollte es aufgestellt werden. Kollek setzte sich, nachdem arabische Gesprächspartner das Ansinnen an ihn herangetragen hatten, vehement dafür ein. Mit Erfolg. Dem Gesuch wurde stattgegeben, der Bauantrag, der noch eingereicht werden musste, war nur eine Formsache – eigentlich. Aber unter den arabischen Initiatoren fand sich niemand, der bereit war, seinen Namen unter das amtliche Papier zu setzen. »Zum guten Schluss«, so Kollek, habe er selbst unterschrieben, »als wäre ich es gewesen, der den Bauplan eingereicht hat«.

Auf eine unorthodoxe Amtsführung musste man bei diesem Bürgermeister auch sonst stets gefasst sein. Wer ihn erreichen wollte, fand seine Privatnummer ganz unspektakulär im örtlichen Telefonbuch. Und die Bewohner der Stadt machten regen Gebrauch davon, ihre Beschwerden auch noch spät in der Nacht telefonisch bei ihm zu Hause durchzugeben. War Teddy nicht da, notierte Tamar, seine Frau, die Anliegen.

Akten waren Kolleks Sache nicht, er war lieber ständig auf Achse. Morgens um 6.30 Uhr machte er sich schon mit Nahum, seinem Fahrer, auf den Weg, Jerusalem zu inspizieren. Lag irgendwo Abfall herum? Gab es Löcher in den Straßen? Brauchten Rosensträucher Wasser? Kollek notierte, was ihm auffiel, auf Zetteln, die er dann später im Amt weiterreichte.

Schon 1966 hatte er die »Jerusalem Foundation« gegründet, eine Stiftung, um Spenden für seine zahlreichen Projekte einzusammeln. Rastlos trieb er selbst überall auf der Welt Geld ein, traf sich mit den Reichen, den Schönen und den Mächtigen. Und er lud sie zu sich nach Jerusalem ein. Jacques Chirac und Henry Kissinger, George Bush senior und Willy Brandt. In der Vier-Zimmer-Wohnung in der Raschba Straße 6 im Stadtteil Rechavia bekochte Tamar die Besucher und bewirtete sie mit selbstgebackenen Kipferln.

Einmal kam auch Marlene Dietrich. Ein Foto, das in der israelischen Tageszeitung »Haaretz« veröffentlicht wurde, zeigt die Diva in Kolleks Wohnung und den Bürgermeister, ihr zu Füßen sitzend. Prompt empörten sich Abgeordnete religiöser Parteien im Stadtparlament über das ihrer Meinung nach unzüchtige Bild. Er habe zwar neben den schönsten Beinen der Welt gesessen, konterte Kollek, an seinem ernsten Gesichtsausdruck könnten seine Kritiker aber erkennen, dass er die ganze Zeit nur an die ruinöse Finanzlage der Stadt gedacht habe.

Die Jerusalemer mochten ihr geschäftiges Stadtoberhaupt. Fünfmal wählten sie ihn wieder, zuletzt, 1989, mit 59 Prozent. Als er am 2. Januar 2007 starb, sagte sein Nachnachfolger Uri Lupolianski: »Teddy war Jerusalem, und Jerusalem war Teddy.«

TEIL IV
JERUSALEMSEHNSUCHT, JERUSALEMWAHN

VERHEISSUNG UND ERSCHRECKEN

Seit Beginn des 19. Jahrhunderts wuchs das Interesse am Heiligen Land sprunghaft. Erwartungsvoll strömten Wissenschaftler, Pilger, Missionare, Literaten und Majestäten zu den Sehnsuchtszielen.

Von Rainer Traub

Für den Nahen Osten im Allgemeinen und Jerusalem im Besonderen begann mit der Wende vom 18. zum 19. Jahrhundert die Moderne. Ihr Auslöser war Napoleons Ägyptenfeldzug in den Jahren 1798/99. Denn der Korse hatte in seinem Tross zahlreiche von der Aufklärung inspirierte Wissenschaftler, die es drängte, mit neuzeitlichen Mitteln den Geheimnissen des Orients und seiner uralten Kulturen auf die Spur zu kommen.

In seinen Erinnerungen hat Napoleon erzählt, wie seine Soldaten vor Begierde brannten, nach Jerusalem zu kommen und marschierend Psalmen anstimmten. Der Imperator selbst aber war, anders als sein Fußvolk, peinlich bemüht, die muslimische Mehrheitsbevölkerung in Ägypten und Palästina nicht unnötig zu provozieren. Er sparte die Heilige Stadt bei seinem Feldzug bewusst aus. »Jerusalem liegt außerhalb meiner Operationslinie« soll er doppeldeutig gesagt haben. Trotz der religiösen Indifferenz des Feldherrn fesselte nun aber Jerusalem das säkulare oder geistliche Interesse westlicher Reisender immer stärker.

Wenngleich eine Elite britischer und französischer Wissenschaftler schon vor dem Ägyptenfeldzug mit der Erforschung Palästinas begonnen hatte, waren bis zum Ende des 18. Jahrhunderts Jerusalem-Reisende meist religiöse Pilger gewesen. Arme nahmen traditionell monatelange Wanderungen auf sich,

Betuchte reisten gern mit einem gemieteten Schiff von Venedig nach Palästina.

Wer dazu imstande war, hinterließ der Nachwelt schriftliche Berichte. Der deutsche Forscher Reinhold Röhricht hat die Dokumente westlicher Besucher des Heiligen Landes aufgelistet. Er ermittelte im Zeitraum von fast eineinhalb Jahrtausenden, von 333 n.Chr. bis 1799, insgesamt 1561 Zeugnisse, also etwa eines pro Jahr. Im 19. Jahrhundert jedoch nahm das Jerusalem-Interesse sprunghaft zu: Zwischen 1800 und 1878 sind fast 2000 Berichte erfasst – jährlich 25-mal mehr als zuvor.

In den ersten drei Jahrzehnten des 19. Jahrhunderts waren prominente Reisende oft noch geprägt von der frommen romantischen Reaktion gegen Aufklärung und Revolution. Zu ihnen gehörte der französische Dichter und Politiker François René de Chateaubriand (1768 bis 1848), der sich als Jerusalemfahrer 1806 wie ein Nachkomme der Kreuzritter inszenierte. Dann aber erschrak er über den Zustand seines Reiseziels. Er intonierte bereits ein Leid- und Leitmotiv vieler späterer Jerusalembesucher: »Wie ein großer Friedhof in der Wüste« erschienen dem stilbewussten Adligen die »ungepflasterten Straßen in einer verlassenen Stadt«.

Im Jahr 1808 fiel die Grabeskirche in Jerusalem einem Brand zum Opfer, der die Kapelle im Inneren des Heiligtums verschonte. Adam Müller, der konvertierte Katholik und romantische Philosoph des Ancien Régime, stilisierte dieses Ereignis in seiner ein Jahr später erschienenen Schrift »Die Elemente der Staatskunst« zum Menetekel einer christlichen Wiedergeburt Europas: Die niedergebrannte große Kirche versinnbildliche das von Napoleon zerstörte alteuropäische Staatensystem, dessen unversehrter Kern der von der Kapelle symbolisierte Christusglaube bleibe.

Ein wahrer Run auf Jerusalem setzte ein, als das schwächelnde Osmanische Reich sein abgeriegeltes Herrschaftsgebiet nach dem ersten Drittel des 19. Jahrhunderts öffnen musste. Denn nur dank Unterstützung aus England und Frankreich gelang es dem

Imperium 1844, den ägyptischen Statthalter Ibrahim Pascha nach zehn Jahren wieder zu vertreiben. Unter dessen Herrschaft hatten die europäischen Mächte Konsulate in Jerusalem eröffnet und die Präsenz der Westkirchen, als deren Schutzherren sie auftraten, gefördert. Waren Westler in dieser Weltgegend bis dahin möglichst unauffällig, mit kleinem Gepäck und in einheimischer Kleidung gereist, so strömten sie nun offen ins Heilige Land.

Sie profitierten dabei von der Motorisierung des Verkehrs infolge der Industrialisierung. Bald bildeten die Reisebücher über Palästina eine eigene literarische Gattung. Hinzu kam die Werbewirkung eines neuen Massenmediums: Kaum hatte die Pariser Akademie der Wissenschaften 1839 die Daguerreotypie als Frühform der Fotografie bekanntgemacht, schwärmten Pioniere dieser Kunst nach Jerusalem aus. Ein Bildband, der in Europa zum Bestseller wurde, präsentierte die Stadt bereits 1841 in Daguerreotypien – lange vor vielen europäischen Städten.

Immer intensiver rivalisierten die von verschiedenen christlichen Konfessionen geprägten europäischen Mächte um eine privilegierte Stellung in Jerusalem. So propagierte der preußische Offizier Helmuth von Moltke, beauftragt mit der Reorganisation der türkischen Armee, um 1840 ein christliches Fürstentum Palästina mit einem unbeschränkten, aber toleranten deutschen Herrscher an der Spitze. Öffentlich schwärmte er von der »moralischen Genugtuung«, die das »christliche Europa … in der Befreiung des heiligen Grabes erlangen würde«.

Besonders erpicht war man in Berlin und Wien, in Paris, London und Sankt Petersburg darauf, in Jerusalem mit dem Gestus humanitärer Hilfsbereitschaft architektonische Statussymbole zu errichten. Religiöse Missionierung und politisch-ideologische Landnahme waren oft untrennbar verbunden. Ein Beispiel dafür war 1843 die Gründung des britischen Hospitals der »London Society for Promoting Christianity among the Jews«. Umgehend erließen Jerusalems Rabbiner eine Banndrohung gegen Juden, die es riskieren sollten, sich bei der Konkurrenz behandeln zu lassen.

Die machtpolitische Instrumentalisierung der Religionen trug manchmal paradoxe Züge. So unterstellte der Konsul des Russischen Reichs in Jerusalem ausgerechnet seine zugewanderten Landsleute jüdischen Glaubens, die in der Heimat von staatlich organisierten Pogromen bedroht waren, demonstrativ dem amtlichen Schutz des Zaren.

Doch nicht alles, was Europäer in Gang setzten, entsprang ideologischer Berechnung. Zu einer der bekanntesten Persönlichkeiten im Jerusalem des 19. Jahrhunderts wurde Conrad Schick (1822 bis 1901), der mit 24 Jahren als Missionar ankam und bis zu seinem Tod 55 Jahre dort verbrachte. Der hochbegabte Autodidakt hinterließ als Archäologe und Architekt tiefe Spuren. So entwarf er 1846 das Stadtviertel Mea Schearim, in dem heute ultraorthodoxe Juden unter sich sind. Schick schaffte es, so Gil Yaron in einem historisch-politischen Stadtführer, »sich als höchste wissenschaftliche Autorität in der Erforschung Jerusalems zu etablieren«. Nach dem Urteil des israelischen Historikers Alex Carmel wurde »kein Ort von der gesamten christlichen Welt so intensiv gefördert wie Jerusalem in der zweiten Hälfte des 19. Jahrhunderts«.

In jenen Jahren organisierte der Tourismus-Unternehmer Thomas Cook bereits die ersten Gruppenreisen ins Heilige Land. Die schlichte Pilgerfrömmigkeit und fraglose Bibelgläubigkeit, die mittelalterliche Jerusalembesucher beseelt hatten, wurden immer seltener. Viele der westlichen Reisenden des 19. Jahrhunderts brachten nicht nur den Maßstab eines weit höheren Lebensstandards mit, sondern auch die neuzeitliche Neigung zu rationalem Zweifel. Forschergeist, touristische Neugier, Bildungsdrang, missionarischer Eifer, Geschäftssinn, geopolitisches Kalkül, Abenteuer- und Sensationslust oder literarischer Ehrgeiz verwandelten das andächtige Ursprungsmotiv, ohne es dabei gänzlich auslöschen zu können.

Zahlreiche Schriftsteller, die bereits bekannt waren oder es noch werden sollten, erwiesen Jerusalem ihre Reverenz – und kehrten zumeist schwer ernüchtert in ihre Heimat zurück. Zu

Zwei Beispiele für die Förderung des Palästina-Tourismus in den zwanziger Jahren.

Auf Englisch und Hebräisch warb dieses typische Plakat in den zwanziger Jahren für Reisen zu den Sehenswürdigkeiten des Landes.

ihnen gehörte der orthodoxe Christ Nikolai Gogol, Autor der »Toten Seelen«, der 1848 als messianisch gestimmter Pilger ankam und depressiv wieder abreiste. Zwei Jahre später tauchte der junge Gustave Flaubert auf – kein Grübler wie der Russe, sondern ein Lästermaul und eleganter Bonvivant, der bis dahin über den Orient nur lüsterne Phantasien gehegt hatte (»die Frauen winden sich und bäumen sich auf in den Küssen, unter den Umarmungen«).

Umso drastischer fiel Flauberts Kommentar über das reale Jerusalem aus. In seinem amüsanten Buch »Reise in den Orient« notierte er: »Wir ziehen durch das Jaffa-Tor ein, ich lasse beim Betreten seiner Schwelle einen Furz los, ganz unwillkürlich; im Grunde war ich sogar ärgerlich über diesen Voltairianismus meines Anus... Mitten auf der Straße vor unserem Hotel verwest unbeachtet ein gelber Hund, ohne dass jemand daran denkt, ihn woandershin zu stoßen; die Kacke längs der Mauern ist von erschreckend schlechter Qualität!... Überall Ruinen, es riecht förmlich nach Grab und Verwesung; Gottes Fluch scheint über der Stadt zu liegen, der Heiligen Stadt von drei Religionen, die vor Langeweile, Entkräftung und Verlassenheit dahinstirbt.«

Der Amerikaner Herman Melville, der als Verfasser des »Moby-Dick« erst posthum weltberühmt wurde, stand dem schwerblütigen Gogol als Wahrheitssucher näher als dem Genussmenschen und Zyniker Flaubert. Aber auch Melvilles Tagebuch über den langersehnten Besuch, den er dem Heiligen Land im Januar 1857 abgestattet hat, ist ein Dokument der Bestürzung: »Kein Land wird romantische Erwartungen schneller zerstreuen als Palästina – ganz besonders Jerusalem. Für einige ist die Enttäuschung herzzerreißend... Ist die Trostlosigkeit des Landes die Frucht seiner verhängnisvollen Erwählung durch die Gottheit? Unglücklich sind die Günstlinge des Himmels. In der Leere der leblosen Altertümer Jerusalems wirken die eingewanderten Juden wie Fliegen, die ihre Bleibe in einem Schädel gefunden haben.«

Fromme Zuwanderer anderer Bekenntnisse beurteilt Melville nicht weniger grimmig. Zu ihnen gehören amerikanische Missionare, die sich die Bekehrung ortsansässiger Juden und Muslime zum Christentum vorgenommen haben: »Könnten ebenso gut versuchen, aus Ziegelsteinen Hochzeitstorte zu machen, als aus Orientalen Christen.«

Auf dem Weg zur Kirche, die »das mutmaßliche Grab einer der Personen der dreieinigen Gottheit beherbergt«, begegnen Melville »Haufen an Haufen des widerlichsten & unbeschreiblichsten Unrats«; das niedrige und verdreckte Holztor zur Grabeskirche erscheint ihm »wie der Eingang zu einem Schweinekoben«. Angewidert erlebt und zitiert er heilsgeschichtliche Fremdenführungen im Geist kommerzieller Sinnstiftung: »Dies hier ist der Stein, an dem Jesus lehnte, & dies hier ist das Englische Hotel. Dahinter ist der Torbogen, wo man Christus vor die Volksmenge führte, & just neben jenem Fenster dort kauft man den besten Kaffee in ganz Jerusalem.«

Man musste wohl mit einem unverwüstlich heiteren Gemüt gesegnet sein, um sich über den zwischen Erwartung und Wirklichkeit gähnenden Abgrund nonchalant und spielerisch leicht hinwegzusetzen wie Melvilles amerikanischer Landsmann Mark Twain. Der Erfinder von Tom Sawyer und Huckleberry Finn war 1867 Teilnehmer einer in den USA organisierten Bildungs- und Vergnügungsreise nach Europa und ins Heilige Land. Seine Reisebriefe von dem monatelangen Abenteuer, in New York als »Picknick riesenhaften Ausmaßes« (Mark Twain) angekündigt, veröffentlichte er 1869 auch in einem Buch. Dessen Titel »The Innocents Abroad« (»Die Arglosen im Ausland«) gab den durchweg ironisch-selbstironischen Tenor vor.

Zielsicher parodiert Mark Twain die von Klischees und frömmelndem Schauder strotzende Gattung der Palästinabücher, die in jeder derben Bäuerin eine Art erhabener Marienerscheinung und in jeder trostlosen Hütte die Aura des Heilands spüren. Er macht sich lustig darüber, wie Landsleute aller Konfessionen im Heiligen Land die Beweise für ihre je eigene Heilsbotschaft finden – die Baptisten für ein baptistisches Palästina, die Methodisten für ein methodistisches, die Presbyterianer für ein presbyterianisches. Verblüfft stellt der Autor fest, wie klein Jerusalem ist, wie wenig es den riesenhaften Vorstellungen entspricht, die er sich einst in der Sonntagsschule machte. Doch reagiert er nicht höhnisch oder aufgewühlt, sondern mit leisem, weisem Humor: »Reisen und Erfahrungen verderben die großartigsten Bilder und berauben uns der geliebtesten Erinnerungen aus unserer Kindheit. Gut, lasst sie gehen …«

Weniger gelassen als der amerikanische Erzähler reagierte der preußische Kronprinz Friedrich Wilhelm, der ein »Tagebuch meiner Reise nach dem Morgenlande 1869« zu Papier brachte. »Bitter enttäuscht« war er etwa über den giftigen konfessionellen Konkurrenzneid in der Jerusalemer Grabeskirche – jene tragikomische Rivalität um den Heiland, die 1853 zum Politikum geworden war und den Krimkrieg mit ausgelöst hatte.

Eine Pilgerreise nach Jerusalem gehörte in der zweiten Hälfte des 19. Jahrhunderts schon fast zum repräsentativen Pflichtprogramm des europäischen Herrschernachwuchses. So besuchte der spätere belgische König Leopold II. die Stadt 1855 als Herzog von Brabant. Prinz Edward, der künftige englische König, kreuzte 1862 auf – und ließ sich als Souvenir ein Kreuz auf den Arm tätowieren. Der Duke of York, später König George V., folgte 20 Jahre später den Spuren von Vater Edward. Auf dessen Geheiß suchte er denselben Tätowierer in Jerusalems Altstadt auf. Der Junior übertrumpfte den Senior sogar, indem er ein noch exponierteres Körperteil wählte und sich das Jerusalemkreuz auf die Nase tätowieren ließ – vor seiner Inthronisierung musste es dann allerdings wieder entfernt werden.

Als krönender Abschluss des 19. Jahrhunderts wurde schließlich in Jerusalem der Besuch des deutschen Kaisers Wilhelm II. im Jahr 1898 inszeniert. Zum christlich-deutschen Fürstentum Palästina, von dem Helmuth von Moltke einst fabuliert hatte, hat es aber dann doch nicht ganz gereicht.

SKIZZEN AUS DEM ORIENT

Der britische Maler David Roberts porträtierte Jerusalem im 19. Jahrhundert.

Von Karen Andresen

Schon als Kind träumte David Roberts, der Schöpfer wunderbarer Farblithografien, davon, die Länder zu besuchen, von denen die Bibel erzählt. Im August 1838, er war damals 41 Jahre alt, machte sich der Brite auf den Weg. Seine Reise durch den Orient begann in Ägypten: Alexandria, Kairo, Assuan. In Jerusalem traf er am 29. März 1839 ein. Die Fahrt dorthin war umständlich gewesen.

Erich Lessing / akg

Pilger am Salbungsstein in der Grabeskirche

Roberts hatte, statt nach einem Besuch in Hebron direkt in das nahe gelegene Jerusalem fahren zu können, erst noch ans Mittelmeer, nach Gaza, Aschkelon und Jaffa, ausweichen müssen. Jerusalem stand unter Quarantäne, um die Stadt vor einer Pestepidemie zu bewahren.

Kurz vor Palmsonntag dann die erlösende Nachricht: Die Pestgefahr war gebannt, die Sperre aufgehoben. Der Maler betrat die Heilige Stadt in Begleitung von drei Dienern und acht Lastpferden. Begeistert schrieb er nach seiner Ankunft in sein Tagebuch: »Es ist besser, glücklich als reich geboren zu sein – das Sprichwort trifft auf mich zu« – eine Anspielung auf seine Kindheit in ärmlichen Verhältnissen. Roberts, der heute als einer der bedeutendsten Vedutenmaler des 19. Jahrhunderts gilt, wurde am 24. Oktober 1796 in dem schottischen Örtchen Stockbridge bei Edinburgh als Sohn eines Schusters geboren. Schon früh zeigte sich die Begabung des Jungen für die bildende Kunst. Nach einer Lehre als Ornamentenmaler arbeitete er als Bühnenbildner und machte seine ersten Landschaftsskizzen. 1832 bereiste er die Iberische Halbinsel und präsentierte dem englischen Publikum anschließend seine Sammlung »Pittoreske Skizzen aus Spanien«.

Weltruhm aber trugen ihm seine Skizzen und Farblithografien von Menschen, Landschaften und Gebäuden aus dem Orient ein. Als er nach elf Monaten nach London zurückkehrte, bereitete man ihm dort einen begeisterten Empfang. »Ich erwarte«, sagte er damals, »die interessanteste Skizzensammlung mit mir nach Hause zu bringen, die jemals den Orient verlassen hat.« Das Versprechen hat er gehalten.

AUFSCHWUNG IM NAMEN GOTTES

Schwäbische Pietisten brachten die Moderne ins Heilige Land: Sie errichteten im 19. Jahrhundert in Jerusalem eine deutsche Kolonie.

Von Viktoria Schult

Hinter hohen Eisentoren und einer Mauer verborgen liegt direkt an Jerusalems populärer Ausgehmeile, der Emek-Refaim-Straße, ein kleiner Friedhof. Man erkennt schnell, dass es keine jüdischen Gräber sind: Die Kreuze und schiefen Steinstelen tragen schwäbische Namen, Imberger, Eppinger und Aberle heißen die Toten, geboren in Neuffen oder Ludwigsburg. Eingemeißelte Bibelverse auf Deutsch mahnen zum Beispiel: »Trachtet am ersten nach dem Königreich Gottes und nach seiner Gerechtigkeit.«

Der Friedhof ist die letzte Ruhestätte der Templer-Familien, einer pietistischen Siedlerbewegung aus Württemberg, die Ende des 19. Jahrhunderts ihr Heil im Heiligen Land suchte. Damit begann eine kurze, aber bedeutende deutsche Episode in der Geschichte Jerusalems.

Die »Moschawa Germanit«, die »Deutsche Kolonie«, ist heute das Herz des säkularen, modernen Jerusalem. Hier reiht sich Modegeschäft an Sushi-Bar, Nobel-Restaurant an Weinboutique. Der »Diplomat-Butcher« verkauft unkoschere Würstchen, Touristen wie Israelis flanieren die Straße entlang. Die alten Templer-Häuser sind millionenteure Immobilien.

Es war ein ödes Steinfeld unweit der Jerusalemer Altstadt, auf dem die Templer 1873 zu bauen anfingen. Ihre Kolonie benannten sie nach dem biblischen Tal Refaim. Das erste Haus errichtete Müllermeister Mätthaus Frank, und noch heute ist über der Eingangstür die Inschrift zu lesen: »Bis hierher hat der Herr geholfen.« Auch seine Gefährten waren Handwerker, Tischler, Schlosser oder Fleischer.

In einer Mischung aus tiefem Gottglauben und schwäbischer Schaffenskraft ließen sich die Templer auf das gefährliche Unternehmen ein. Kundschafter hatten von Überfällen auf westliche Siedler berichtet. »Dieses Bergland«, bilanzierte der Spähtrupp ernüchtert, »ist eine einzige weite Trümmerstätte und liegt verarmt und entblößt in trauriger Nacktheit da.« Trotzdem gingen die frommen Deutschen ans Werk. Ihnen gelang, sagt der israelische Architekt und Templer-Experte David Kroyanker, eine »erstaunliche Leistung«. Die Templer wollten das Heilige Land in Besitz nehmen, auch, wie sie es nannten, um »den Orient zu heben«. Sie verstanden sich als lebendige Bausteine eines Tempels, der Wohnung Gottes.

In der württembergischen Heimat hatte die Religionsgemeinschaft der »Jerusalemsfreunde«, wie sich die Templer zunächst nannten, mit sozialer Not, Kriegsdienst und Anfeindung der etablierten Kirche zu kämpfen. Nach dem endgültigen Bruch mit der evangelischen Landeskirche kam es 1861 zur Gründung des »Deutschen Tempels«, der mehrere tausend Gläubige zählte.

Ungeduldige unter den Pietisten trieb es bald nach Amerika und Russland, die Bewegung bröckelte. Erst ab 1868 begann mit dem Umzug der Tempelvorsteher Christoph Hoffmann und Georg David Hardegg samt ihren Familien die erträumte Besiedlung Palästinas. In Jerusalem, so glaubte Hoffmann, lag ihre Bestimmung: »Christen können wir überall auf der Erde sein, aber ein Volk Gottes kann nur auf dem Boden seiner Väter, kann nur in den Orten, wo Abraham geglaubt, wo David gekämpft und Christus gelitten hat, den Ort und das Ziel seiner Bestimmung erkennen.« Die ersten Templer-Kolonien gründeten sich allerdings wegen besserer Lebensbedingungen in Haifa, Jaffa und bei Tel Aviv. Das Aufbauwerk in Jerusalem setzte Hoffmann gegen Widerstände durch.

So entstand ein schwäbisches Dörfchen mit adretten Steinhäusern, Bibelsprüchen über den Eingangstüren, gepflegten Vorgärten, mit Kino, Bierhalle und Sportplatz. »Es gab keine Zäune, die ganze Kolonie war unser Spielplatz«, erinnert sich Brigitte Kneher, 77, geborene Rohrer, an ihre Kindheit in Jerusalem. »Wir waren überall willkommen. Beim Bäcker bekamen wir die Mohrenköpfe mit den Macken geschenkt.« Noch heute ist ihr der herzhafte Geruch von frischem Fladenbrot in der Nase.

Die Templer waren deutschnational gesinnte Traditionalisten, sie pflegten das deutsche Kulturgut, gingen sonntags in die Kirche und feierten ebenso brav des Kaisers wie später Hitlers Geburtstag. Und sie waren fleißige, disziplinierte Arbeiter. Sie führten neue landwirtschaftliche Geräte und Anbaumethoden ein, modernisierten Bewässerungssysteme. Sie arbeiteten mit modernster Technik, die Getreidemühlen ihrer Bäckereien waren dampfgetrieben. Sie eröffneten Weinkellereien und die ersten Maschinen- und Zementfabriken, entwickelten den Straßenbau und das Transportwesen. So brachten sie dem wenig entwickelten Land einen ungeheuren Modernitätsschub.

Die Templer schotteten sich bewusst von ihrer Umwelt ab, was zu Konflikten mit den Nachbarn führte. Mit einer großen

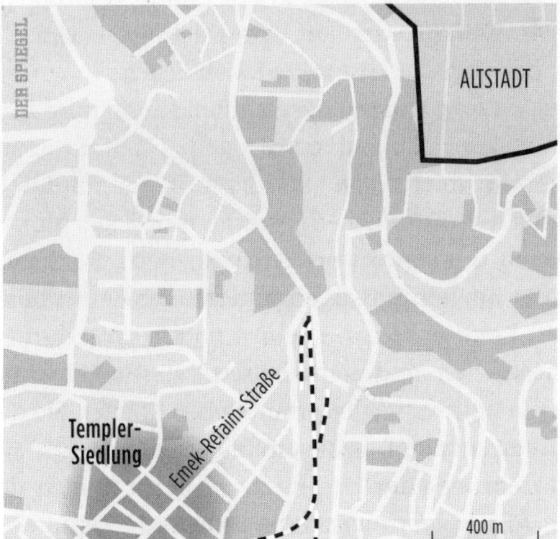

Portion Dünkel blickten sie auf die arabische Bevölkerung herab, die für sie das »Brot der Faulheit« aß. Die Araber dagegen sahen die Deutschen als Eindringlinge und fühlten sich als billige Arbeitskräfte in den Templer-Betrieben ausgenutzt. Jüdische Pioniere, die ins Land strömten, lernten von der Erfahrung der schwäbischen Migranten und übernahmen viele Innovationen. Das führte zu harter Konkurrenz. Denn es war auch ein Streit um das Heilige Land, den die Zionisten aber allein zahlenmäßig für sich entschieden.

Mit Hitler begann der Niedergang der Templer-Kolonien. Die deutschnationale Gesinnung, dazu ein, so der Historiker Ralf Balke, »religiös motivierter Antijudaismus« und eine nachlassende Verbundenheit mit den pietistischen Ur-Werten machten den Nationalsozialismus hoffähig. Anfang der dreißiger Jahre lebten etwa 3000 Palästina-Deutsche im Heiligen Land. Die Zahl der NSDAP-Mitglieder wuchs hier schneller als unter anderen Auslandsdeutschen. Bald hatte jede Kolonie ihre NSDAP-Ortsgruppe, die Templer ordneten sich dem Hakenkreuz in einem Prozess der »Selbstnazifizierung«, wie Balke es nennt, freiwillig unter. »Wir fanden bei unseren Forschungen Jahre später Zeitungen wie ›Der Stürmer‹ auf dem Dachboden eines Templer-Hauses«, bestätigt der Historiker Jakob Eisler.

Ab August 1939 wurden die wehrfähigen Männer zum Kriegsdienst nach Deutschland eingezogen. Nach Kriegsausbruch wandelten die im Heiligen Land herrschenden Briten die landwirtschaftlichen Kolonien in Internierungslager um, und die verbliebenen Templer wurden dort festgesetzt. Auch die Familie von Brigitte Kneher musste ihr Jerusalemer Haus räumen. »Für meine Großmutter war das sehr schlimm. Wir durften kaum etwas mitnehmen, und dann fiel das gute Geschirr auch noch vom Wagen und zerbrach«, erinnert sich Kneher. Sie durfte nur ein Spielzeug behalten – eine große Puppe.

Es war ein Abschied für immer. Nach Erfolgen der Wehrmacht in Afrika deportierten die Briten 665 Templer im Sommer 1941 nach Australien, wo bis heute Templer-Gemeinden bestehen. Andere, darunter auch die Familie Kneher, durften zurück nach Deutschland – dank eines spektakulären Deals, den Briten und Nazis ausgehandelt hatten: Sie wurden gegen jüdische Gefangene aus Bergen-Belsen eingetauscht.

Nachdem 1948 der Staat Israel gegründet wurde, mussten die letzten Templer das Land verlassen. Ihre Utopie war kläglich gescheitert. Aber der Modernisierungsschub, der den Pietisten gelungen war, kratzte am zionistischen Gründungsmythos Israels, bilanzierte der verstorbene Historiker Alex Carmel: Noch vor den jüdischen Pionieren hatten sich deutsche Christen erfolgreich in Palästina angesiedelt.

54 Millionen Mark Entschädigung erhielten die Templer später von Israel für den enteigneten Besitz – das regelte das Wiedergutmachungsabkommen mit der Bundesrepublik Deutschland. »Die Palästina-Deutschen sind die einzigen deutschen Flüchtlinge, die nach dem Zweiten Weltkrieg überhaupt entschädigt wurden«, sagt der Templer-Forscher Eisler. Auch die Großmutter von Brigitte Kneher bekam für ihr Haus in der Jerusalemer Smutsstraße Geld – damit baute die Familie ihr neues Zuhause, ein Reihenhaus in Göppingen.

Von ihrem Aufbauwerk in Jerusalem blieb den Templern nur eines: der kleine Friedhof in der Emek-Refaim-Straße, dem »Tal der Geister«.

STAUB AUF DER PISTE

Ende Oktober 1898 besuchte Kaiser Wilhelm II. Jerusalem – in guter Absicht.

Von Johannes Saltzwedel

Historisch wirkte die Unternehmung, noch bevor sie eigentlich begonnen hatte. Als am 25. Oktober 1898 die kaiserliche Yacht »Hohenzollern« vor der alten Hafenstadt Haifa festmachte, war jedes Detail vorbereitet für eine Staatsaktion der besonderen Art: Volle 670 Jahre nach dem Hohenstaufer Friedrich II. betrat wieder ein deutscher Kaiser den Boden des Heiligen Landes. Eigens war die Hafenmole um einen »Kaiserdamm« erweitert worden.

Nun landete dort die stattliche Entourage von über 90 Personen, samt Wilhelms Flügeladjutant Oberstleutnant von Pritzelwitz, Büchsenspanner Rollfing, Kammerdiener Schulze und Garderobenfräulein Heidepriem. Auch der Kaiser selbst hatte sich auf das Ereignis sorgfältig vorbereitet. Eine Tropenuniform aus besonders leichtem Stoff lag bereit, damit der 39-jährige Monarch jederzeit orienttauglich auftreten konnte. Schließlich sollten nicht nur die zahlreichen Mitreisenden Ihre Majestät in Hochform erleben, es galt auch, offiziell Eindruck zu machen.

Anlass der Reise war die Einweihung einer monumentalen protestantischen Kirche in Jerusalem. Wilhelms frommer Vater Friedrich III., der schon 1869 als Kronprinz hergereist war, um das Terrain einer früheren Johanniter-Kirche als Geschenk des Sultans zu empfangen, war Hauptförderer des Baus gewesen. Ebenso wichtig aber nahm der imagebewusste Regent den Besuch selbst: Als Friedensfürst und Schirmherr der von ihm errichteten »Evangelischen Jerusalem-Stiftung« wollte er auftreten, dabei den Christen in Palästina diskret den Rücken stärken und natürlich mit der ihm eigenen Neugier die Orte der Bibel in Augenschein nehmen.

In weltpolitisch heikle Zeiten fiel die Visite allemal: Im Juli war Otto von Bismarck gestorben, dessen europäische Machtbalance Wilhelms Reich erst möglich gemacht hatte, und am 10. September hatte in Genf ein Anarchist Österreichs Kaiserin Elisabeth erstochen.

Doch derlei Sorgen sollten nun zurückstehen. Bis ins Kleinste hatten im Auftrag des kaiserlichen Hofs Planer der Firma Thomas Cook, aber auch die Berliner Reiseveranstalter Hugo und Carl Stangen den Aufenthalt vorbereitet. Parallel zum Monarchen, der sogleich nach seiner Ankunft den Berg Karmel bestieg, trafen die Teilnehmer einer luxuriösen »Festfahrt« ein. Für stattliche 1000 Mark hatte die Reise auf den Schiffen »Midnight Sun« und »Bohemia« von Triest aus kurz nach Kairo und dort natürlich zu den Pyramiden geführt, nun folgte im Schnelldurchgang Palästina von Jaffa bis zum Jordantal und zwischendrin als eigentlicher Höhepunkt die Staatsaktion mit Seiner Majestät.

Für den umtriebigen Herrscher lief zunächst alles reibungslos. Huldvoll absolvierte er Empfänge im Deutschen Konsulat und ein Treffen mit den ansässigen frommen Siedlern der württembergischen Templer-Gemeinschaft. Erst die Fahrt ins 80 Kilometer südlich gelegene Jaffa, mit Übernachtung in einem Zeltlager bei Caesarea, wurde zur Strapaze: Die vorausreitende Kavallerie wirbelte auf der Sandpiste so viel Staub auf, dass Wilhelm sie größtenteils ans Ende der drei Kilometer langen Kolonne von über 80 Kutschen verbannte. Kaiserin Auguste Viktoria fotografierte dennoch eifrig weiter – fast jede Station hat sie dokumentiert.

Noch eine Nacht im Zeltlager, dann war es am 29. Oktober endlich so weit: Hoch zu Schimmel ritt der Kaiser an der Seite seiner Gattin in Jerusalem ein. Die Stadt hatte sich herausgeputzt: Mehrere Triumphbögen zierten die mit Flaggen und Girlanden gesäumte Straße, auf der sich die Kolonne zwischen den begeisterten Schaulustigen heranbewegte. Bald nach der Ankunft bekam

Seine Majestät von der Jerusalemer Gemeinde eine Bibel mit kostbaren holzgeschnitzten Einbanddeckeln überreicht, für die obendrein ein eigenes Pult mit Kaiserwappen geliefert wurde.

Das Besichtigungsprogramm war gedrängt, Behaglichkeit kam nicht auf. Gleich am 30. Oktober ritt man ins nahe Betlehem, wo der Monarch die politisch uneinigen Christen ermahnte, den Muslimen ein Beispiel echter Kultur zu liefern. Tags darauf kam der Höhepunkt: In festlicher Liturgie wurde die »Erlöserkirche« mit über 45 Meter hohem Turm geweiht. Etliche Bauteile, zum Beispiel die drei Glocken, die Orgel, Gestühl und Fenster, waren aus Deutschland herangeschafft worden. Das wuchtige Bethaus nach frühmittelalterlichen Vorbildern hätte ebenso gut in Berlin stehen können.

Aber auch der vertraute Kunstgeschmack hellte die Laune des zunehmend gestressten Regenten nicht wesentlich auf. Geplante Besuche im Jordantal strich der Kaiser kurzerhand; am 2. November empfing er im Zeltlager immerhin die Abgeordneten der Zionistischen Weltorganisation unter Führung von Theodor Herzl. Konkretes kam bei der höflichen Unterredung mit den Herren, die in Palästina eine »Heimstatt« der Juden gründen wollten, freilich nicht heraus: Allzu leicht hätte es sich Wilhelm mit dem hierzulande regierenden Sultan in Konstantinopel – dem er auf der Anreise einen Staatsbesuch gemacht hatte – verderben können.

Über Jaffa verließ der Kaiser dann beinahe fluchtartig das Gelobte Land. Ein kurzer Abstecher nach Beirut, Damaskus und zu den Tempelruinen von Baalbek, komfortable Tage auf See an Bord der »Hohenzollern« – schon am 26. November 1898 war Wilhelm II. wieder in Berlin. Dort hatte unterdessen der Dichter Frank Wedekind im »Simplicissimus« den verbreiteten Spott artikuliert – in Versen, die ihm bald darauf ein halbes Jahr Festungshaft eintrugen: »Mit Stolz erfüllst du Millionen Christen; / Wie wird von nun an Golgatha sich brüsten, / Das einst vernahm das letzte Wort vom Kreuz / Und heute nun das erste deinerseits.«

Monarchietreue konnten da nur den Kopf schütteln; das offiziell positive Urteil über die Reise war ja nicht bloß Propaganda. Vor allem die deutschen Kolonisten in Palästina freuten sich nachhaltig: Türkische Behörden hatten aus Anlass des Kaiserbesuchs etliche Verkehrswege ausbessern lassen, und überhaupt war im Osmanischen Reich eine regelrechte Deutschland-Begeisterung ausgebrochen, die sich noch geraume Zeit hielt.

Wilhelm selbst jedoch war privat vom Heiligen Land enttäuscht, ja abgestoßen. »Hitze und Tumult« seien das Normale gewesen, berichtete er seiner Mutter auf Englisch in einem Brief vom 20. November: »Welch ein erbärmlicher ausgelaugter Steinhaufen« sei dieses Palästina! »Das Fehlen von Schatten und Wasser ist empörend.« Und dann erst die Bewohner: 60 000 Juden in neuen, hässlichen Vorstadtsiedlungen, »schmierig und verkommen, kriecherisch und erbärmlich«, nur am Schröpfen ihrer muslimischen und christlichen Nachbarn interessiert – »Shylocks in Massen!«

Nicht einmal historisch hatte die Stadt Jerusalem ihn beeindruckt. Die Grabeskirche, über und über »mit Lampen, Bildern und anderem Zeug von einem halben Dutzend christlicher Bekenntnisse angefüllt«, sehe aus wie eine Mixtur »zwischen Basar und chinesischem Tempel, aber keinesfalls wie eine Kirche. Ich kehre zurück in der festen Gewissheit: Unter gar keinen Umständen kann hier das Grab des Heilandes gelegen haben.«

Es war dieselbe fatale Gewissheit, die später noch so manches andere Unheil heraufbeschwören sollte.

»JETZT SEID IHR NEU GEBOREN«

Millionen Gläubige pilgern jedes Jahr nach Jerusalem, Christen, Juden und Muslime. Sie wollen dort gehen, wo Jesus lebte, wollen den Gott des Judentums spüren, die Nähe des Propheten – oder auch nur sich selbst.

Von Juliane von Mittelstaedt

Am Ende dieses Tages wird Frau Holl, 71, Strickjacke, toupierte Goldlöckchen, viermal das Vaterunser gesprochen, neun Lieder gesungen und eine Messe gefeiert haben, sie wird in acht Kirchen und Kapellen gebetet sowie eine Portion Falafel und einen Wiener Apfelstrudel verspeist haben.

Misses Christyn Enenche, 41, Unternehmerin aus Abuja, Nigeria, wird ein Dutzend Schlüsselanhänger, Kugelschreiber und Holzkreuze erworben haben. Und sie wird, in blauem Kleid und passendem Kopfputz, das Halleluja gesungen haben, laut und schrill, und es wird der beste Tag ihres Lebens sein.

Amy, 23, aus Seattle wird einen Davidstern aus Opal gekauft und »The Rivers of Babylon« gesungen haben, sie wird ebenfalls Falafel gegessen haben, bevor sie vor der Klagemauer hocken und schluchzen wird.

Es wird ein ganz normaler Tag in Jerusalem gewesen sein.

Der Stadt, in die im vergangenen Jahr drei Millionen Besucher reisten, so viele wie nie zuvor, viele davon Pilger; 1,8 Millionen Christen, mehr als die Hälfte von ihnen Katholiken, und 900 000 Juden. Auch 120 000 Muslime, aber bloß ein paar tausend von ihnen sind Pilger, denn sie bekommen nur schwer ein Visum, und viele lehnen eine Reise nach Israel aus politischen Gründen ab.

Was ist ein Pilger? Was macht Jerusalem mit den Pilgern? Und was machen die Pilger mit Jerusalem?

Das Suchende mache den Pilger aus, sagt Michael Wohlrab, Pfarrer und Pilgerseelsorger in Jerusalem, das Interesse an den heiligen Stätten, auch wenn einer nicht glaubt oder vielleicht an Gott zweifelt. »So gesehen sind alle Reisenden ins Heilige Land Pilger.« Aber die Hoffnungen, die sie hertreiben, sie sind individuell.

»Meine Identität finden«, sagt Amy.

»Ein besserer Mensch werden«, sagt Misses Enenche.

»Den Ort erleben, an dem Christus gestorben ist«, sagt Hannelore Holl, kurz und sachlich, wie sie eben ist. Seit fünf Jahren putzt sie die Kirche St. Mariae Geburt in Kempen am Niederrhein, wo ein Haar der Mutter Gottes verehrt wird; sie sammelt auch die Kollekte, geht dem Propst zur Hand, alles ehrenamtlich. Sie fuhr nach Rom, in einem Pilgerzug mit 450 Gläubigen, der Papst empfing sie persönlich. Sie fuhr mit dem Bus nach Santiago de Compostela, 2500 Kilometer, die ganze Fahrt sangen sie. Und jetzt Jerusalem, das ist die Krönung in ihrem Pilgerleben. »Für mich stand felsenfest, dass ich da auch hin will.«

Und jetzt steht Hannelore Holl hier auf dem Ölberg, eine von 67 Pilgern, überwiegend Katholiken samt ein paar Protestanten, alle zum ersten Mal im Heiligen Land, gebucht über den Kreis der Freunde Roms. Die klassische Pilgerfahrt in der klassischen Mischung: viele Lehrer, Ärzte, Apotheker, Rentner und Hausfrauen, außerdem ein Gutsbesitzer und eine Violinistin, alle in der internationalen Pilgeruniform aus Turnschuhen, Goretex-Jacken, Multifunktionswesten und Rucksäcken. Unterwegs auf der typischen Pilgerroute: den Ölberg mit dem Garten Getsemane hinab, über die Via Dolorosa durch die Altstadt zur Grabeskirche, den Höhepunkt der christlichen Reise ins Heilige Land. In der Hand tragen sie einen blauen Schnellhefter mit Liedtexten, denn überall wird gesungen.

Maximal eine halbe Stunde haben die Pilger an jedem Ort, dann geht es schon weiter; Zeit zur Einkehr ist beim organisierten Pilgern nicht vorgesehen. Mittags ist ein Gottesdienst in der Kreuzfahrerkirche St. Anna in der Altstadt gebucht, organisiert vom christlichen Pilgerbüro unter Leitung von Bruder Anthanasius, dem wohl einzigen Franziskaner-Mönch mit Blackberry; in der Hochsaison verteilen seine Mitarbeiter täglich bis zu 400 Pilgergruppen auf insgesamt 50 Kirchen und Kapellen in ganz Israel.

Ein Kanon, Falafel im Stehen, danach ist die Via Dolorosa dran. Masin Kanaan verleiht hier Kreuze, seit 90 Jahren ist seine Familie im Rent-A-Cross-Geschäft. Er nimmt für das Kreuz kein Geld, nicht direkt zumindest. Masin Kanaan macht Fotos von den Kreuzträgern. 32 Kreuze hat er zu verleihen, in den Größen S, M und L, sie wiegen 15, 25 und 50 Kilo. »Der Koreaner nimmt immer L«, sagt er, »der Koreaner weint, singt, betet, er ist sehr expressiv.« Die Deutschen seien schlechte Kunden, sagt Masin Kanaan, kein Kreuz, keine Tränen, kein Geld.

Tatsächlich, die Deutschen vom Niederrhein wollen kein Kreuz, sie schreiten an Masin Kanaan vorbei, der Propst voran, aus dem Evangelium lesend, Frau Holl dicht hinter ihm, die Augen halb geschlossen. Zwischen Station 4, Jesus begegnet seiner Mutter, und Station 5, Simon von Kyrene hilft Jesus das Kreuz zu tragen, ist Gedränge. Hier prallen Händler, gebeugte Kopftuchfrauen, jüdische Orthodoxe und christliche Pilger zusammen, ist doch die Via Dolorosa in großen Teilen ein Umschlagplatz für rosa Spitzen-BHs, chinesisches Plastikspielzeug und T-Shirts mit »Israel Army«-Aufdruck. Der Propst sagt: »Jeder passt bitte auf seine Geldbörse auf. Auch auf heiligen Wegen gibt es unheilige Gedanken.«

Ungefähr bei Station 5 ruft Harud Naschaschibi: »Aus Bayern oder Deutsch?« In der Auslage ruhen Davidsterne, Menora-Leuchter, orthodoxe und katholische Kreuze friedlich nebeneinander; Koranausgaben neben Kippas und Rosenkränzen, ein Stillleben der drei Weltreligionen. Die Deutschen hasten vorbei, keine Zeit für Einkäufe. Naschaschibi ist Armenier, seine Familie besitzt drei Souvenirläden auf der Via Dolorosa. Die Siebziger, sagt er, das seien die goldenen Jahre gewesen, da sei die Via Dolorosa voll gewesen mit Touristen, die Deutschen damals, gute Kunden. Jetzt kommen sie nur noch in den Laden, um nach dem Weg zu fragen.

Frau Holl sagt, sie habe es sich so nicht vorgestellt, so laut, so voll, so gedrängt, so, nun ja, unheilig. Aber vielleicht sei es eben doch so, wie Jerusalem vor 2000 Jahren gewesen sein könnte, das sagt sie nachdenklich.

Dann steigt die Gruppe auf die Treppe vor der Grabeskirche, die Fototreppe, nebenbei auch Station 10 der Via Dolorosa, Jesus wird entkleidet. Aufstellung zum Gruppenbild bei Ibrahim Saki Abu Sarur, Grabeskirchenfotograf in dritter Generation. Er fotografiert die Pilger, bevor sie in die Kirche gehen, dann rennt ein Assistent mit dem Chip ins Labor. Als die Gruppe vom Niederrhein wieder aus der Kirche tritt, drückt Abu Sarur jedem Pilger sein Foto in die Hand. »Die Pilger wollen eine Erinnerung.«

»Das rahme ich mir zu Hause«, sagt Frau Holl und steckt das Foto vorsichtig in ihre Handtasche. Dann marschiert die Gruppe ins Österreichische Hospiz, wo Frau Holl unter dem wachsamen Blick von Kaiser Franz Joseph Melange trinkt und Apfelstrudel verspeist. Danach geht sie ins Bett. Am Morgen müssen sie früh aufstehen, Gottesdienst um sechs Uhr am Heiligen Grab. »Pilgern ist eben nicht nur ein Vergnügen«, sagt Frau Holl.

Misses Christyn Enenche sieht das anders, für sie ist die Pilgerreise ein großer Spaß und natürlich, das auch, eine spirituelle Erfahrung, sie genießt jede Sekunde, was auch daran liegt, dass Misses Enenche das erste Mal ins Ausland gereist ist: »Ein wunderbares Erlebnis.«

Jetzt aber ist ihr letzter Tag im Heiligen Land, und Misses Enenche sitzt im riesigen Konferenzraum des Hotel Regency, fünf Sterne, draußen Amerikaner in Shorts und Ultraorthodoxe mit Pelzhüten, innen in den ersten zwei Stuhlreihen 55 Nigerianer in Festtagskleidung. Die Männer tragen weite Kaftane, mit Pailetten besetzt oder mit Silberfäden durchwirkt. Die Kleider der Frauen sitzen eng auf den prallen Hüften, ihre dazu passenden Kopfbedeckungen sehen aus wie stundenlang zurechtgefaltete

Origami-Kunstwerke. Es sind Richter und Doktoren dabei, aber auch Bauern und Hausfrauen.

Sie feiern den glücklichen Abschluss ihrer Pilgerfahrt. Künftig dürfen sie ihrem Namen ein »JP« hinzufügen, das steht für »Jerusalem Pilgrim«. Und daher sitzt jetzt David Meyers vom Pilgerreiseveranstalter Immanuel Tours unter einem riesigen Plakat, auf dem steht »Graduation Ceremony«. David Meyers hat 70 solcher Feiern in den vergangenen zwei Monaten geleitet, jeden Abend eine, manchmal sogar zwei. Er sieht etwas erschöpft aus, während der Very Reverend Chris Utov predigt: »Jetzt habt ihr es selbst gesehen, berührt, gefühlt. Ich bin mir sicher, es hat euch verändert. Die Menschen zu Hause werden euch mit anderen Augen ansehen. Ihr seid neu. Ihr seid wiedergeboren.«

Es folgt die nigerianische Nationalhymne, und dann endlich singt Misses Enenche einen Gospel, sehr schrill und sehr heiter, und alle singen mit. Am Ende übergibt David Meyers jedem Pilger zwei Zertifikate, eines für die Besteigung des Berg Sinai und ein anderes für die Pilgerreise ins Heilige Land. Die Damen machen einen Knicks und lassen sich mit ihm fotografieren.

Die Nigerianer sind enthusiastische Pilger, in jeder Hinsicht, sie kaufen ein wie besessen, manche haben am Ende hundert Kilo Übergepäck. Sie erstehen Kerzen, »von Hand verpackt im Heiligen Land«, Ampullen mit Heiliger Erde, Dornenkronen mit Echtheitszertifikat; T-Shirts, Plastikikonen mit 3D-Effekt und sehr große Koffer, um alles nach Hause zu bringen. Die Nigerianer sind bei den Händlern sehr beliebt.

Der Vater von David Meyers hat die Pilgeragentur vor 30 Jahren gegründet; inzwischen pilgern die meisten nigerianischen Christen mit Immanuel Tours durchs Heilige Land. Die Hälfte von ihnen, rund 17 000 im Jahr, reisen wie Misses Enenche auf Staatskosten; schließlich bekommen auch die Muslime ihren Hadsch. Der Very Reverend Chris Utov nennt es eine »Investition in die spirituelle Zukunft der Menschen«. Manchen geht es wohl eher um die finanzielle Zukunft, und so fehlt immer mal wieder ein Nigerianer beim Rückflug, allein im Jahr 1995 gingen 2000 im Heiligen Land verloren.

Bei einer anderen Gruppe von Pilgern wird es sogar gern gesehen, wenn sie bleiben: junge Juden. Über 200 000 von ihnen, zwischen 18 und 26 Jahren und aus 52 Ländern, sind schon auf Einladung der Organisation Taglit (auf Deutsch: Entdeckung) nach Israel gereist. Sie ziehen durch die Nachtclubs von Tel Aviv, baden in Eilat, wandern auf dem Golan – und sehen Jerusalem. Damit sie zumindest immer wiederkommen, präsentiert sich ihnen das Land von seiner sonnigsten, aufgedrehtesten Seite. »Es geht darum, dass sie hier ihre Identität finden«, sagt die Reiseleiterin Jaël, so jung wie die Teilnehmer. Dazu gehört auch, dass israelische Wehrpflichtige mit der Gruppe unterwegs sind. Die Männer, sagt Jaël, finden immer eine Freundin in der Gruppe.

38 amerikanische Juden sitzen an diesem Morgen im Reisebus, aus New York, Boston, San Francisco, fast alle sind das erste Mal in Israel. Sie haben die Nacht durchgefeiert, leiden noch am Jetlag, tragen große Sonnenbrillen und Basecaps, der Bus quält sich zu einem Aussichtspunkt hinauf. Jaël legt eine CD ein, und der Orthodoxe Matisyahu rappt: »Jerusalem, if I forget you / fire not gonna come from me tongue / Jerusalem, if I forget you / let my right hand forget what it's supposed to do.«

Der Bus stoppt auf der Hass-Promenade, die Amerikaner stolpern aus dem Bus in die grelle Sonne, staunen, fotografieren, Jerusalem liegt ihnen zu Füßen, und dann liest Jaël die Geschichte von Abraham und dem Opfer auf dem Berg Moria vor, auf dem in der Morgensonne die goldene Kuppel des Felsendoms funkelt. Jaël deutet auf die Altstadt und ruft atemlos: »Hier ist das passiert. Hier. Könnt ihr euch das vorstellen?« Und dann fragt sie: »Wenn ihr diese Stadt in zwei Hälften schneiden müsstet, wo würdet ihr die Linie ziehen?« Rechts das muslimische Ostjerusalem, im Westen das moderne, jüdische Jerusalem. »So«, sagt Jaël, als keiner antwortet, und ihre Hand halbiert die Stadt in der Mitte. Die Altstadt schlägt sie dabei der jüdischen Seite zu, vielleicht ist das aber nur Zufall.

Die Reiseleiter bieten eine Mischung aus Religion, Entertainment, Klassenfahrt und Einbürgerungskurs. Sie zeigen den Amerikanern, wie man Sesamkringel mit Saatar-Gewürz isst, sie bringen ihnen bei, dass »danke« hebräisch »toda« heißt, und zwischendurch kommt immer mal wieder die Rede auf König David. Nur Gabi, der Junge mit der Uzi, der für die Sicherheit da ist, erinnert an die Probleme des Landes.

Bevor sie die Promenade verlassen, singen die Amerikaner »The Rivers of Babylon«, in der Version von Boney M., dann fahren sie zur Altstadt, ins jüdische Viertel. Kurz vor der Klagemauer rufen die Reiseleiter einen »Trust Walk« aus, einen Vertrauensmarsch. Jeder soll die Augen schließen und die Hände auf die Schultern des Vormanns legen, so bewegen sie sich im Schneckentempo auf die Mauer zu. »Das war ein gutes Gefühl, hier zusammen hinzugehen, es ist für mich ein Symbol für die Klagemauer, dass wir zusammenbleiben«, sagt Amy aus Seattle, Herzstecker im rechten Ohrläppchen. Sie will noch drei Monate bei orthodoxen Verwandten im Land bleiben, vielleicht auch länger, vielleicht für immer.

Dann teilt Jaël Zettel aus, sie schreiben Briefe, die sie in die Mauerritzen stecken werden, manche küssen die Mauer, die meisten wirken unbeholfen. Da stehen sie vor dem größten jüdischen Heiligtum und wissen nicht, was sie tun sollen. Amy hockt sich auf den Boden, Tränen laufen ihr über die Wangen. »In echt ist es so anders als aus der Ferne«, schnieft sie. »Das ist ein so emotionaler Ort für mich. All diese Menschen hier – und so eine riesige Differenz zwischen Realität und Hoffnung.« Sie hat eine Botschaft geschrieben, Wünsche für die Zukunft, sagt sie, was für ein Mensch sie gern sein würde.

Auch wenn sie sich nicht begegnet sind, Amy aus Seattle, Misses Enenche aus Nigeria und Frau Holl vom Niederrhein, obwohl sie alle ein anderes Jerusalem gesehen haben, haben sie eines gemeinsam: Sie kehren anders zurück, als sie kamen.

GOTTVATER UND SEINE KINDER

In Jerusalem prallen so viele Formen des Glaubens aufeinander wie sonst nirgends auf der Welt. Auch ein Atheist kann daran seine Freude haben.

Von Henryk M. Broder

Als ich im Januar 1981 in Israel ankam, um dort für eine Weile als Journalist zu arbeiten, war die Heilige Stadt ein großes Dorf. Es bestand aus drei übersichtlichen Teilen: der Altstadt, in der Muslime, griechisch-orthodoxe Christen, Armenier und Juden in eigenen Vierteln lebten, dem arabischen Ostteil, der 1967 von Israel erobert wurde, und der »Neustadt« im Westen, in der säkulare Israelis und religiöse Juden mehr neben- als miteinander wohnten.

Die säkularen »Hilonim« und die religiösen »Datiim« benutzten dieselben Verkehrsmittel und kommunalen Einrichtungen, ansonsten gingen sie separate Wege. Ein »Dati« wäre nie auf die Idee gekommen, »Fink's« zu betreten, die einzige echte Bar der Stadt; ein »Hiloni« dagegen machte nicht nur freiwillig einen Bogen um die Viertel, in denen die Frommen ihre Traditionen pflegten: Diese sahen es nicht gern, wenn ihre Sabbat-Ruhe von Autofahrern gestört wurde, und reagierten extrem unfreundlich – mit Beschimpfungen und Steinwürfen.

Ich wohnte, natürlich, in einem säkularen Viertel, in dem mir niemand vorschrieb, was ich am Sabbat machen durfte und was ich lassen musste. Meine Nachbarn waren nichtreligiöse Juden, die aus Russland, Polen, Rumänien, Kanada, Südamerika und dem Irak gekommen waren. Im Haus wurde über ein Dutzend Sprachen gesprochen. Und obwohl ich anfangs kein Wort Hebräisch verstand, hatte ich keine Mühe, mich zu verständigen.

Das Leben in einer polyglotten Umgebung fand ich schon sehr spannend, noch aufregender fand ich freilich den uniformen und streng geregelten Alltag der Frommen, mit denen mich kaum etwas verband. Die Ultraorthodoxen von »Mea Schearim« hatten es mir angetan, gesetzestreue Juden, die an die baldige Ankunft des Messias glaubten, den Staat Israel als einen Frevel gegen den Willen Gottes ablehnten, weil Er die Juden in alle Welt zerstreut hatte, und die untereinander Jiddisch sprachen, eine mittelhochdeutsche Sprache, die im Vorkriegseuropa von den »Schtetl«-Juden gesprochen wurde.

Die kurze Autofahrt aus dem weltlichen Talpiot, wo meine Wohnung lag, in das orthodoxe Mea Schearim war mehr als eine Zeitreise, es war ein Ausflug in die Welt meiner Vorfahren, die ich nur aus der Literatur kannte, aus den Büchern von Scholem Alejchem und Isaac Bashevis Singer. Mit ein wenig Geduld schaffte ich es sogar, mich mit Mosche Hirsch anzufreunden, einem aus den USA eingewanderten Rabbi, der »nicht in Israel, sondern im Heiligen Land« lebte, seinen Tag mit Gebeten verbrachte und in seiner Freizeit Jassir Arafat als »Minister für jüdische Angelegenheiten« diente. Ich war mir nicht sicher, ob er es ernst meinte oder nur ein Dauer-Happening inszenierte, das ihm die Aufmerksamkeit der Medien garantierte.

Jedes Mal, wenn ich Mea Schearim besuchte, was recht oft passierte, weil es dort die besten Bäckereien der Stadt gab, wurde mir klar, was für ein Glück ich hatte, nicht in dieser Welt von vorgestern aufgewachsen zu sein. Zugleich empfand ich bei meinen Zeitreisen eine Faszination, die einen auch als Zuschauer bei Passionsspielen überkommt. Es kann natürlich auch purer Voyeurismus gewesen sein, die Lust, einer anderen Spezies der Gattung Mensch über die Schulter zu schauen.

Nach und nach erkundete ich auch die anderen Religionen, was in Jerusalem kein Problem ist, weil es keinen Gottesglauben gibt, der in der Heiligen Stadt nicht vertreten wäre. »Eine Unterhaltung mit Gott ist hier ein Ortsgespräch«, sagt Gad Granach, ein Berliner Jude, der 1936 nach Palästina kam und sich gern über die Gläubigen aller Richtungen lustig macht. Ich kam mir vor wie in einem Mega-Supermarkt, in dem man vor lauter Delikatessen kein normales Brot finden kann.

Wie bei jedem Overkill an Angeboten und Eindrücken schälen sich irgendwann die Favoriten heraus. In meinem Fall waren es die runde äthiopische Kirche in der Ethiopia Street, am Rande von Mea Schearim, in der schon Kaiser Haile Selassie während seines Exils in Jerusalem gebetet hatte, das koptische Kloster auf dem Dach eines Seitenflügels der Grabeskirche, das in jedem Reiseführer steht, aber so versteckt liegt, dass es kaum jemand findet, und das armenische Viertel in der Altstadt. Ich hatte noch nie Armenier getroffen, Angehörige der ältesten christlichen Kirche. Und über den Völkermord an den Armeniern im Jahr 1915, der bis heute von den Türken geleugnet wird, hatte ich nur bei Franz Werfel (»Die vierzig Tage des Musa Dagh«) gelesen. In Jerusalem traf ich die Nachkommen der Überlebenden und Davongekommenen. Ich kann nicht behaupten, ich sei in Jerusalem dem Gottvater nähergekommen, aber ich erfuhr einiges über seine vielen Kinder, das ich vorher nur aus zweiter Hand gehört hatte.

Jerusalem ist ein Rummelplatz der Religionen. Und weil ich schon immer eine Schwäche für Kirmes und Zirkus, für Clowns und Akrobaten, Feuerschlucker und Seiltänzer hatte, gefiel es mir auch in Jerusalem ausgesprochen gut. Wenn man Religionen als spirituellen Zeitvertreib sieht, dann kann man auch als Atheist oder Agnostiker Spaß an religiösen Ritualen haben.

Zum Pessachfest, an dem Juden den Auszug aus Ägypten vor über 3000 Jahren feiern, darf acht Tage lang nur »ungesäuertes Brot« gegessen werden, die sogenannten Mazzen, dünne Fladen, die wie Knäckebrot schmecken, nämlich nach nichts. Ich esse die kalorienarmen Mazzen das ganze Jahr über, aber ausgerechnet zu Pessach habe ich immer einen Heißhunger nach allem, was nach richtigem Brot schmeckt und riecht. Also wurde ein Stapel von Pitas im Kühlschrank eingelagert. Am Ende des Pessachfestes waren die Pitas alle, und ich machte antizyklisch mit meiner Mazzen-Diät weiter.

Der kulinarische Höhepunkt des Jahres war freilich Ramadan, der islamische Fastenmonat. Nach Sonnenuntergang fuhren wir nach Betlehem und halfen Dschamil und seiner Familie beim Fastenbrechen. Dschamil war ein säkularer Muslim, aber auf das Fastenbrechen mochte er genauso wenig verzichten wie auf den Whisky am Nachmittag. Bei Unmengen von Lamm, Huhn, Hummus, Tabule, Tahina, Kubbe, Reis und Bergen von Süßigkeiten erklärten wir den Nahost-Konflikt für beendet. Gelobt sei der Herr! Allahu akbar! Baruch haschem!

Es gehört zum Jerusalem-Syndrom, dass man zu relativieren lernt. Was in Tel Aviv verrückt wäre, das ist in Jerusalem normal, und umgekehrt. Ein Exzentriker wie Menachem Froman würde sich in Tel Aviv nicht auf die Straße trauen, in Jerusalem bewegt er sich nicht nur frei umher, er hält auch Vorträge und gilt als origineller Denker. Ginge es nach Rabbi Froman, würde nicht das Land, sondern die Macht in Palästina geteilt werden. Sein Plan sah die Bildung zweier Staaten auf demselben Territorium vor, quasi übereinander, mit zwei Regierungen, zwei Parlamenten, zwei gesetzlichen Systemen, einem für die Israelis und einem für die Palästinenser. Den Einwand, so etwas habe es in der Geschichte noch nie gegeben, tat er souverän ab. Das wäre doch nur ein weiterer Grund, es zu versuchen.

Während Froman fest davon überzeugt war, dass man mit den Islamisten verhandeln müsse, dachte Jeschajahu Leibowitz ähnlich radikal, wenn auch in eine andere Richtung. Der mehrfach promovierte Naturwissenschaftler und Religionsphilosoph, 1903 in Riga geboren, war wie Froman ein gesetzestreuer orthodoxer Jude, setzte sich dennoch oder deswegen für eine strikte Trennung von Staat und Religion ein und behauptete immer wieder, Israel habe den Sechstagekrieg am siebten Tag verloren, als es beschloss, die eroberten Gebiete zu behalten. Leibowitz' größte Freude aber war es, populäre Mythen auseinanderzunehmen, zum Beispiel die von vielen Christen, Juden und Muslimen immer wieder vertretene Überzeugung, Jerusalem sei die Wiege der monotheistischen Religionen. »Unsinn«, knurrte er, »das Judentum und der Islam sind nicht in Jerusalem entstanden, und das Christentum ist nur bedingt eine monotheistische Religion.« Es war, als würde man mit einer Nadel in einen Luftballon stechen, es machte »peng!«, und zurück blieben entgeisterte Gesichter.

Es dauerte ein paar Jahre, bis der Reiz des Verrückten langsam der Erkenntnis wich, dass ein Leben an der Grenze zur Wirklichkeit nicht nur lustig, sondern auch anstrengend ist. Ging ich anfangs am Samstag gern zur Klagemauer, um mir den Aufmarsch der Frommen anzusehen, zog ich es später vor, nach Jericho im Westjordanland oder nach Abu Ghusch zu fahren, ein israelisch-arabisches Dorf westlich von Jerusalem, um dort mit Freunden unter Palmen zu tafeln. Denn wer am Samstag in Jerusalem ausgehen und essen wollte, der konnte sich auch gleich hinsetzen und auf die Ankunft des Messias warten. Die Stadt begab sich am Freitagnachmittag zur Ruhe und wachte erst am Samstagabend auf. Das hat sich inzwischen geändert, heute werden in Jerusalem auch am Sabbat viele Alternativen zur religiösen Auszeit angeboten, es gibt Cafés und Restaurants, in denen man gut und garantiert unkoscher essen kann.

Einiges freilich hat sich nicht geändert und wird wohl auch so bleiben. Es gibt am Sabbat keinen öffentlichen Nahverkehr im jüdischen Teil der Stadt. Wer kein Auto hat, bleibt daheim, und wer ein Auto hat, der fährt nach Tel Aviv an den Strand. Oder wenigstens in die Altstadt, auf einen arabischen Kaffee und eine Portion frischen Knafie, einen Kuchen aus Ziegenkäse, Milch und Zucker. Nur: Einen Parkplatz in der Nähe der Altstadt zu finden ist am Samstag praktisch unmöglich. Es gibt zwar ein neues und geräumiges Parkhaus am Jaffa-Tor, aber das gehört der Stadtverwaltung und ist am Samstag geschlossen. Die Stadt kann private Autofahrten zwar nicht verbieten, aber sie ist gehalten, keine Beihilfe bei der Verletzung des vierten Gebotes zu leisten. Also bleibt das Parkhaus zu, und die Autofahrer kurven um die Altstadt, verpesten die Luft und werden immer aggressiver.

Auch das ist Jerusalem. Gad Granach hat einmal gesagt: »Würde man die Stadt überdachen, wäre sie eine geschlossene Anstalt.«

TEIL V

BÜHNE DER WELTPOLITIK

OFFENE WUNDE

Als Israel 1967 Ost-Jerusalem erobert und damit die ganze Stadt beherrscht, bricht eine nationale Euphorie aus. Doch der Triumph hat die Aussicht auf Frieden praktisch vernichtet.

Von Tom Segev

Im Jerusalemer Telefonbuch steht bis heute die Nummer der israelisch-jordanischen Waffenstillstandskommission, die 1949 eingesetzt wurde. Wer die Nummer 6734223 wählt, erreicht eines der Uno-Büros in der Stadt, aber die Waffenstillstandskommission selbst wurde vor über 40 Jahren aufgelöst. Das ist nicht weiter überraschend: In der über 4000 Jahre alten Heiligen Stadt halten sich Fiktionen und Legenden, Mythen, Illusionen und Phantasien, die nie verschwinden werden.

1947 ging die britische Verwaltung Jerusalems ihrem Ende entgegen, und die Vereinten Nationen beschlossen, die Stadt unter internationale Verwaltung zu stellen. Auf dem Papier ist dieser Beschluss noch heute gültig, und auch er ist eine historische Fiktion.

In Wirklichkeit kam es zum Krieg zwischen Juden und Arabern. Die Kämpfe tobten von Haus zu Haus, von Viertel zu Viertel und führten zur Teilung der Stadt: Araber, die im Westen wohnten, mussten in den Osten übersiedeln, Juden, die im Osten wohnten, mussten im Westen unterkommen, nachdem viele von ihnen rund ein Jahr in jordanischer Gefangenschaft verbracht hatten. Die einen wie die anderen verloren ihr ganzes Hab und Gut. Die folgenden 20 Jahre zog sich ein Trennstreifen mit Minen, Stacheldraht und zerstörten Häusern durch die Stadt. Den Westteil machte Israel zu seiner Hauptstadt, der Ostteil stand unter jordanischer Verwaltung.

Das geteilte Jerusalem lebte in der angespannten Lage einer Grenzstadt. Schutzmauern, die man im israelischen Unabhängigkeitskrieg 1948 an den Hauseingängen errichtet hatte, wurden nicht abgerissen. Sogar in der großen Straße, die nach dem britischen König George V. benannt war, stand eine Betonwand mit Schießscharten. Die Grenzlinie verlockte Touristen zu waghalsigen Exkursionen. An einigen Stellen konnte man jordanische Legionäre ausmachen; man durfte keine Kameras auf sie richten, damit sie nicht etwa mit Schüssen reagierten. Die Jordanier feuerten öfter mal, es gab auch Tote. Schwere Vorkommnisse wurden im Uno-Sicherheitsrat verhandelt. Örtliche Ereignisse ließen sich in der Waffenstillstandskommission regeln.

Die Teilungslinie der Stadt war auf der Landkarte mit einem schlecht gespitzten Bleistift gezogen worden: Im Laufe der Zeit kamen unzählige Debatten darüber auf, wem das Gebiet gehörte, das der Bleistiftstrich auf der Karte abdeckte – ein paar Dutzend Meter breit. Das war das Niemandsland. Spinner aus aller Herren Länder und Kinder überschritten nicht selten irrtümlich die Grenze oder drangen absichtlich ins Niemandsland ein, um Kupferschrott zu sammeln, den man verkaufen konnte. Gelegentlich traten sie auf Minen.

Unweit der Südwestecke der Altstadtmauer reichte der Garten des großen französischen Klosters Notre Dame über die Grenze: Das Gebäude stand auf israelischem Gebiet, der Garten lag im Niemandsland. Eines schönen Tages im Jahr 1956 saß eine alte Frau in einem der oberen Stockwerke des Klosters am Fenster und genoss den Blick auf den gegenüberliegenden Ölberg, als sich plötzlich ihre Zahnprothese löste und in den Garten fiel. Für die Wiederbeschaffung des Verlusts waren internationale Absprachen erforderlich: Ein französischer Offizier mit weißer Fahne, ein israelischer und ein jordanischer Offizier begaben sich in Begleitung einiger Nonnen hinunter ins Niemandsland und stöberten zwischen den Disteln und Dornen. Die aufgeregte alte Dame dirigierte sie von oben. Schwester Augustine fand das verlorene Gebiss und setzte es der alten Frau wieder ein.

In den 19 Jahren, in denen die Stadt geteilt war, gab es kaum Kontakte zwischen ihren jüdischen und arabischen Einwohnern. Jerusalem bestand praktisch aus zwei Städten und verlor die zentrale Stellung, die es in der britischen Mandatszeit eingenommen hatte. Aufgrund des Waffenstillstandsabkommens hätten die Jordanier den Juden gestatten müssen, an der Klagemauer zu beten – die heiligste Stätte der Judenheit lag nun im jordanischen Teil. Israel hätte den Jordaniern erlauben müssen, die Straße nach Betlehem, das unter jordanischer Verwaltung stand, zu benutzen. Beide Seiten verstießen gegen das Abkommen. Die Araber hatten eine andere Route nach Betlehem, die Juden mussten auf das Gebet an der Klagemauer verzichten.

Bürger von Drittstaaten und Araber mit israelischer Staatsangehörigkeit durften von einem Teil der Stadt in den anderen wechseln; alle zwei Wochen wurde auch einem israelischen Konvoi unter Uno-Schutz die Fahrt durch jordanisches Gebiet in die israelische Enklave auf dem Skopusberg gestattet, auf dem der Campus der Hebräischen Universität lag. Auch das war eine Fiktion: Die meisten Mitfahrer waren nicht etwa Wissenschaftler, Bibliothekare oder Polizisten, wie es das Abkommen vorsah, sondern verkleidete israelische Soldaten. Die Universitätsgebäude dienten als Beobachtungsposten, nicht als Vorlesungs- und Forschungsräume.

In den Jahren der Teilung verdoppelte sich die israelische Einwohnerzahl auf 200 000. Die Zugezogenen stammten in der Mehrzahl aus arabischen Staaten, die sie in Folge des 1948er Krieges hatten verlassen müssen. Die meisten mussten alles aufgeben, viele konnten nicht lesen und schreiben. Sie kamen anfangs in verlassenen arabischen Häusern unter, dann in eigens errichteten Zeltstädten, und schließlich baute man für sie einfache, hässliche Wohnblocks, die sich alsbald in Armenviertel verwandelten. Die meisten Einwohner lebten auf Kosten der öffentlichen Hand – Bedürftige, die diese oder jene Beihilfen bekamen, Ultraorthodoxe, die aus der Gemeindekasse unterstützt wurden, Lehrer und Beamte.

Obwohl das israelische Jerusalem politische Hauptstadt und Sitz der angesehenen Hebräischen Universität war, blieb es eine verstaubte, etwas schäbig wirkende Provinzstadt. Durch die Straßen wirbelte Abfall, die Mülltonnen quollen über oder fehlten völlig. Überall saßen Bettler – eine Plage der Stadt. Die unförmigen, lauten Stadtbusse stießen erstickende Qualmwolken aus, waren im Winter ungeheizt, im Sommer nicht klimatisiert, die Fenster ungeputzt, Boden und Sitze verdreckt. Die Stadt zergliederte sich in einzelne Viertel, oft weitab vom Zentrum, das gerade mal aus drei Straßen bestand. Die Häuser waren überwiegend zwei- oder dreistöckig, die meisten Ladengeschäfte klein. Es gab in der Stadt kaum Industriebetriebe, und die Kaufkraft war gering.

Die meisten Staaten der Erde hielten sich zumindest formal an den Uno-Teilungsbeschluss und weigerten sich, Jerusalem als Hauptstadt Israels anzuerkennen. Als Botschaftssitz bestimmten sie überwiegend Tel Aviv. Jeden Mittwoch oder spätestens Donnerstag verließen auch die meisten Knessetabgeordneten, Minister und hohen Beamten die Stadt und fuhren zum Sabbat zurück nach Tel Aviv.

Die Einwohnerzahl des arabischen Jerusalem war viel niedriger als die des israelischen Teils. In den Jahren 1949 bis 1967 stieg ihre Zahl von 42 000 auf 70 000. Etwa die Hälfte der Zugezogenen waren Flüchtlinge, die aus dem israelischen Gebiet geflohen oder vertrieben worden waren. Das Leben spielte sich in den Mauern der Altstadt und in den umliegenden Dörfern ab. Die Jordanier machten Jerusalem nicht zu ihrer Hauptstadt. Auch dort entstanden kaum Industriebetriebe. Viele Einwohner ernährten sich von der Landwirtschaft oder von Pilgerwesen und Tourismus. Sie erzählten gern, dass es in der Stadt mehr Esel als Autos gab.

Wie in Berlin wuchs auch in Jerusalem eine Generation auf, die in ihrer Jugend von der Teilung der Stadt geprägt wurde. Beiderseits der Grenze träumten manche Menschen von Rückkehr. Sie lebten mit dem Gefühl, eingeschlossen zu sein, stiegen auf

Türme, um von dort einen Blick auf die verbotenen Gebiete zu ergattern, als lägen sie auf der dunklen Seite des Mondes.

Die Palästinenser träumten vornehmlich von der Rückkehr in die Häuser und Viertel, die sie im Westen der Stadt verloren hatten. Viele bewahrten ihre alten Hausschlüssel auf und gelobten Wiederkehr. Viele wohnten einstweilen in Häusern, die ursprünglich Juden gehört hatten. Auch zahlreiche Israelis versuchten an dem Glauben festzuhalten, dass sie ihren verlorenen Besitz wiederbekommen würden, und träumten von der Rückkehr an die Stätten, die ihnen heilig waren.

Die zionistische Bewegung leitete nicht nur ihren Namen von Zion – das steht für Jerusalem – ab, sondern identifizierte sich auch mit dem fast 2000-jährigen jüdischen Traum, in die Stadt zurückzukehren, die als Kernstück des Landes der Väter galt. Viele führende Köpfe der Bewegung, darunter Theodor Herzl, Chaim Weizmann und David Ben-Gurion, verabscheuten die Stadt, weil sie vorwiegend orthodoxe Juden anlockte, die den modernen Zionismus als Gotteslästerung betrachteten. Kulturell und politisch gesehen war nicht Jerusalem die Hauptstadt des Zionismus, sondern Tel Aviv.

Trotzdem teilten auch die Zionisten die Sehnsucht nach einem vergeistigten, himmlischen, konzeptuellen Jerusalem. Das war ein starkes Gefühl, das dem »wahren Jerusalem« mit den heiligen Stätten des Judentums galt, aber das war nun mal der arabische Teil der Stadt.

Der Umstand, dass die Israelis den Zugang zur Klagemauer, zum historischen Friedhof auf dem Ölberg und zu den übrigen heiligen Stätten verloren hatten, blieb eine Wunde, die nicht heilen wollte; viele hatten das Empfinden, das wahre Jerusalem sei ihnen abhandengekommen. Das war nicht nur ein religiöses Gefühl. Im Krieg von 1948 hatte Israel versucht, die ganze Stadt zu erobern, das heißt auch die Altstadt und die übrigen arabischen Viertel. Dieses Vorhaben scheiterte, die Niederlage wurde als schmachvolles militärisches und nationales Versagen gewertet. Einige hohe Militärs schoben die Schuld auf David

Ben-Gurion, den ersten Regierungschef Israels, und trafen Vorbereitungen für eine zweite Runde.

Eine Instruktionsbroschüre für Kundschafter, 1959 vom Militär herausgegeben, enthielt 20 Fotos von Jerusalem, darunter jedoch nur zwei, die den israelischen Teil zeigten. 1967 entlud sich die angestaute Frustration vulkanartig: In jenem Juni eroberte Israel den arabischen Teil der Stadt, und seither steht sie ganz unter israelischer Verwaltung.

Die Spannungen, die im Juni 1967 zum Sechstagekrieg führten, hatten an der Nordgrenze zwischen Israel und Syrien begonnen und waren dann auf die Südgrenze zwischen Israel und Ägypten übergesprungen. Der Krieg zwischen Israel und Ägypten war vor allem deshalb unvermeidbar, weil die meisten Israelis den ägyptischen Vernichtungsdrohungen Glauben schenkten. Diese authentische Furcht, die auf den Holocausterfahrungen beruhte, veranlasste Israel, die Ägypter in einem, wie man damals sagte, »Präventivschlag« anzugreifen. Jordanien trat in den Krieg ein, und am Morgen des 5. Juni bombardierten seine Truppen West-Jerusalem.

Israel hätte auf diesen Angriff nicht unbedingt mit der Eroberung des arabischen Teils von Jerusalem reagieren müssen. Als die Entscheidung dafür fiel, war die Bedrohung im Süden bereits ausgeräumt, denn die ägyptische Luftwaffe war vollständig zerstört. Jordanien wiederum konnte Israels Existenz nicht gefährden. Deshalb lässt sich kaum sagen, dass Israel Ost-Jerusalem (und das Westjordanland) aus derselben Existenzangst heraus eroberte, die den Angriff auf Ägypten motivierte. Im Gegenteil: Das Triumphgefühl an der Ägyptenfront belebte die Phantasie der Entscheidungsträger in Jerusalem.

Ein Blick in die Protokolle der Sitzungen, in denen die israelische Regierung die Eroberung Ost-Jerusalems beschloss, zeigt, wie irrational die Entscheidung war. Keiner der Minister sprach die Frage an, warum es für Israel empfehlenswert wäre, Ost-Jerusalem unter seine Verwaltung zu bringen. Die Minister erhielten keine geordneten Arbeitspapiere, prüften keine Alternativen. Sie schickten sich an, die Eroberung der für Milliarden Christen und Muslime in aller Welt heiligsten Stätten zu beschließen, zogen aber nicht einmal einen Experten für Völkerrecht zu Rate. Praktisch stellten sich juristische Fragen gar nicht: Als die Möglichkeit, »das wahre Jerusalem« zu erobern, ins Blickfeld trat, blieb nur noch, über das Wie und das Wann zu beschließen. Es war eine Entscheidung aus dem Bauch, vom Herzen, nicht mit dem Verstand.

Die Euphorie, die Israel bei der Eroberung der Klagemauer ergriff, war schier unbeschreiblich; das ganze Land war in Tränen aufgelöst. Hatten die Leute vor dem Krieg geglaubt, ihre Vernichtung stehe bevor, so glaubten sie jetzt, der Erlösung entgegenzugehen. Die Eroberung der Altstadt wurde als Korrektur eines historischen Unrechts aufgefasst: In einer Militärverlautbarung hieß es, sie sei »in Feindeshand gefangen« gewesen, und die israelischen Soldaten hätten »dem Volk den geraubten heiligen Ort wiedergegeben«.

Die Israelis gingen mit Hochdruck daran, ihre Präsenz im Osten der Stadt zu zementieren. Als Erstes rissen sie das arabische Wohnviertel ab, das an die Klagemauer grenzte, und schufen einen riesigen Gebetsplatz. Innerhalb von zwei, drei Wochen besuchten eine Million tiefberührte Israelis den Ort. Hausbesitzer im jüdischen Viertel der Altstadt erhielten ihr Eigentum zurück, das Viertel wurde restauriert. Um die arabischen Bezirke baute man einen Gürtel neuer Wohnviertel, die für mehrere Zehntausend Israelis bestimmt waren.

Die arabischen Einwohner konnten israelische Staatsbürger werden, aber die meisten begriffen noch gar nicht, dass die Israelis für immer dableiben würden. So begnügten sie sich vorsichtshalber mit dem Einwohnerstatus. Diesen Status besitzen sie noch heute.

Die palästinensischen Widerstandsorganisationen agierten vorwiegend außerhalb Israels etwa mit Flugzeugentführungen. In Jerusalem gab es anfangs nur relativ wenige Terroranschläge. Das beförderte den Mythos von der »aufgeklärten Besatzung«, der verbunden ist mit dem 2007 verstorbenen Bürgermeister Teddy Kollek.

Etwa zwei Stunden nach Eroberung der Altstadt – hier und da fielen noch Schüsse – platzte Kollek in das Büro des frischernannten Militärgouverneurs mit der Anweisung, sofort die Milchversorgung für die Einwohner der arabischen Stadt zu organisieren. Diese Geschichte gehört zu einer ganzen Sammlung von Legenden, denen zufolge die Besatzung nur dazu bestimmt zu sein schien, die Alltagsprobleme der Einwohner, gleich ob Juden oder Araber, zu lösen, ihre Lebensqualität zu heben und den Frieden voranzutreiben. Der dynamische, charismatische und charmante ehemalige Wiener, der mit einem Schlag »Mister Jerusalem« wurde, verstand es meisterhaft, die Eroberung der Stadt als humanitäre, fast religiöse Aufgabe zum Wohl der gesamten Menschheit darzustellen. Tatsächlich glich die Stadt einem aus dem Schlaf erwachten Dornröschen.

Kolleks Grundeinstellung zu den Arabern der Stadt entsprach der Einstellung David Ben-Gurions gegenüber den Arabern des Landes. Wie auch zahlreiche andere Israelis hätten beide Jerusalem gern ohne Palästinenser gesehen. Wenn Kollek gekonnt hätte, wäre er aktiv geworden, um sich ihrer zu entledigen, wie Ben-Gurion es 1948 mit den meisten arabischen Einwohnern des späteren israelischen Staatsgebiets getan hatte. Als Realist wusste der Bürgermeister jedoch, dass er sie nicht loswerden konnte. Die Annexion Jerusalems erschien ihm als Prüfstein für die Fähigkeit von Juden und Arabern zusammenzuleben; er ging davon aus, dass die Juden bleiben und die Araber deren Herrschaft notgedrungen akzeptieren würden.

In den folgenden 40 Jahren stieg die Einwohnerzahl um das Zweieinhalbfache, von 266 000 auf 733 000. Gut die Hälfte der Juden wohnt heute in den Gebieten, die 1967 erobert wurden, doch nur vereinzelte Araber leben im Westen der Stadt. Aber die jüdische Mehrheit, die damals 75 Prozent betrug, ist auf 65 Prozent gesunken. Dieser Rückgang war einer der Anlässe für den Bau der hohen Sperrmauer im Osten Jerusalems, die 40 000 Araber außen vor lässt. Der erklärte Grund war die Notwendigkeit, Terroristen zu stoppen. Praktisch wurde die Stadt neu geteilt.

Menschlich gesehen war sie nie vereint, sondern eine Art Mosaik in sich abgeschotteter Gemeinden, die ihr Eigenleben führten. So blieb es auch nach der Eroberung des Ostteils. Araber kamen zur Arbeit in den Westen, Juden besuchten die Altstadt. Israelis und Araber lagen und liegen manchmal Seite an Seite im Krankenhaus, und es war und ist nicht ungewöhnlich, dass ein arabischer Arzt die Patienten behandelt. Aber wie früher lebten sie nebeneinander, niemals miteinander.

In Wirtschaft, Politik und Schulsystem bewegen sich die beiden Bevölkerungsgruppen auf getrennten Bahnen. Die meisten Israelis sprechen kein Arabisch, die meisten Araber beherrschen das Hebräische nicht. Ein paar Tage im Jahr haben sie nicht mal dieselbe Uhrzeit: In Ost-Jerusalem richtet sich die Sommerzeit nach dem Usus der arabischen Länder, in Israel nicht. Eine Linie des Misstrauens trennt beide Stadtteile, unsichtbar, aber häufig spürbar.

Im Juni 1967 legte sich kein Mensch Rechenschaft darüber ab, was die Eroberung des arabischen Teils der Stadt politisch bedeutete. Rückblickend betrachtet, hat sie die Aussicht auf Frieden wohl vernichtet. Denn es wird keinen Frieden geben ohne die erneute Teilung der Herrschaft über Jerusalem, und kein Silberstreif am Horizont deutet darauf hin, dass Israel dem zustimmen könnte. Dabei ist nicht von einem wohlerwogenen Interesse die Rede, es geht vielmehr um ein tiefgreifendes nationales Gefühl. »Die Einheit Jerusalems« ist eine Idee, ein Ideal, ein nationaler Imperativ. Ja, man kann sagen, dass die Herrschaft über ganz Jerusalem ein Bestandteil der israelischen Identität ist.

Einmal wurde der ehemalige Ministerpräsident Ehud Barak im Urlaub fotografiert, vertieft in ein Buch mit 200 Vorschlägen zur Lösung des Jerusalem-Problems. Ein Problem, für das es 200 Lösungsmöglichkeiten gibt, ist vermutlich unlösbar. Jerusalem ist jahrtausendelang ein offenes Problem gewesen und könnte es die nächsten Jahrtausende auch bleiben.

Die politische und urbane Geschichte der Stadt hat gute und weniger gute Jahre gekannt. Die über vier Jahrzehnte seit der Eroberung des Ostteils 1967 zählen zu den schlechten Jahren seiner Geschichte. Mit Jerusalem ging es vor allem wirtschaftlich abwärts. Industrie und Handel entwickelten sich hauptsächlich im Zentrum des Landes. Alle Anstrengungen, Jerusalem zur Hightech-Hauptstadt Israels zu machen, sind fehlgeschlagen. Trotzdem sind die Wohnungspreise in der Stadt stark gestiegen, vor allem weil viele Menschen aus aller Welt in Jerusalem eine Zweitwohnung besitzen.

Junge Leute, die es sich erlauben können, verlassen die Stadt; so wird sie noch mehr geschwächt. Die Wegziehenden sagen, Jerusalem biete ihnen keine anspruchsvollen Arbeitsplätze, und überhaupt sei die Stadt zu öde und verschlafen im Vergleich mit dem Schwung und der Jugend von Tel Aviv.

Viele ziehen in die Metropole am Meer, können sich dort aber nur schwer integrieren: Ihre Freunde sind überwiegend Ex-Jerusalemer wie sie selbst. Sie verlassen eine uralte Stadt, die auf Fels erbaut ist, im Gepäck politische Ernsthaftigkeit, oft auch religiöse Tradition und konservative Besorgnis. Das macht sie fremd in Tel Aviv, einer hundertjährigen Stadt, die auf Sand gebaut ist, leichtfüßig, unbekümmert, unideologisch. Eines nämlich muss man dieser so ungewöhnlichen Stadt Jerusalem lassen: Jerusalem ist keine bloße Adresse; Jerusalem stiftet Identität. Man kann sich ihr schwerlich entziehen.

Aus dem Hebräischen von Ruth Achlama.

VORSPIEL ZUM KRIEG

Die europäischen Mächte und Russland sichern sich im 19. Jahrhundert Einfluss im Heiligen Land – unter Berufung auf den Schutz der Gläubigen. Jerusalem wird zum Brennpunkt internationaler Machtpolitik.

Von Georg Bönisch

Fast vergessen ist er, dieser Krieg vor über 150 Jahren – obschon mit ihm ein neues, grauenhaftes Kapitel der Militärgeschichte begann. Russland und sein Despot Nikolai I., er trug den unheilvollen Beinamen »Gendarm Europas«, kämpften damals gegen das Osmanische Reich, gegen Briten, Franzosen und auch Sarden. Etwa eine halbe Million Menschen starben, viele von ihnen an Seuchen oder den katastrophalen Zuständen in den Lazaretten.

Der Tod im Krimkrieg, der 1853 bis 1856 vor allem an der Donau und im Kaukasus wütete, war auch die Folge neuer Waffen, erstmals kamen moderne Gewehre mit bis zu tausend Meter Reichweite zum Einsatz oder Granaten, die im Ziel explodierten.

Halb Europa wurde durcheinandergewirbelt nach diesem »unvollendeten, unausgefochtenen Weltkrieg«, wie ihn der Mainzer Historiker Winfried Baumgart nennt. Stabile Allianzen lösten sich auf, das europäische Machtgefüge verschob sich, und schon deshalb zählt er aus Sicht der Forscher zu jenen Großereignissen, die den Boden bereiteten für die Katastrophe, die 1914 ihren verheerenden Lauf nahm.

Auch in diesem Krieg ging es um Anspruch, Einfluss, um Macht. Der beginnende Zerfall des Osmanischen Reiches verlockte das auf Expansion bedachte Russland, den Sultan herauszufordern. Doch damit provozierte das Zarenreich auch die Konfrontation mit den europäischen Großmächten, die Konstantinopel aus eigenen Machtinteressen zur Seite sprangen.

Ausgelöst hatte den verheerenden Feldzug vordergründig ein religiöser Streit um die Frage, wer an den heiligen Stätten des Christentums die Nummer eins sei: die griechisch-orthodoxen Christen? Die Armenier? Oder die Katholiken?

Mönchsgezänk gab es ständig in Jerusalem, wer etwa darf in der Grabeskirche Reparaturen durchführen? Wer wo Nägel einschlagen? Wer an welcher Stelle Bilder aufhängen? Doch solche Streitigkeiten eskalierten schließlich 1847, zunächst in Betlehem. Dort war bei Handgreiflichkeiten zwischen orthodoxen und katholischen Geistlichen in der Geburtskirche jener silberne Stern abhandengekommen, der angeblich den genauen Geburtsort des Christuskindes markierte. Die Osmanen erlaubten es den Franziskanern, einen neuen Stern zu installieren – und die Russen als Schutzherren der griechisch-orthodoxen Kirche schäumten vor Wut.

»Wir haben es mit einem kranken Mann zu tun«, erklärte Zar Nikolai I. dem britischen Botschafter Hamilton Seymour, »einem sehr kranken Mann.« Daher stammt der Begriff, der zum geflügelten Wort werden sollte – der »kranke Mann am Bosporus«. Damit meinte Nikolai, dass das Imperium der Osmanen innerlich zerfallen sei.

Ein lächerliches Vorspiel eigentlich, das in der Forderung der Russen an den Sultan endete, sie wollten über Jerusalem hinaus für den Schutz aller orthodoxen Christen im Osmanischen Reich sorgen. Der wies das dreiste Ansinnen zurück, und so begann der blutige, an den heiligen Stätten ausgelöste Krimkrieg.

Jerusalem und Palästina waren mit dem französischen Feldzug 1798/99 wieder in den Blickpunkt der europäischen Mächte gerückt. Sie besannen sich seit den vierziger Jahren des 19. Jahrhunderts stärker als zuvor auf die Heilige Stadt. Das Ziel war aber kein militärisches, sondern es ging darum, bemerkt die Islamwissenschaftlerin Gudrun Krämer, Jerusalem »religiös, politisch und kulturell zu besetzen«.

Politik hatte immer schon auch mit Religion zu tun, und so trat nun Russland als Schutzpatron der orthodoxen Kirche auf, Frankreich bekümmerte sich um die Katholiken, Großbritannien um Juden und Protestanten; auch die Preußen, evangelisch geprägt wie die Briten, zeigten großes Interesse. Den Diplomaten Christian von Bunsen überkam gar um 1840 die Vision, es könne der Wille des Herrn sein, »dass die beiden protestantischen Hauptkirchen Europas« – Lutheraner und Anglikaner – »in Jerusalem einander über dem Grab des Erlösers die Hand der Freundschaft reichen«.

Dies blieb ein Traum, Realität aber war, dass das Vehikel Religion natürlich den europäischen Großmächten diente, um sich in Jerusalem zu positionieren – und damit im Nahen Osten. »Seit der Zeit der Kreuzzüge«, fand der israelische Historiker Alex Carmel, habe die »christliche Welt keine ähnliche Gelegenheit gehabt, die Herrschaft des Heiligen Landes in ihre Hände zu bekommen«. Geld wurde ins Land gepumpt, riesige Beträge für Kirchen, Klöster, Konvikte. All dies diente dem Glauben, egal welcher Prägung. Und der Politik. Imposante Bauwerke sollten zeigen, dass man mächtig vertreten war.

Zu Beginn des 19. Jahrhunderts war Jerusalem, neben Akko, mit etwa 10 000 Einwohnern die größte Stadt Palästinas, heilig zwar, aber kaum attraktiv, eher tiefe Provinz. Palästina gehörte zu Syrien, und Syrien zum Osmanischen Reich. Dass Jerusalem dann 1831 »mit aller Gewalt auf die diplomatische Bühne trat«, wie es der britische Historiker Bernard Wasserstein formuliert, war die unmittelbare Folge der Eroberung Palästinas durch den ägyptischen Herrscher Mohammed Ali, formal Gouverneur des osmanischen Sultans. Ende des Jahres rückte eine 90 000 Mann starke ägyptische Armee ein.

Nur kurzzeitig konnten 1834 aufständische Bauern aus Nablus, die von Jerusalemer Notabeln tatkräftig unterstützt wurden, die Invasoren vertreiben. Nach dem erneuten Einmarsch errichteten die Ägypter in Jerusalem eine Garnison mit 3000 Soldaten. Damit konnte jeder Widerstand mit Leichtigkeit unterbunden werden;

bis 1840 hielten Besatzer die Stadt in eisernem Griff. Die Jahre der Ägypter hier sind wichtig für das, was später geschah. Zum einen modernisierten ihre Beamten die rückständige Verwaltung – und sie sorgten dafür, dass Christen und Muslime rechtlich so gut wie gleichgestellt wurden, Christen durften nun öffentliche Ämter bekleiden. Auch die Lage der Juden besserte sich.

Die neue Liberalität zeigte sich an einem Vorgang, der gewiss außergewöhnlich war. Geistliche aller drei christlichen Hauptgemeinden – Katholiken, Griechisch-Orthodoxe, Armenier – erhielten einen Schlüssel für das Tor zur Grabeskirche, erstmals seit dem Jahr 1289.

Zum anderen war deutlich spürbar, dass die hohe Politik in Bewegung geriet. Die wachsende Macht der Ägypter zeigte nämlich, dass die Osmanenherrschaft immer maroder wurde, gleichzeitig erhöhte sich das Interesse der miteinander rivalisierenden europäischen Mächte an der Region. Im Jahr 1838 errichteten die Briten ein Konsulat in Jerusalem, vordergründig, um sich stärker für Juden einsetzen zu können, doch das Motiv dürfte eher ein strategisches gewesen, nämlich vor Ort die Männer des Zaren und des französischen Königs besser im Auge zu haben. Die Franzosen, die zuvor bereits einmal diplomatisch vertreten waren, folgten 1843, im selben Jahr auch Preußen und das Königreich Sardinien, dann die Vereinigten Staaten von Amerika (1844), Österreich (1849) und Russland (1853). Schließlich kamen Schweden, Norweger, Dänen und Portugiesen, Belgier und Niederländer – und Perser.

In jener Zeit also begann das europäische Interessengeflecht um Jerusalem herum sich erheblich zu verfestigen, es blieb noch Jahrzehnte prägend, bis zum Ausbruch des Ersten Weltkriegs. Die Ägypter hatten sich bereits 1840 zurückziehen müssen, auf Druck der Europäer (Frankreich ausgenommen). Dafür freilich hatten die Osmanen seit 1839 einen hohen Preis zu zahlen, nämlich den Erlass eines Dekrets, dessen hübsch klingender Titel – »das Edle Reskript der Rosenkammer« – die innere Dramatik seiner Wirkung überaus weich abfedert.

Denn sie mussten nun in ihrem gesamten Reich fortsetzen, was die Ägypter in Jerusalem und Palästina begonnen hatten: eine Reformpolitik, die versprach, alle Muslime und Nichtmuslime mit gleichen Rechten auszustatten, und dieses »Edle Reskript« gab den Europäern einen Hebel in die Hand. Jetzt konnten die Konsuln in Jerusalem die ihnen damit quasi eingeräumten Schutzrechte »zur Steigerung ihres Einflusses nutzen«, argumentiert Wasserstein. Also umsorgten die Russen orthodoxe Christen noch intensiver. Amerikanische und britische Missionare schleusten Protestanten ins Land. Lateinische und unierte Christen erfreuten sich der Nächstenliebe der Franzosen – bis die Italiener dann als Konkurrenten auftraten.

Der französische Außenminister François Guizot war es auch, der um 1840 einen bemerkenswerten Plan verfolgte. Er wollte Jerusalem zu einer »christlichen Freien Stadt« machen, ähnlich der Freien Stadt Krakau, die der Wiener Kongress unter dem Protektorat Preußens, Russlands und Österreichs eingerichtet hatte. Der Vorschlag des Ministers – im Übrigen war er Protestant, fast ein Treppenwitz – beruhte auf dem Gedanken, die historischen Verbindungen zwischen Frankreich und der katholischen Kirche könnten seiner Nation im Heiligen Land erhebliche Vorteile verschaffen.

Selbstredend lehnte Guizots britischer Kollege Henry Palmerston solche Überlegungen ab, auch der österreichische Staatskanzler Metternich sagte nein zu einem Krakau in Nahost. Der Plan, in Jerusalem eine unabhängige christliche Gemeinde zu schaffen, schien vollends ins Abseits zu geraten, als auch Guizots Gebieter, der französische König Louis Philippe, sie als »chimärenhaft und absurd« abtat.

Jedoch, Guizots Idee war nicht gänzlich tot. Sein Plan jedenfalls fand, in revidierter Form zumindest, kurz darauf einen durchaus gewichtigen Fürsprecher – Preußens König Friedrich Wilhelm IV., der im Juni 1840 den Thron bestiegen hatte. Einige Monate später, der Rückzug der ägyptischen Truppen hatte ein, so Wasserstein, »einladendes Vakuum« hinterlassen, unterbreitete der Berliner Monarch den Vorschlag, die heiligen Stätten insgesamt, also Jerusalem, Betlehem und Nazaret, einer internationalen Verwaltung zu unterstellen: geführt von Russland, Frankreich, Großbritannien, Österreich und Preußen selbst. Für die christlichen Einwohner solle eine eigene Regierung installiert werden, forderte Friedrich Wilhelm, der Protestant. Das war durchaus ein Versuch, sich in Machtpolitik zu üben. Er wollte, gewissermaßen, einen Fuß in der Türe haben, denn zu jener Zeit lebten fast keine Lutheraner in Palästina, während Franzosen und vor allem Russen sich verantwortlich wähnten für Zehntausende Schutzbefohlene.

Der König in Berlin nahm seinen Vorschlag immerhin so ernst, dass er seinen Bruder nach Palästina schickte, um für ihn das Land und die Situation vor Ort zu erkunden, doch das katholische Österreich und Russland boykottierten das Projekt: Einen anderen, durchaus spektakulären Plan konnte Friedrich Wilhelm IV. freilich realisieren, immerhin für vier Jahrzehnte: die Errichtung eines preußisch-englischen Bistums in Jerusalem.

Als Unterhändler hatte er ebenjenen Christian von Bunsen auf die Insel entsandt; bis hoch zu Königin Viktoria fand der Botschafter und studierte Theologe rasch Befürworter. »Es kann nicht schaden«, schrieb die Monarchin an Metternich, »wenn wir in diesem Teil der Welt an dem religiösen Einfluss teilhaben, von dem die römischen Katholiken zu glauben scheinen, dass er allein ihnen zusteht.« Wir, die Anglikaner.

Die Briten sahen nicht nur die Chance, etwa die wachsenden Aktivitäten französischer Missionare kontern zu können, sie dachten auch in hohem Maße geopolitisch. Wenn das Osmanische Reich zusammengebrochen sei, und dies deutete sich erkennbar an, könnten in der Levante Europäer angesiedelt werden, hieß eine der Überlegungen – Lebensraum als Einflussraum. Dass die Osmanen der Errichtung dieses Bistums im Jahr 1841 tatsächlich zustimmten, sei eine »ganz ungewöhnliche Sensation«, kommentierte der »Schwäbische Beobachter«.

Der erste Bischof war der Anglikaner Michael Solomon Alexander, in Polen geboren und Professor für Hebräisch am Londoner King's College. Er traf im Januar 1842 mit einem Kriegsschiff, der »Devastation«, in einem palästinensischen Hafen ein; ursprünglich hatte die britische Admiralität angeboten, ihm die Fregatte »Infernal« zur Verfügung zu stellen. Alexander aber passte dieser Name nicht, weil er ihm offenbar zu aggressiv klang – dabei ist das Wort »Devastation«, also Verwüstung, Zerstörung, mitnichten milder.

Alexanders Aufgabe war formal zwar die »Oberaufsicht über den englischen Klerus und die englischen Gemeinden in Syrien, Chaldäa, Ägypten und Abessinien sowie weitere protestantische Gemeinschaften...«, jedoch in Ermangelung solcher Gemeinden und Geistlichen versuchte er vor allem, Juden zu missionieren, und er schaffte es auch, einige russische Juden zum Übertritt zu bewegen. Natürlich missfiel dies dem russischen Konsul.

Dieses Beispiel zeigt einerseits, wie selbstsicher und selbstverständlich die »Besatzer«, so nennt sie Gudrun Krämer, sich auf dem Territorium des Osmanischen Reiches gerierten. Andererseits macht es deutlich, dass in Jerusalem, dem »Kreuzungspunkt des historischen Antagonismus zwischen den Ost- und Westkirchen« (Wasserstein), ein friedliches Nebeneinander der Religionen nur ein unpolitischer Traum war.

TERROR, TENNIS UND TEATIME

Mehr als 30 Jahre lang herrschten die Briten in Jerusalem über Juden und Palästinenser. Doch das Empire scheiterte, auch durch eigene Fehler, am Konflikt der beiden Völker um das gleiche Stückchen Land.

Von Rüdiger Falksohn

Sir Edmund Allenby, General Seiner Majestät und Eroberer von Jerusalem, zelebrierte seinen Triumph auf britische Art. An der Altstadtmauer zügelte er sein Pferd, stieg ab und schritt zu Fuß durch das Jaffa-Tor – ein Seitenhieb auf den deutschen Kaiser, der 19 Jahre zuvor selbstherrlich hoch zu Ross in die Stadt eingezogen war.

Auf den Stufen der Davidszitadelle verlas Allenby an diesem 11. Dezember 1917 eine sorgfältig formulierte Deklaration: Die Stadt unterstehe nun britischer Militärhoheit, doch »jeder heilige Ort«, ob für Christen, Juden oder Muslime, werde »erhalten und beschützt«. An diesem Tag waren sich die jüdischen und arabischen Bewohner Jerusalems ungewohnt einig: Jubelnd begrüßten sie die britischen Sieger als Befreier von der Türkenherrschaft. Beide hofften nun auf bessere Verhältnisse – und Unabhängigkeit. Doch die konkurrierenden nationalen Interessen sollten schon bald blutig aufeinanderprallen. Der Konflikt zweier Völker, die das gleiche Land begehren, wurde zum Fluch der gut 30-jährigen britischen Mandatszeit in Palästina.

Hochkommissar Arthur Wauchope, einer von insgesamt sieben britischen Chefs in Jerusalem, verglich sich mit einem »Zirkusartisten«, der gleichzeitig auf zwei Pferden zu reiten versucht, von denen »das eine nicht schnell und das andere nicht langsam laufen kann«.

Allerdings säten die Briten selbst Zwietracht. Denn großspurig hatte die Kolonialmacht das kleine Land praktisch zweimal versprochen – zuerst den Arabern, denen sie als Dank für ihre Unterstützung im Kampf gegen die Türken die Unabhängigkeit in Aussicht stellten. Doch im November 1917 ergriff London Partei für die zionistische Bewegung Theodor Herzls und Chaim Weizmanns, die die in Europa lebenden Juden in ihrer biblischen Heimat Palästina ansiedeln wollte. Die Regierung Seiner Majestät unterstütze eine solche »nationale Heimstätte für das jüdische Volk«, versicherte der britische Außenminister Lord Arthur James Balfour in einem historischen Schreiben.

Die Araber, meinte er, könnten »diese kleine Nische, denn mehr ist es geografisch ja nicht«, wohl »entbehren«. Der Zionismus, »sei er richtig oder falsch«, sei »von weitaus größerer Bedeutung als die Wünsche und Meinungen der 700 000 Araber, die heute das Heilige Land bevölkern«. Beileibe nicht alle Briten dachten so, doch wie Balfour war auch Premier David Lloyd George ein bibelfester Christ, der offenbar nicht zuletzt von religiöser Empathie bewegt wurde.

Der Erste Weltkrieg hatte die Osmanen die Macht und sämtliche Besitzungen im Nahen Osten gekostet. Nun zogen die westlichen Siegermächte dort ein, nicht aber die Araber, die mit dem Ziel ihrer Unabhängigkeit gegen die Türken mitgekämpft hatten. Frankreich bekam den Libanon und Syrien, Großbritannien erhielt 1922 vom Völkerbund, dem Vorläufer der Uno, das Mandat für Palästina. Es enthielt den Auftrag, die Balfour-Erklärung »in die Tat umzusetzen« und so in Palästina eine »jüdische Heimstätte« zu schaffen.

Balfour hatte zwar kein eindeutiges Staatsziel formuliert, doch von nun an hatten die Zionisten beim Aufbau eigener Institutionen einen starken Partner an ihrer Seite. In der Jerusalemer King-George-Straße zog die »Jüdische Agentur« ein, mit Abteilungen für Einwanderung, Siedlungsbau, Wirtschaft, Erziehung, Kultur und Gesundheit, faktisch eine jüdische Regierung.

Underwood / Corbis

Eroberer zu Fuß: Am 11. Dezember 1917 betritt General Edmund Allenby die Heilige Stadt.

»Unser Lebensgefühl war, dass wir in einem jüdischen Staat lebten, der von einer Fremdmacht, den Briten, besetzt war«, erinnert sich Israels einstiger Botschafter in Deutschland, der 1935 geborene Avi Primor. Am Geburtstag des britischen Königs war schulfrei, die Juden Palästinas wohnten in selbstgegründeten Siedlungen, »in denen nur vereinzelt Nichtjuden lebten«.

Britanniens Statthalter kurvten im Rolls-Royce umher, sie führten die Teatime ein, entspannten sich beim Golfen, bei Tennis oder Kricket. Sie belebten Handel und Wirtschaft, schufen Arbeitsplätze und ein modernes Rechtssystem. In der ganzen Stadt durfte nur noch mit hellem Kalkstein gebaut werden – die Grundlage für Jerusalems einzigartiges Stadtbild. Jerusalem blühte auf, mit Kinos, Konzerten und Glanz in edlen Kaffeehäusern und Hotels.

Doch die breite arabische Bevölkerung profitierte von all den Neuerungen kaum. Das rückständige Leben auf den Dörfern, die patriarchalischen Strukturen blieben unangetastet. In Jerusalem gründeten die untereinander zerstrittenen arabischen Wortführer Nationalvereine, die erste Partei, Literaturclubs und eine Gewerkschaft. Doch gegen den Zionismus und seinen mit sozialistischen Elementen verknüpften europäischen Lebensstil, der arabischen Traditionen zuwiderlief, sahen sie mehr und mehr nur einen Weg – den Kampf. Der richtete sich bald auch gegen die Briten.

Schon 1920 kam es zur ersten Revolte, erfolglos, bloß einige isolierte jüdische Siedlungen gaben auf. Im selben Jahr formierte sich als Reaktion die erste Streitmacht der Juden, die Haganah. Neue Unruhen, bei denen Ende 1921 das jüdische Einwanderungszentrum in Jaffa angegriffen wurde, kosteten 47 Juden und 48 Arabern das Leben. Die Briten kartätschten alle Aufstände nieder. Hoch zu Ross und mit Panzern erstickten sie jede Gegenwehr, später setzten sie sogar Kampfflugzeuge ein.

Auf den Zionistenkongress von 1921 antworten die Araber noch im selben Jahr mit der Gründung eines »Obersten Islamischen Rates«, geleitet vom radikalen Jerusalemer Mufti Hadsch

Mohammed Amin al-Husseini. »Der Zionismus ist lediglich ein Zweig der imperialistischen Politik. Unser Volk muss daher den Kampf in erster Linie gegen die Ursache, das britische Mandat, richten«, verkündete später ein Panarabischer Kongress.

Trotz großer Anstrengungen emigrierten zwischen 1880 und 1929 von 3,5 Millionen europäischen Juden nur 120 000 nach Palästina, aber 2,9 Millionen in die USA. Immerhin wurde Hebräisch neben Englisch und Arabisch zur dritten Amtssprache im Lande. Eine eigene Agentur forcierte den Landkauf. Palästinensische Pächter wurden von Ländereien vertrieben, die ihre Vorfahren seit Hunderten Jahren beackert hatten – auch weil arabische Großgrundbesitzer an die Juden verkauften.

Der Unmut wuchs. Die Araber organisierten Streiks und begannen einen Partisanenkrieg mit Stoßtrupps, die fast 100 000 von jüdischen Siedlern gepflanzte Zitrus- und Olivenbäume sowie Weinstöcke abhackten. Im Massaker von Hebron 1929 ermordeten mit Knüppeln und Messern bewaffnete Araber 59 Juden. Doch auch die größte Revolte der Mandatszeit, 1936, hatte keine Chance. Die Briten brachten 28 000 Mann Verstärkung ins Land.

Zwischendurch versuchte das Empire, das Palästina-Problem diplomatisch zu lösen. Dazu reisten etliche königliche Kommissionen meist mit Frack und Zylinder an. 1936 brachten sie zunächst eine Teilung Palästinas ins Gespräch. Die Juden stellten zu dieser Zeit 30 Prozent der Bevölkerung. Später plädierten die Briten für einen gemeinsamen Staat.

Vor allem aber reglementierten sie nun den Zuzug von Juden. Palästina solle nicht »so jüdisch werden, wie England englisch« sei, mahnte London. In Nazi-Deutschland war die Judenverfolgung bereits im vollen Gange, da begrenzte 1939 die instinktlose Kolonialmacht die Einwanderung der Juden auf 75 000 für die nächsten fünf Jahre. Das Flüchtlingsschiff »Struma« zum Beispiel, mit 769 Juden an Bord, wurde im Februar 1942 aus Rumänien kommend von den Türken ins Schwarze Meer zurückgeschleppt, wo es von einem Sowjet-U-Boot torpediert wurde und sank.

Nur zwei Menschen überlebten und erreichten schließlich das Gelobte Land.

Radikale rechte Zionisten wie Abraham Stern sahen nunmehr »in den Deutschen nur den Feind, in den Briten aber den Erzfeind«. Der junge Untergrundführer Menachem Begin, später Premier Israels, erklärte den Briten 1944 offiziell den Krieg, sie »verdienen die Peitsche«. Es war die Stunde des jüdischen Terrors. Lord Moyne, der britische Kolonialminister, wurde in Kairo erschossen, Begins Männer sprengten im Juli 1946 das Hauptquartier der Briten im King-David-Hotel – 91 Tote.

Nach dem Zweiten Weltkrieg gab das wirtschaftlich geschwächte Großbritannien klein bei: »Palästina ist ein Mühlstein um unseren Hals«, erkannte Winston Churchills Kolonialminister. Die Briten gaben ihr Mandat an die Nachfolgeorganisation des Völkerbundes zurück. Am 29. November 1947 beschloss die Uno die Teilung Palästinas in einen jüdischen und einen arabischen Staat. Die Araber lehnten ab.

Erleichtert holten die Briten am 14. Mai 1948 ihre Fahne ein und zogen ab. Am selben Tag, noch bevor der letzte Brite das Land verlassen hatte, rief David Ben-Gurion den Staat Israel aus.

MEIN FEIND, DER FREUND

Die beiden schönsten Hotels der Heiligen Stadt trennen kaum zwei Kilometer – und doch Welten.

Von Erich Follath

Wenn ich an das King David Hotel denke, dann denke ich immer auch an Menachem Begin – und an mein Treffen mit dem Mann, der einst als Untergrundkämpfer einen Flügel dieses Hotels in die Luft gejagt hat.

Begin gewann, gut 30 Jahre nach seiner Terrortat, 1977 die israelischen Parlamentswahlen. Selbst als Premier weigerte er sich noch lange, Politikern aus Bonn die Hand zu schütteln. Deutschen Medien mochte er »aus Prinzip« keine Interviews geben. Er konnte und wollte nicht vergessen – einige seiner engsten Angehörigen waren von den Nazis ermordet worden.

Am 1. November 1978 bin ich mit Begin von Tel Aviv nach New York geflogen – als einziger Journalist auf dem Flug El Al 029, First Class. Mit seinem dunklen Pullover, den weiten Hosen und der Hornbrille sah er aus wie ein gemütlicher Rentner. Schwer zu glauben, dass auf seinen Kopf zu Zeiten des britischen Mandats in Palästina 10 000 Pfund ausgesetzt waren. Schwer vorstellbar auch, dass dieser Mann gerade erst für seinen Handschlag mit dem ägyptischen Präsidenten Anwar al-Sadat den Friedensnobelpreis erhalten hatte.

Als Begin sein Buch zur Seite legte, bat ich ihn um ein Interview. Er erkundigte sich nach meinem Arbeitgeber und schüttelte freundlich, aber entschieden den Kopf. Wollte er dann wenigstens eine Partie Schach spielen? Ich hatte ein Brett dabei. Begin nickte.

Wir spielten über vier Stunden lang. Nach der ersten Partie erkundigte ich mich, ob Begin mir vielleicht eine historische

 205

Frage beantworten könnte, ich hätte die letzte Nacht im King David verbracht. Wie dachte er heute über die Attacke von damals, über die vielen Toten? »Das habe ich alles schon in meiner Autobiografie erklärt«, sagte der Ministerpräsident steif. Das war's dann, dachte ich. Aber vor dem Anflug auf New York kam er noch einmal zu mir, bat um das Schachbrett, schrieb mit seinem schwarzen Filzstift darauf: »Lost twice, Menachem Begin.«

Seine Autobiografie »The Revolt« habe ich nachgelesen, ohne seine Argumentation nachvollziehen zu können. Der Bericht ist eine kühle Rechtfertigung der Tat, die 91 Menschen das Leben kostete. »Im King David Hotel befand sich 1946 auch das britische Hauptquartier, es war ein legitimes Ziel«, schreibt er. »Wenn du dein Volk liebst, musst du diejenigen hassen, die es unterjochen. Wenn du dein Land liebst, musst du diejenigen hassen, die es besetzen. Und du musst kämpfen, mit allen Mitteln – denn nur wer kämpft, der lebt.«

Wenn ich an das Hotel American Colony denke, dann denke ich auch an Jassir Arafat. 1988, kurz nach Beginn der

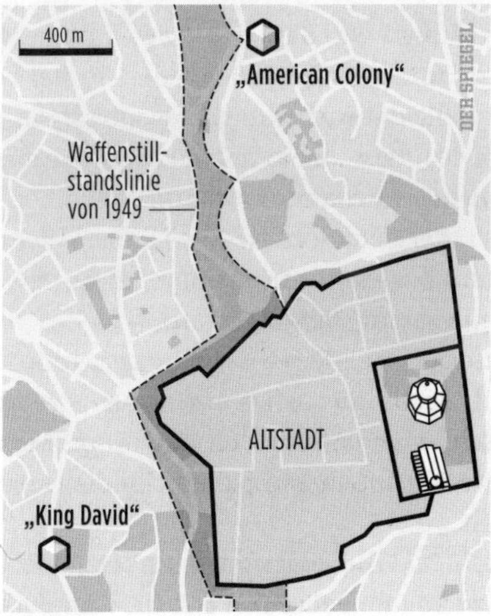

ersten Intifada, traf ich im Innenhof des alten Pascha-Palastes zwei Männer, die im Nahen Osten für Vernunft und Kompromissbereitschaft standen: Uri Avnery, linksliberaler israelischer Publizist und Friedensaktivist, und Faisal al-Husseini, dessen Großvater einst dieses herrschaftliche Haus gebaut hatte und dessen Onkel Großmufti, Judenhasser und Nazi-Freund war. Faisal selbst galt als wichtigster der gemäßigten Jerusalemer Palästinenserführer.

Wir sprachen über den Wortlaut eines kurz zuvor geführten Interviews mit Arafat. Avnery hatte sich meinem Trip ins PLO-Hauptquartier von Tunis angeschlossen, ein mutiger Schritt, denn nach israelischem Recht war »Kontakt mit Terroristen« strafbar. »Viel Neues hat Arafat ja nicht gesagt«, meinte ich. »Immer diese Leier: Ich bin kein Terrorist, ich kämpfe für eine gerechte Sache …«

Die beiden widersprachen, und gemeinsam hörten wir noch einmal in das Tonband. Avnery und Husseini hatten recht. Der PLO-Chef hatte einen Friedensplan für den Nahen Osten skizziert und erstmals die Anerkennung des Judenstaats in Aussicht gestellt.

Natürlich ahnten wir, dass der ewige Taktiker Arafat, wenn es ernst würde mit dem Frieden, wieder einmal zurückzucken würde. Aber vielleicht war es die Atmosphäre des Hotelgartens, der Duft des Oleanders, der strahlende Sonnenschein, über den die Steinquader ihre Schatten warfen – oder all das zusammen: Wir hatten geradezu euphorisch gute Laune. »Wenn der Frieden ausbricht, dann begießen wir das hier, im Garten des Colony«, sagte Husseini. Darauf stießen wir an.

Frühjahr 2009: Der Frieden ist nicht ausgebrochen. Vielleicht ist alles noch schlimmer gekommen, als wir es für möglich gehalten haben. Man könnte aber auch sagen, es geht einfach nur so weiter wie damals. Die Zukunft ist die Gegenwart ist die Vergangenheit.

Begin, Arafat und Husseini sind längst tot, Avnery, 85, schreibt bis heute kluge Kolumnen für den Frieden – immer weniger Israelis allerdings wollen sie lesen und diskutieren, der Zynismus hat fast jede Hoffnung verdrängt.

Die beiden großen alten Hotels aber stehen in der Heiligen Stadt wie Trutzburgen, die Stellung halten gegen alle Stürme, alle Widrigkeiten. Das King David und das American Colony sind die beiden besten Adressen in Jerusalem. Sie liegen nur knapp zwei Kilometer Luftlinie auseinander. Das David im jüdischen West-Jerusalem, acht Minuten Fußmarsch vom Jaffa-Tor der Altstadt entfernt; das Colony im arabischen Ost-Jerusalem, acht Gehminuten vom Damaskus-Tor der Altstadt entfernt.

Die beiden Fünfsternehäuser sind Konkurrenten und bedienen jeweils eine ziemlich klar umrissene Klientel. Im imposanten David, 203 Zimmer, 34 Suiten, steigen internationale Politiker und die Journalisten ab, die Interviews mit israelischen Spitzenpolitikern machen. Ins charmante Colony, 71 Zimmer, 13 Suiten, kommen bevorzugt reiche Touristen, die auf romantische Atmosphäre Wert legen, sowie Politiker und Reporter, die mit der Palästinensischen Autonomiebehörde zu tun haben. Hier bestellt man besser Hummus, drüben Gefilte Fisch.

Historisch gesehen, hat der Pascha-Palast, aus dem später das American Colony wurde, die Nase vorn. Der arabische Fürst Dawud Amin al-Husseini erbaute das Haus 1840, als Jerusalem noch Teil des Osmanischen Reiches war. Er errichtete das Gebäude auf einer Wiese, mitten im Niemandsland der Schafherden – er wollte nicht, dass seine vier Frauen begafft würden. Der Palast war im Prinzip für die Damen da; jede bekam einen eigenen Trakt, in den Sommerzimmern im Erdgeschoss sollten dicke Mauern die Hitze fernhalten, in den Winterzimmern im Obergeschoss wurde die Wärme der Sonnenstrahlen eingefangen. Doch keine der Frauen schenkte ihm einen Erben, er starb darüber vor Gram. Entfernte Verwandte versuchten, das Gebäude zu verpachten – und fanden Interesse bei feurigen Christen aus dem fernen Amerika.

Horatio Spafford hatte vier Töchter bei einem Schiffsunglück auf hoher See verloren. Der Anwalt aus Chicago suchte einen neuen Sinn im Leben und zog, nach einem Erweckungserlebnis, mit seiner Frau Anna und 16 Mitgläubigen 1881 ins Heilige Land. Sie pflegten Kranke, nahmen Waisen auf und zogen neue Konvertiten nach. Die »American Colony« erwarb schließlich den alten Palast, machte daraus ein Farmhaus und lebte dort in einer großen Gemeinschaft, die ständig wuchs.

In Jaffa an der Küste führte zu dieser Zeit Baron Plato von Ustinov, Großvater des Schauspielers Peter Ustinov, ein kleines Hotel. Seine Gäste, die Jerusalem sehen wollten, schickte er zu den Strenggläubigen, die ab 1902 erst drei Zimmer als Gästeräume vermieteten, später das ganze Haus zum bescheidenen American Colony Hostel machten.

Als die Briten 1917 die Türken schließlich aus Jerusalem vertrieben hatten, trugen sich im Gästebuch politische Größen wie der britische Feldmarschall Lord Allenby und der legendäre T. E. Lawrence ein (später wohnte hier auch der Schauspieler Peter O'Toole, der Lawrence von Arabien im Film verkörperte). Immer mehr begannen sich auch Touristen für Jerusalem zu interessieren. Dass die Stadt über die romantische arabische Herberge hinaus ein repräsentatives Haus brauchte, konnte cleveren Geschäftsleuten nicht verborgen bleiben. Palästina nahm in den Zwanzigern einen rapiden Aufschwung, die Briten ließen neue Häfen, neue Bahnhöfe und Straßen bauen.

Das Hotel King David verdankt seine Existenz einer mutigen jüdisch-ägyptischen Unternehmerfamilie. Die Mosseris hatten sich zuerst in Kairo in Hotelprojekten engagiert. 1929 legten sie für die Palestine Hotels Company Aktien auf, die Gesellschaft erwarb von der griechisch-orthodoxen Kirche ein viereinhalb Morgen großes Gelände.

Die Besitzer begannen sofort den Bau eines vierstöckigen Gebäudes mit Luxuszimmern. Die Innendekoration wurde Schweizer Künstlern übertragen. Ihr Auftrag: »den antiken semitischen Stil und die glanzvolle Periode der Zeit des Königs David wieder aufleben zu lassen«. Überall im Hotel ist bis heute die Umsetzung dieses Wunsches zu sehen, durch Motive wie

Salomos Schild, durch die Abbildung der schon in biblischen Zeiten zur Verzierung genutzten Früchte wie Granatäpfel und Trauben. Vom Garten geht der Blick hinüber zur Altstadt, dem Ölberg und, bei klarem Wetter, sogar bis zum Toten Meer. Im Januar 1931 wurde das Luxushotel mit einer rauschenden Party eröffnet.

Das Goldene Buch des Hauses beginnt mit den Unterschriften des britischen High Commissioner Sir Arthur Wauchope und von Jerusalems Bürgermeister Raghib Naschaschibi. Majestäten wie der iranische Schah und die Königsmutter von Ägypten verbrachten ihre Sommerferien hier; auch der von den Briten eingesetzte König Abdullah I. von Jordanien war ein häufiger Gast und stationierte seine Leibwache mit den prächtigen Pferden und Kamelen direkt am Hoteleingang, was zeigen sollte: Majestät war »in residence«.

Gleich mehrere unglückliche Ex-Monarchen suchten hier Asyl. Alfonso XIII. von Spanien, der 1931 zur Flucht gezwungen worden war, Haile Selassie von Äthiopien, durch die italienische Invasion vorübergehend aus seinem Land vertrieben, später Georg II. von Griechenland, der nach der Okkupation seines Landes durch die Nazis im King David seine Exilregierung ausrief.

Fast jeden Nachmittag spielte die Musik zum Tanztee auf, die Damen kleideten sich vornehm bis provozierend. Und hielten Ausschau: Das Etablissement galt als Platz für Highclass-Romanzen – und für Spionage. Bis heute sind die Gerüchte nicht verstummt über eine grünäugige »arabische Mata Hari«, die es mit den Engländern gehalten haben soll.

1936 machten die Briten zuerst die obersten Stockwerke des Hotels, dann den gesamten Südflügel zu ihrem Jerusalemer Hauptquartier. Unter den Arabern der Stadt kam es zu Aufständen, wie auch schon in anderen Landesteilen. Über Jahre hatten die Mandatsherren heimlich mit der jüdischen Untergrundarmee Haganah zusammengearbeitet, um solche Revolten niederzuschlagen.

Nach 1939 aber wurden jüdische Gruppen zum Hauptproblem der Mandatsmacht. Die Briten beschränkten die jüdische Einwanderung auf 75 000 Menschen für eine Zeit von fünf Jahren, jede weitere Immigration sollte von arabischer Zustimmung abhängig sein; der jüdische Bodenerwerb wurde in Teilen des Landes untersagt. Die Zionisten waren gespalten: Einige plädierten für die Fortsetzung der Kooperation, viele gingen auf Distanz, doch eine »Haganah B«, aus der später die Irgun Zvai Leumi hervorging, setzte auf Widerstand auch mit terroristischen Mitteln: Das war Begins Truppe.

Und so erschütterte am 22. Juli 1946 um die Mittagszeit eine Bombe die Stadt, britische Militärs, aber auch arabische Angestellte und jüdische Sekretärinnen starben. Begin selbst und seine Kämpfer haben immer wieder darauf verwiesen, dass sie den Briten mit einem Anruf genug Zeit gegeben hätten, das Hotel noch zu evakuieren. Bis heute ist ungeklärt, warum das nicht geschah.

Wie ein Messer trennte der Sprengsatz den Südflügel ab. Die meisten Zimmer der anderen Teile des Gebäudes waren, trotz geborstener Fensterscheiben, intakt geblieben. Doch die Militärverwaltung schloss das gesamte King David unmittelbar nach dem Anschlag und besetzte die verbliebenen Räume. Bis zum Mandatsende zwei Jahre später wurde das Gebäude mit Stacheldraht geschützt wie eine britische Festung.

Am 14. Mai 1948 holten die Briten den Union Jack über dem King David ein, machten das Gebäude frei für eine Abordnung des Internationalen Roten Kreuzes (IRK). Stunden später erklärte David Ben-Gurion in Tel Aviv die Gründung des Staates Israel. In der darauffolgenden Nacht überschritten reguläre Armeeverbände der arabischen Nachbarländer die Grenzen des neuen Staates und griffen an.

Das King David blieb ein zentraler Schauplatz. Die Haganah verdrängte das IRK aus dem Gebäude, baute auf dem Dach einen Militärposten auf. Inmitten des Chaos zogen die jüdischen Kämpfer die neue Fahne Israels hoch, weiß mit blauem Stern. Sie konnten den Angriff zurückschlagen. Nach 27 Tagen wurde ein Waffenstillstand geschlossen, der die Teilung Jerusalems bestätigte: Die westliche Neustadt mit dem King David war nun fest in israelischer Hand; die Altstadt blieb unter jordanischer Verwaltung. Das American Colony an der Demarkationslinie, während des Krieges als Lazarett genutzt, wurde der arabischen Seite zugeschlagen.

Die beiden Häuser, die schnell notdürftig hergerichtet und wieder zu Hotels gemacht wurden, lagen nun in zwei verschiedenen Staaten. Beide warben um Touristen, um Diplomaten, um Politiker. Ihre Manager beäugten sich über die trennenden Zäune hinweg mit einer Mischung von Sympathie und Misstrauen. Aus dem American Colony und dem King David wurden zwei befreundet-verfeindete Hotels – semitische Verwandte, dazu verurteilt, ohne direkten Kontakt miteinander in verschiedenen Welten zu leben. Bis 1967, als die Israelis im Sechstagekrieg ganz Jerusalem einnahmen.

Das King David erlebte dann noch einmal einen Höhepunkt, als der ägyptische Präsident Anwar al-Sadat überraschend den Judenstaat besuchte. Niemand war vorbereitet auf die Sensation. »Wir hatten 72 Stunden Vorwarnung, arbeiteten rund um die Uhr und glaubten doch bis zur letzten Minute nicht, dass er kommen würde – das konnte doch nicht möglich sein: Sadat zu Besuch in Israel, Sadat in unserem Hotel«, sagt Sarah Sabo, eine resolute alte Dame. Sie hat als Kind Auschwitz überlebt und arbeitete in den denkwürdigen Novembertagen 1977 im King David als Empfangsdame. »Und dann trat er tatsächlich durch die Tür, an der Seite des israelischen Ministerpräsidenten Menachem Begin, der einst hier im Haus die Bomben legen ließ.«

Sadat brachte seinen eigenen Koch mit, so viel Misstrauen musste schon noch sein. Er aß aber gern von der Torte, die Konditoren in der King-David-Küche für ihn gebacken hatten. Es war ein Marzipankuchen in Form zweier Pyramiden, die mit einer Leiter verbunden waren, darauf die beiden Worte in Zuckerguss: »Schalom, Salam«: Frieden. Da brach das Eis.

Auch im American Colony wurde am Frieden gearbeitet – 1992 trafen sich in der Suite 16 ein norwegischer Regierungsunterhändler, der liberale israelische Knessetabgeordnete Jossi Beilin – und mein alter Freund Husseini, Urenkel des Pascha und PLO-Repräsentant. Daraus wurde der Oslo-Prozess, der für die ganze Region vorübergehend noch einmal Hoffnung brachte.

Eine Nacht im American Colony, eine Nacht im King David. Die dicken Mauern der beiden Hotels haben etwas seltsam Beruhigendes, allein schon die Existenz funktionierender Rezeptionen und Restaurants wirkt tröstlich. Aber es ist schwer, die Graffiti zu übersehen, die an die Wände der Häuser von West- und Ost-Jerusalem geschmiert sind. Sie scheinen in dieser Heiligen Stadt immer noch teuflischer und hasserfüllter formuliert als anderswo. »Ihr Nazi-Zionisten, wir werfen euch alle ins Meer!« – »Ungläubige arabische Mörderbande, wir rotten euch aus!«

Und wie ein Menetekel steht am Mandelbaumtor der Satz des Propheten Sacharja, der Herr wolle »Jerusalem machen zum Laststein für alle Völker«.

DIE UNHEIMLICHE MACHT DES HEILIGEN

Der innerste, schier unauflösliche Kern des israelisch-arabischen Konflikts liegt in Jerusalem. Beide Parteien nehmen den sakral aufgeladenen Ort als unteilbar für sich in Anspruch. Ist ein Kompromiss dennoch möglich?

Von Dan Diner

Es ist das Licht. Ein durchdringendes, die Grenze zwischen Himmel und Erde überblendendes Licht. Es vermählt sich mit dem Glitzern des Gesteins und den gleißenden Spiegelungen des Asphalts. Vor allem nachmittags taucht die untergehende Sonne die Stadt in ein Meer von Helligkeit. Das Naturschauspiel verleiht Felsen und Häuserschluchten eine sakrale Aura. Und wenn am Freitag, zum Vorabend des Sabbat, das geschäftige Leben rituell verlangsamt wird, bricht sich das Heilige Bahn.

Seine im Licht erfahrbare Heiligkeit verdankt Jerusalem, aus jüdischer Sicht, der Liturgie. Jedem, der Jerusalem vergäße, droht die Schrift an, dass seine rechte Hand verdorre. Und wie die Strahlen der Sonne die Stadtlandschaft durchdringen, so durchdringt die Liturgie das Politische. Mit dieser Sichtweise geht eine dramatische Prognose einher – die Prognose nämlich, dass der Konflikt zwischen Juden und Muslimen, zwischen Israelis und Arabern im Kern nicht durch einen Kompromiss auflösbar ist.

Der Kompromiss setzt Ausgleich, vor allem Teilbarkeit voraus, sei es nun eine Teilung in der Sache oder die Aufteilung am Ort. Das Heilige indes ist nicht teilbar. Vielmehr ist es absolut. Eine Zerteilung brächte es um die Attribute seiner Heiligkeit. Weil also in Jerusalem reale Stadt und liturgische Bedeutung in eins verschmelzen wie wohl an keinem anderen Ort, kommt dem Konflikt zwischen Israelis und Arabern auch und gerade hier eine politisch-theologische Dimension zu. Eine einvernehmliche Lösung erscheint schier ausgeschlossen.

Was für Jerusalem gilt, gilt auch für das umstrittene Land. Die Glut des Sakralen mag ihren Kern in Jerusalem haben, aber sie strahlt weit über die Stadt hinaus. Als im Jahr 1929 der Streit um den Tempelberg den politisch-theologischen Charakter des gesamten Konflikts besiegelte und die von dort ausgehende Gewalt das ganze Land erfasste, da war es der heilige Ort selbst, der im Inneren der Auseinandersetzung stand. Auch weit entfernt lebende arabische Fellachen, also Dörfler und Bauern, die sich seit einer geraumen Weile durch zuwandernde Juden in ihrem jeweils lokalen Umkreis herausgefordert sahen, wurden nunmehr von einer tiefen, einer heiligen Erregung für das Ganze ergriffen.

Der von der islamischen Führung des Landes an sie ergangene religiöse Aufruf zur Verteidigung des Status quo und damit der muslimischen Vorrechte am Tempelberg hatte weitreichende Folgen. Er entfachte eine sich national einfärbende Stimmung, die auf die Verteidigung des arabisch geprägten Status quo in Palästina zielte. Spätestens von da an wurden die Menschen unweigerlich nach ihrer religiös imprägnierten nationalen Zugehörigkeit eingeordnet: Juden gegen Muslime beziehungsweise Araber. Als al-Kuds, die Heilige, strahlt Jerusalem aus auf das ganze Land, das so auch für die muslimischen Bewohner in einem zunehmend sakralen Licht erscheint: als das Ganze Land.

Die konflikthaft aufgeladene Heiligkeit wirkt weit über den eigentlichen Ort des Geschehens hinaus. Menschen, die weitab leben, werden in ihren Bann gezogen. Deutlich wurde dies zum Beispiel während der im Jahr 2000 losgebrochenen Intifada, die im Namen der auf dem Tempelberg gelegenen Aksa-Moschee geführt wurde: Sie fand weithin Beifall in der islamischen Welt. Aus der Strahlkraft jener Heiligkeit schöpft auch die Politik der Islamischen Republik Iran, wenn sich diese gegenüber Israel als Konfliktpartei gebärdet – obwohl Iran seinem nationalen

Charakter nach weder ein arabisches Land ist noch mit Israel im Territorialstreit steht. Für die gegenwärtigen Machthaber in Teheran ist es letztlich ein Sakrileg, wenn Juden bewaffnet und als souveräner Staat auf heiligem islamischen Boden, im Herzen des Dar al-Islam, existieren. Indem die iranische Politik dies skandalisiert, wird das Regime weit über das eigene Land hinaus legitimiert. Und die Araber werden als die schlechteren Muslime vorgeführt.

Der Staatsgründer Israels, David Ben-Gurion, war sich im Stillen des Umstands wohl bewusst, dass die Teilung der Stadt nach dem Waffenstillstand von 1949 einen nicht geringen Vorteil mit sich brachte: Dessen Linien verwandelten den Konflikt in einen territorialen Gegensatz von Mein und Dein. Diese Unterscheidung hielt das Sakrale von dem Geschehen fern. Indes vermochte die in der Zeit-Ikone von »1948« fixierte Momentaufnahme einer räumlichen Situation die alsbald neu erwachte Gewalt des Heiligen nicht zu bändigen. Als im Juni 1967 der arabische Ostteil mitsamt dem Tempelberg in jüdische Hand fiel, schlug die schlummernde Macht des Ortes in glühende Präsenz um. Mit aller Wucht brach in Israel das Sakrale in die Politik ein.

Da war kein Halten mehr. Die politisch-theologisch aufgeladene Bedeutung Jerusalems durchdrang zusehends das Gewebe vernunftgeleiteter Politik – und zersetzte es. Und was für die liturgische Bedeutung der Stadt Geltung erheischte, sollte sich alsbald auf das ganze Land ausdehnen. Spätestens von 1967 an schlägt die teils offen, teils verdeckt wirkende Heiligkeit Jerusalems das jüdische Israel in ihren Bann. Es ist eben jene Verschmelzung von Liturgie und Topografie, von Glaubenspraxis und Örtlichkeit, die sich im Motiv der ungeteilten Einheit Jerusalems versinnbildlicht – mit dramatischen Folgen.

Aber trifft der Befund wirklich zu? Ergreift die von der Stadt ausgehende Heiligkeit auch jüdische Israelis, die der Religion gleichgültig oder gar ablehnend gegenüberstehen? Sind sie, obwohl nicht selbst religiös, einer liturgisch aufgeladenen Politik verpflichtet? Werden sie allein schon dadurch, dass sie ein jüdisches Gemeinwesen in Palästina befürworten, zu Parteigängern des Prinzips der ungeteilten Einheit Jerusalems im Zeichen israelischer Souveränität? Eine solche Verschränkung ist nicht zwingend.

Vieles spricht in der Tat dafür, dass für einen verbürgten Frieden die Mehrheit der Israelis durchaus bereit wäre, auf ein ungeteiltes Jerusalem, gedeckt vom liturgischen Bild der verdorrenden Hand, zu verzichten – ebenso wie auf das nicht weniger von Liturgie durchdrungene Prinzip des Ganzen Landes. Vorausgesetzt, sie würden von ihrer kompromissbereiten Haltung nicht dadurch abgebracht, dass es eine verbreitete arabische und muslimische Einstellung ist, die wirkliche Anerkennung des jüdischen Staates zu verweigern.

Die Position der Araber und Muslime wiederum verdichtet sich in einem mythisch aufgeladenen, geschichtsmächtigen Bild: Die jüdische Staatlichkeit auf eigentlich islamischem Boden sei eine flüchtige Erscheinung. Über kurz oder lang werde Israel ohnehin vom selben historischen Schicksal ereilt wie die Kreuzritter – ein Schicksal, das es nach Kräften zu beschleunigen gelte.

Woher die innere Lähmung der tendenziell kompromissbereiten Mehrheit im jüdischen Staat auch rühren mag, sicher ist: Die in der israelischen Zeit-Ikone »1948« klar erkennbare Bereitschaft, das Territorium zu teilen, hat allem Anschein nach nur geringe politische Wirkung. Zu beobachten ist ein merkwürdiges Ungleichgewicht der inneren Kräfte in Israel. In Kreisen der Mehrheit greift Lethargie um sich, die es einer sehr entschieden auftretenden Minderheit erlaubt, die Verwandlung von Liturgie in Politik auf die Spitze zu treiben.

Die erstaunliche Macht der politischen Zeloten gründet sich offenbar auf der fast allen jüdischen Israelis gemeinsamen Überzeugung, die Legitimität ihres Staates beruhe letztendlich auf biblischer Verheißung. Und während die Mehrheit bereit sein dürfte, das Prinzip des Ganzen Landes aufzugeben, um dafür Frieden mit den Palästinensern und anderen Arabern einzuhandeln, scheuen die Prinzipientreuen nicht davor zurück, die Liturgie der Verheißung beim Wort zu nehmen. So gelingt es ihnen, die Mehrheit ideologisch zur Geisel zu nehmen und sie zu Gefangenen des Prinzips des Ganzen Landes zu machen. Verankert ist dieses Motiv in der Vorstellung von der »ewigen«, sprich heiligen Einheit Jerusalems. Diese Verankerung zieht unmittelbare Folgen für das politische Handeln nach sich, zu sehen etwa in der von allen bisherigen Regierungen betriebenen Siedlungspolitik. Es ist dieser Zusammenhang, der eine beklemmende Ahnung aufkommen lässt: dass nämlich im Bild von der Einheit der Stadt und der Gänze des Landes eine politische Theologie festgeschrieben ist, die keine Kompromisse erlaubt.

Gleich zu Beginn seiner ersten Amtszeit als Ministerpräsident im Jahr 1996 forderte Benjamin Netanjahu gemeinsam mit dem damaligen Bürgermeister Jerusalems Ehud Olmert die Muslime der Stadt heraus: Sie stimmten der Öffnung eines herodianischen Tunnels unter dem Tempelberg zu. Die Grabung sollte offenbar weniger die archäologische Neugier befriedigen, als vielmehr die auf dem Anspruch auf Jerusalem gründende Legitimität des Staates der Juden aufs Neue bestätigen. Das ans Licht beförderte Gemäuer des Tunnelgangs erhob Netanjahu flugs zum »sela kijumeinu«, zum »Fels unseres Daseins«.

Bietet sich gar kein Lichtblick? Sind jüdische Israelis und arabische Palästinenser durch die offene oder verdeckt wirkende Heiligkeit des Ortes tatsächlich zu einem ewigen Kampf um alles oder nichts verurteilt? Das dem Sakralen eigene Absolute scheint tatsächlich in diese Richtung zu weisen. Doch in einer solchen Diagnose lauert die Gefahr einer sich selbst erfüllenden Prophezeiung. Denn was theoretisch überzeugen mag, kann sich in der Praxis durchaus als falsch erweisen.

Zwar liegt die Wahrheit nicht in der Mitte, aber man täte gut daran, sie dort zu suchen. Es führt kein Weg an der Absicht vorbei, einen Kompromiss auf territorialer Grundlage anzustreben. Und dies auch dann, wenn die tragische Wahrheit offenbart, dass der Konflikt im Kern auf das Absolute zielt.

Ein territorialer Kompromiss würde darauf hinauslaufen, das auf die Politik einwirkende Sakrale zu neutralisieren. Ja, er könnte es gar exorzieren. Die glühende Lava der Heiligkeit würde in das erkaltete Gestein des Profanen und Alltäglichen verwandelt.

Die Konfliktparteien sind befangen, gleichsam gelähmt in einer sakral imprägnierten Politik. Deshalb dürfte eine solche Neutralisierung kaum von ihnen ausgehen. Hierfür sind vielmehr Dritte gefordert, vor allem Amerikaner und Europäer. Von ihnen allein ist ein Anstoß hin zu einer politischen Aufteilung des sakralen Ortes zu erwarten. Das Licht, dieses ewige, die Empfindung der Heiligkeit evozierende Licht Jerusalems, würde daran sicher keinen Anstoß nehmen.

CHRONIK

VIELE PLÄNE – KEIN FRIEDEN

Uno-Resolution 242

Am 22. November 1967 fordert der Uno-Sicherheitsrat den Rückzug Israels aus den im Juni besetzten Gebieten. Den Israelis soll dafür gewährleistet werden, »innerhalb sicherer und anerkannter Grenzen« frei von Drohungen und Gewalt zu leben.

Rogers-Plan

US-Außenminister William Rogers bekräftigt 1969 die Rückzugsforderung der Uno-Resolution. Jerusalem soll nicht geteilt, sein endgültiger Status später in Friedensverhandlungen festgelegt werden. Israel und Ägypten lehnen ab.

Camp David I

Auf dem Sommersitz von US-Präsident Jimmy Carter finden 1978 erstmals Friedensverhandlungen statt. Carter, Israels Ministerpräsident Menachem Begin und Ägyptens Präsident Anwar al-Sadat einigen sich, dass Israels Militär sich teilweise aus dem Gaza-Streifen und dem Westjordanland zurückzieht und dass dort palästinensische Selbstverwaltungsgremien gewählt werden. Über den endgültigen Status soll später verhandelt werden. Israel und Ägypten vereinbaren einen separaten Frieden, Israel zieht sich bis 1982 aus dem Sinai zurück.

Fahd-Plan

1981 präsentiert der saudische Kronprinz Fahd einen Acht-Punkte-Plan. Israel, dessen Anerkennung in Aussicht gestellt wird, soll sich aus allen besetzten Gebieten zurückziehen, auch aus Ost-Jerusalem, das Hauptstadt eines palästinensischen Staates werden soll. Die palästinensischen Flüchtlinge erhalten ein Rückkehrrecht oder Entschädigungen. Israel und Syrien lehnen ab.

Reagan-Plan

Am 1. September 1982 startet US-Präsident Ronald Reagan

eine Friedensinitiative: Die Siedlungspolitik soll eingefroren werden. Die Palästinenser, auch die in Ost-Jerusalem, sollen ihre eigene Vertretung wählen. Die Initiative sieht keinen eigenen Palästinenser-Staat vor.

Shultz-Initiative
Nach dem Drei-Punkte-Plan des US-Außenministers George Shultz von 1988 soll Israel sich nach sechsmonatigen Verhandlungen aus den besetzten Gebieten zurückziehen; Kommunalwahlen sollen der erste Schritt zu einer Selbstverwaltung der Palästinenser sein. Die PLO ist in die Pläne nicht einbezogen. Israel lehnt ab. Unter dem Eindruck der ersten Intifada gibt Jordanien 1988 seinen Anspruch auf das Westjordanland auf.

Oslo I
Im September 1993 wird in Washington die »Prinzipienerklärung über vorübergehende Selbstverwaltung« (Oslo I) unterzeichnet. Israelis und Palästinenser erkennen sich darin zum ersten Mal offiziell an und vereinbaren, dass die Verantwortung für den Gaza-Streifen und das Westjordanland den Palästinensern übertragen wird. Über Jerusalem, die palästinensischen Flüchtlinge und die israelischen Siedlungen soll später verhandelt werden.

Gaza-Jericho-Abkommen
Die Palästinenser erhalten 1994 erstmals Gebiete zur Selbstverwaltung: Jericho und einen Teil des Gaza-Streifens. Im Oktober schließen Jordanien und Israel einen Friedensvertrag ab.

Oslo II
Im ägyptischen Taba vereinbaren Israels Ministerpräsident Jizchak Rabin und Palästinenserchef Jassir Arafat 1995 die Übergabe weiterer besetzter Gebiete an die Palästinenser.

Camp David II
Unter Vermittlung von US-Präsident Bill Clinton treffen sich Israels Regierungschef Ehud Barak und Jassir Arafat im Juli 2000 in Camp David zu Friedensverhandlungen. Sie scheitern unter anderem an der Jerusalem-Frage.

Abdullah-Plan

Der saudische Kronprinz Abdullah spricht sich im März 2002 für die Anerkennung Israels durch die arabischen Staaten aus, wenn sich Israel aus allen besetzten Gebieten zurückzieht. Israel soll besetzte Gebiete räumen, der Status Jerusalems soll in einer Konferenz geklärt werden. In Annapolis/USA werden diese Ziele 2007 bekräftigt.

Road-Map

Der Plan des Nahost-Quartetts (Uno, USA, EU, Russland) von 2003 sieht eine Zwei-Staaten-Lösung bis Ende 2005 vor.

Gaza-Krieg

Nach jahrelangem Raketenbeschuss aus dem Gaza-Streifen bombardiert Israel zur Jahreswende 2008/2009 den Landstrich, aus dem es sich 2005 zurückgezogen hatte.

Israeli Government Press Office / dpa

Jassir Arafat, Schimon Peres und Jizchak Rabin 1994 in Oslo bei der Verleihung des Friedensnobelpreises

TEIL VI
DIE GESPALTENE STADT

EINE ÜBERDOSIS GOTT

Epizentrum der Weltreligionen, überall heiliges Land, der Allmächtige: ein Ortsgespräch. Gerade weil die Altstadt von Jerusalem Juden, Christen und Muslimen versprochen ist, wirkt sie oft wie verflucht. Ihre größte Hoffnung sind Bürger, für die der Glaube zweitrangig ist.

Von Erich Follath

Den Anfang in der Altstadt von Jerusalem machen die Muezzins, die im Morgengrauen von ihren Minaretten die Macht Allahs verkünden und zum ersten der fünf Pflichtgebete rufen. Die andächtigen Muslime folgen der Aufforderung im Halbdunkel ihrer Häuser, auf ihre Teppiche gestreckt – oder eilen schlaftrunken zu ihrer heiligen Aksa-Moschee.

Als Nächstes kommen die frommen Juden, die sich, seidene Jarmulken unter schwarzen Homburgs, an den Andersdenkenden vorbeidrängen, auf dem Weg zum Morgengebet nahe der heiligen Klagemauer oder zum Stiebel, dem Gebetsraum der Hurvah oder einer der anderen Synagogen. Und sie verfallen in den Singsang zu Gottes Lob.

Bald nach Sonnenaufgang läuten auch die Glocken. Christen versammeln sich in der heiligen Grabeskirche und preisen auf Knien Gott und seinen Sohn. Bis kurz vor Mitternacht begehen Katholiken ihre Messen, dann wecken die orthodoxen Mönche ihre Geistlichen, deren Dienst beginnt. Um ein Uhr unter Kerzenschein zelebrieren gern die Armenier ihre Frühmette. Anschließend geht es wieder von vorn los. Nicht der letzte Partygast, nicht der Müllmann, Gott weckt die Bewohner dieser Stadt: Gott, der Allgegenwärtige.

Die drei monotheistischen Hochreligionen verehren den Bereich um den Tempelberg in der Altstadt mit der Inbrunst ihres Glaubens: Klagemauer, Felsendom, Grabeskirche reihen sich aneinander, und ihre Mauern, von Blut und Tränen getränkt, verschränken sich sogar. Alles ist nur einen Steinwurf voneinander entfernt – was einige fromme Fanatiker, auf den Dächern über den engen Gässchen stehend oder an die sandsteinfarbenen Quader geduckt, manchmal sehr wörtlich nehmen.

Für die Christen predigte, litt und starb hier Jesus Christus, Gottessohn, nach seinem dornengekrönten Leidensgang. Für die Muslime ritt, von dem gewaltigen Felsen auf dem Tempelplateau aus, der Prophet Mohammed gen Himmel. Und für die Juden hat hier König David zum ersten Mal die Stämme Israels vereint, Salomo den Tempel für die Bundeslade gebaut.

Es ging in dieser Stadt der Nachkommen des gemeinsamen Urvaters Abraham immer um recht haben, recht behalten, um den allein seligmachenden, direkten Himmelskontakt, Gott: ein Ortsgespräch. Bekommen ist die Überdosis Religion diesem Jerusalem nicht. Die Literaturnobelpreisträgerin Selma Lagerlöf klagte

über den Ort, der Schauplatz von mehr als 40 Kriegen war: »Man hasst hier die Menschen zum Ruhm seines eigenen Gottes.«

Heilige Stätten und heillose Zwietracht: Als habe Gott selbst Angst davor bekommen, dieses Jerusalem könnte zu Tode geliebt werden, hat Er seinen Schutz verheißen: »Ich will diese Stadt beschirmen, dass ich sie errette um meinetwillen und meines Knechtes Davids willen«, heißt es im Zweiten Buch der Könige.

Bis zu diesem Tage aber ist gerade die Altstadt umkämpft geblieben. Nach dem Sieg von 1967 und der Eroberung der Altstadt hat die Knesset 1980 ganz Jerusalem »auf ewig« zur »ungeteilten Hauptstadt Israels« gemacht; die Palästinenser und mit ihnen die Vereinten Nationen haben diese Annexion nie akzeptiert. Und so tobt unter den Politikern ein permanenter Kampf.

Aber vielleicht sind nicht sie es, die Konzepte für die Altstadt entwerfen sollten. Vielleicht sind es die 33 000 Bewohner unterschiedlicher Glaubensrichtungen und Völker, die innerhalb ihrer Mauern leben, die sich mit ihren Nachbarn einrichten müssen. Hassen sie sich, mögen sie sich? Negieren sie einander, wo es geht – oder suchen sie, multikulturell angehaucht, freundschaftliche Kontakte? Wie lässt es sich leben im Herzen einer Stadt, für die so viele zu sterben bereit sind?

Von den vier Vierteln der Altstadt ist das armenische das kleinste und unspektakulärste (siehe Karte). Es wird deshalb von den meisten Touristen ignoriert – wie so vieles an diesem Ort ist das Segen und Fluch zugleich. Ein Segen, weil es die alten Gassen um die Jakobskirche und das kleine, gerade umgebaute Museum zu verwunschenen Oasen inmitten der Hektik macht. Ein Fluch, weil es die Gelegenheiten zum Geldverdienen mindert.

Hier liegt das Patrizierhaus von Kevork Kahvedijan, 64, hier bricht er jeden Morgen auf und geht hinüber zu seinem Geschäft, das nahe der Via Dolorosa liegt: »Elia Photo – ihr bester Ort für historische Jerusalem-Bilder«.

Kahvedijan ist ein graumelierter Herr mit einem unaufdringlich freundlichen Lächeln, das ihm die Herzen – und auch die Geldbeutel – seiner Kunden öffnet. Er liebt seine Familie, seinen Beruf und seine Stadt, »in dieser Reihenfolge«, wie er sagt. Seine Eltern sind, wie so viele Armenier, vor dem Genozid durch die Türken um 1915 aus Armenien geflohen; sein Vater wurde unter der britischen Mandatsmacht »beglaubigter Militärfotograf Nummer sieben«, wie ein altes Dokument beweist. »007« nannte der Sohn ihn später stolz.

Ob unter jordanischer oder israelischer Herrschaft: Die Armenier zeigten sich stets als anpassungsfähig, unpolitisch, für niemanden bedrohlich. Man verfolgt sie nicht, aber man verwöhnt sie auch nicht gerade: Die israelische Stadtverwaltung etwa hat die größte Müllkippe der Stadt an den Rand ihres Wohngebiets gelegt, weil sie zutreffend annahm, dass da der Widerstand am geringsten sein würde.

Knapp 2000 Menschen leben heute im armenischen Viertel, auf etwa einem Sechstel des Altstadtgebiets. »Wir sind die Botschafter des Friedens in einer permanent unfriedlichen Umgebung«, sagt Kahvedijan. Jerusalem sei längst seine Heimat geworden, fügt er hinzu, und dabei hat sein Lächeln nun doch etwas Melancholisches, seine »Mutter«. Eriwan, die Stadt seiner Urahnen, sei eine »liebe, aber entfernte Verwandte«.

Der leibliche Vater hat auch ihn für den Fotografenberuf begeistert, so wie er selbst jetzt die beiden Söhne. Im Geschäft des sanften Herrn Kahvedijan blüht Jerusalems Geschichte, eine Vergangenheit, bei der alles Kriegerische, alles Kontroverse ausgeklammert ist. Über der Stadt schwebt ein Zeppelin, Foto seines Vaters; ein Schäfer blickt von einem Hügel hinunter auf Jerusalem in friedlicher Abendstimmung, ein eigenes Werk. Sehr stolz ist der alte Herr darauf, dass zu seinen »Bekannten« auch »andere Christen und sogar Juden und Muslime« gehören. Wenngleich seine »Freunde«, das seien natürlich alles Armenier.

Die meisten Christen in der Altstadt sind Araber und gehören der griechisch-orthodoxen Glaubensgemeinschaft an – sie stellen etwa 3000 Bewohner innerhalb der von Suleiman dem Prächtigen im 16. Jahrhundert errichteten Mauern. Erzbischof des Patriarchats ist Theodosios Atallah Hanna, 44.

»Wir fühlen uns als Teil einer einzigen monotheistischen Familie«, sagt der Archimandrit im schwarzen Ornat und streicht nachdenklich über seinen weißgrauen Bart, der ihm bis auf die Brust fällt. »Wir achten die Visionen von Mose und Mohammed. Aber Tatsache ist doch, dass nicht sie, sondern als Einziger nachweislich Jesus Christus hier gelebt hat.«

Theodosios hat seine Besucher ins plüschige, leicht heruntergekommene Hotel »New Imperial« geladen, einen alten Kirchenbesitz in der Nähe des Jaffa-Tors. Keinen Steinwurf entfernt haben die israelischen Soldaten ihr Hauptquartier. »Wir leben unter Besatzung«, sagt der Erzbischof mit den feurigen Propheten-Augen und der sonoren Verkünder-Stimme. »Und deshalb nehme ich mir als Palästinenser die Freiheit, mit allen Widerstandsgruppen zu sprechen.«

Der Kirchenmann hat unter anderem in Damaskus Chalid Maschaal getroffen, den als besonders radikal eingeschätzten »Auslandschef« der Hamas, die im Westen als Terrororganisation gilt. Mehrfach wurde er deshalb von den israelischen Behörden verwarnt, im Jahr 2002 verhaftet und tagelang verhört. Theodosios hat aber auch Ärger in den eigenen Reihen. Vor vier Jahren war er entscheidend an der Amtsenthebung des Patriarchen Irineos beteiligt, der unter der Hand Land der Kirche »an Zionisten« verkauft haben soll. Niemand, so heißt es, verfüge über mehr Immobilien in der Altstadt als die griechisch-orthodoxe Geistlichkeit. »Der Anreiz zur Korruption ist groß«, sagt Theodosios und schüttelt traurig den Kopf ob der Sündenanfälligkeit seiner Gemeinde.

Auflehnung gegen die »unmenschlichen« Besatzer hält der Erzbischof für legitim – auch Jesus, meint er, wäre heute (wieder) im Widerstand. Jede Form des bewaffneten Kampfes aber, besonders Selbstmordattentate, lehnt er ab. Theodosios würde gern einen Dialog der Religionen führen, sagt er. Mit den Vertretern der Muslime sei das schwierig, mit denen des Judentums derzeit unmöglich. Die Rabbiner hätten sich zum Handlanger der scharfmacherischen israelischen Regierung gemacht. »Sie haben den Krieg gegen Gaza Anfang dieses Jahres gutgeheißen, die brutalen Kampfhandlungen legalisiert – auf dieser Basis gibt es nichts zu diskutieren.«

Ein friedliches Zusammenleben der verschiedenen Religions- und Volksgemeinschaften in der Altstadt hält er dennoch für möglich. Bei den »normalen« Christen, bei Muslimen und auch bei den allermeisten der Juden, die nicht »Funktionsträger« seien, sieht er den guten Willen, die ja auch vom gemeinsamen Urvater Abraham vorgeschriebene Friedfertigkeit.

Dann rät der Erzbischof seinen Gästen, sich treiben zu lassen durch das christliche Viertel. Zu den großen Stätten des Glaubens, zur Grabeskirche, zur Erlöserkirche, den Kreuzweg entlangzupilgern, aber auch zu den weniger bekannten Ecken. Zu denen gehört das Österreichische Hospiz. An der Seite von Nonnen im Garten lässt sich ein »großer Brauner« und eine Sacher-Torte genießen, während sich die Touristengruppen durch die Straßen schlängeln und wieder einmal einer hinausschreit, er sei der Messias, er werde die Welt retten – befallen von dieser seltsamen Krankheit, die hier jeder kennt und nur mehr mit Achselzucken quittiert: dem »Jerusalem-Syndrom«.

Am Spätnachmittag im muslimischen Viertel hat Masin Abu Nadschib, 39, Zeit für ein Gespräch. Er mag nichts hören von Möchtegern-Erlösern. Der Palästinenser ist auch das »Geschwafel vom friedlichen Zusammenleben in Jerusalem« leid. Mit etwa 30 Hektar ist dieses Viertel das größte und am dichtesten bewohnte der Altstadt, seine Treffpunkte sind die Moscheen jenseits des Damaskus-Tores.

Mehr als 70 Prozent der Altstadt-Jerusalemer bekennen sich zum Islam. Hauswand an Hauswand leben sie mit Juden und Christen, die Stätten der Religionen überschneiden sich. Am Tempelberg mit Klagemauer und Felsendom; an der Via Dolorosa, deren christliche Geißelungs- und die Verurteilungskapelle sich geografisch im muslimischen Viertel befindet. Erweitert ein Basari seinen Keller, stößt er schon mal auf Kreuzfahrer-Gewölbe, römische Zisternen oder jüdische Gräber.

Wer durch die Suks im muslimischen Teil streift, wer in den billigen Marktständen das Angebot von Blechtöpfen, Backwaren und Büscheln von Salbei oder Minze durchstöbert, erkennt aber auch sehr schnell, dass es sich um den ärmsten und von der Verwaltung am meisten vernachlässigten Teil Alt-Jerusalems handelt.

Abu Nadschib ist fest verwurzelt in dieser Stadt, er wurde hier geboren, ging hier zur Schule, fand hier seine Frau, mit der er vier Kinder hat. Nahe der Grabeskirche verkauft er in einem der besseren Geschäfte Devotionalien. Sein Sortiment legt nahe, dass dem bodenständigen Händler Vorurteile fremd sind. Im Laden »Musa Barakat« werden Kruzifixe und Marienbilder ebenso angeboten wie reich verzierte jüdische Leuchter oder Nachbildungen des muslimischen Felsendoms. Alles, was sich verkauft. Und auch die Kunden erfüllen jedes Klischee von Multikulti. Breitkrempige amerikanische Möchtegern-Cowboys, aufgeputzte französische Mode-Mademoiselles, tschadorverhüllte Musliminnen aus den Golfstaaten drücken sich durch enge Gassen, vorbei an Straßenmetzgereien mit zerteilten Lammköpfen, zu seinem Andenkengeschäft.

»Nicht die unterschiedlichen Facetten unserer Religionen sind das Problem, sondern die arroganten jüdischen Eroberer«, meint Abu Nadschib. Immer wieder komme es auch vor seinem Laden zu Provokationen, Hooligans skandierten Schmähworte gegen Allah, verspotteten die »schmutzigen« Palästinenser.

Und – arabische Provokationen gibt es gar nicht? Keine Steinwürfe gegen Patrouillen, keine Verunglimpfungen gegenüber »dreckigen« Juden?

Abu Nadschib wischt das mit einer Handbewegung weg. »Kann schon sein, aber entscheidend ist doch, was sie uns antun.«

Dem Palästinenser ist besonders das Haus im muslimischen Viertel ein Dorn im Auge, das sich Ariel Scharon in den neunziger Jahren gekauft und weithin sichtbar mit israelischer Staatsfahne und riesiger Menora versehen hat. Von ihrem rechten Politik-Idol ermutigt, haben jüdische Ultras schon mehrere Dutzend

Häuser mitten in den Suks gekauft; militante Organisationen wie »Ateret Kohanim« (»Priesterkrone«) planen die Judaisierung der gesamten Altstadt. Zu ihren schärfsten Gegnern gehören nicht nur besorgte Palästinenser wie Abu Nadschib, sondern auch liberale Juden. Deren Organisation »Ir Amim« (»Stadt der Völker«) kämpft gegen die Verdrängung der Andersgläubigen, Andersstämmigen. Eine Sisyphusarbeit.

Früher Abend im jüdischen Viertel. Jossi Eliav, 44, verkauft in seinem Geschäft »Mira« Rabbiner-Puppen und anderes Kunsthandwerk. Mazel tov, es war ein guter Tag, die Kasse stimmt.

Das jüdische ist zweifellos das wohlhabendste der vier Altstadt-Viertel. Die Häuser um die Ramban- und die Hurvah-Synagoge sind sorgfältig restauriert, die Geschäfte proper, die engen Gassen aufgeräumt. Ganz in Schwarz gekleidet, drängeln sich junge Ultraorthodoxe mit Schläfenlocken vorbei zu den Jeschiwas, wo sie den Talmud studieren: Scherenschnitte im Gegenlicht der untergehenden Sonne.

Mit den Strenggläubigen hat Eliav nicht viel gemein, aber das mindert nicht seinen Patriotismus. Stolz zeigt der in Iran geborene, nach der »Befreiung« Jerusalems 1967 eingewanderte Jude auf den Cardo-Boulevard, an dem sein Laden liegt. Einst war das die Hauptstraße der byzantinischen und römischen Metropole; nachdem sie lange verschüttet war, wurde sie von Archäologen freigelegt und zur Flaniermeile umgestaltet. »Doch schon vorher war das alles jüdisch, unsere Ansprüche auf Alt-Jerusalem sind unbestreitbar«, sagt Eliav und breitet die Hände zu einer besitzergreifenden Geste aus.

Er hat nichts gegen Christen und auch nicht gegen Muslime, »obwohl die immer wieder provozieren, unsere Soldaten, die doch nur für Frieden sorgen wollen, attackieren«.

Und – jüdische Übergriffe gibt es nicht? »Kann schon sein, aber entscheidend ist doch, was sie uns antun.«

Dann erzählt der sympathische Geschäftsmann, der von jeder seiner Puppen eine lustige Geschichte weiß, dass er auch Freunde in den anderen Vierteln habe. Dass er ganz Jerusalem liebe und durchaus anerkenne, dass die Stadt nicht seinem Volk allein gehören könne. »Ich besuche meine muslimischen Bekannten gelegentlich – aber nie ohne meine Pistole, die stecke ich mir zur Sicherheit bei jedem Ausflug ein.« Er zuckt mit den Achseln, als er das sagt, ein bisschen hilflos, ein bisschen schuldbewusst. »Wir leben hier nicht gemeinsam, sondern nebeneinander her – wir schauen durch den anderen durch.«

Die Nacht fällt über Jerusalem, unvermutet und schnell, und minutenlang erfüllt eine ohrenbetäubende Stille die Altstadt, kein Muezzinruf, kein Glockengeläut, kein Synagogenklagelied. Ein melancholischer Waffenstillstand. Es ist Zeit, Abschied zu nehmen von dem armenischen Fotografen, dem griechisch-orthodoxen Erzbischof, dem muslimischen Devotionalienverkäufer, dem jüdischen Puppenhändler.

Sie sind nur ein Ausschnitt aus dem Potpourri ihrer Gemeinschaften, ihrer Religionen. Dennoch stehen sie für etwas, das typisch ist in der Jerusalemer Altstadt: für das tief verwurzelte Misstrauen und die spiegelbildlichen Ängste. Als wären auch die gutwilligsten Menschen in dieser Gottesstadt gefangen in einem teuflischen Widerspruch: Entfremdet durch ihre gemeinsame Geschichte, ist es nur das Trennende, was sie verbindet.

Gar keine Hoffnung? Doch. Denn so, sprach der Herr, zitiert nach dem Propheten Jeremia in der Bibel: »Geht durch die Gassen Jerusalems und sucht, ob ihr jemand findet, der Recht übt und auf Wahrheit hält, so will ich ihr gnädig sein.«

DER WEIHRAUCH-KRIEG

Die Grabeskirche ist der heiligste Ort der Christenheit in Jerusalem – und der umstrittenste. So unversöhnlich bekämpfen sich hier Geistliche der verschiedenen Konfessionen, dass Juden und Muslime schlichten müssen.

Von Juliane von Mittelstaedt

Wadschih Nusseibeh stolziert durch die Grabeskirche wie ein Gutsherr über seinen Hof. Er nickt nach links, nickt nach rechts, ein kleines Männchen im viel zu großen Anzug, aber mit der Arroganz jener, deren Stammbaum bis in die Spätantike reicht.

Hinter dem Salbungsstein, auf dem der Leichnam Jesu gelegen haben soll und auf dem gerade mehrere Russinnen ihre Perlenketten zur Segnung ausbreiten, biegt er links ab. Schwenkt dann mit genau abgezirkeltem Schritt in die Rotunde, in der sich das Heilige Grab des Heilands befindet, davor drängen sich Inderinnen mit Nasenringen und Videokameras, Polen mit Dornenkronen, barfüßige Hippies mit verfilzten Haaren. Wadschih Nusseibeh runzelt die Stirn, hebt ein Papiertaschentuch und einen Eisstiel vom Boden auf, passiert mit schnellem Schritt den Nabel der Welt, den Ort, an dem Adam von der Erbsünde erlöst wurde und den Golgota-Felsen, auf dem Jesus am Kreuz starb. Dann setzt er sich auf seine Bank, links im Kirchenfoyer, und versendet eine SMS.

Wadschih Nusseibeh ist eine Art Hausmeister der heiligsten Stätte des Christentums, auf seiner Visitenkarte steht: »Verwalter und Torhüter der Heiligen Grabeskirche«. Er öffnet und schließt das Kirchentor, morgens um 4 Uhr und abends um 19 Uhr. »Seit 637 nach Christus sind wir hier«, sagt er und erzählt, als wäre er dabei gewesen, wie Kalif Omar seinen Vorfahren den Schlüssel der Grabeskirche übergab. Daran gemessen ist er selbst nur einen Wimpernschlag der Weltgeschichte im Amt, etwa ein Vierteljahrhundert.

Die Nusseibehs sind Muslime und daher geeignet als Schiedsrichter zwischen den konkurrierenden christlichen Glaubensrichtungen, orthodoxen Griechen, Armeniern, Syrern, Äthiopiern, Kopten und katholischen Franziskanern. Denn Neutralität, das merkt man schnell, ist ein wichtiges Gut in der einzigen Kirche der Welt, in der sechs Konfessionen unter einem Dach leben. Eine gottesfürchtige Wohngemeinschaft mit eigener Uhrzeit, drei Kalendern, rund 50 Bewohnern aus einem Dutzend Ländern – und unendlichen Streitigkeiten.

»Wenn sich fünf Familien eine Küche teilten – da gäbe es doch auch ständig Streit«, sagt Bruder Fergus, mit Nachnamen Clark, ein Ire, weiße Haare, stahlgraue Augen, kantiges Gesicht. Der Präses der Franziskaner in der Grabeskirche ist außer Atem. In der Kapelle feiern Mexikaner Messe, im Nebenraum Nigerianer, davor wartet schon die nächste Gruppe. Bis zu drei Messen gleichzeitig, bis zu 27 am Tag, dazu das tägliche Hochamt am Heiligen Grab, Stundengebete und die lateinische Messe ab halb fünf Uhr morgens – der Präses hat einen Terminkalender wie ein Manager. Fünf Wochen Kirche, eine Woche frei, ein Leben, aufgeteilt nach einem strengen Schichtplan, mit Beichtbereitschaft und Wachdienst am Heiligen Grab.

»Die Alltagsroutine funktioniert gut, da weiß jeder, was zu tun ist, und meistens bleibt es friedlich«, sagt Bruder Fergus. »Aber wehe, die Feiertage der unterschiedlichen Konfessionen fallen zusammen.« Eine winzige Änderung reicht, um die fein justierte, seit Jahrhunderten eingespielte Maschinerie der Grabeskirche aus dem Takt zu bringen. Da genügt es, dass im falschen Moment eine Tür offensteht, ein Stuhl in den Schatten gerückt wird oder sich ein Priester zur falschen Zeit am falschen Ort befindet. Dann geraten Franziskaner mit Griechen aneinander, Kopten mit Äthiopiern, Griechen mit Armeniern. Und im Handgemenge verliert dann einer der israelischen Polizisten, die vor der Kirche wachen, auch mal einen Zahn. Die im Jahr 326 erbaute Grabeskirche ist der einzige Ort im Heiligen Land, an dem sich die Christen streiten und Juden und Muslime vermitteln.

Eruptionen eines über Jahrhunderte ausgetragenen Stellungskrieges sind das, in dem Priester Kerzenleuchter ins fremde Territorium schieben, ihre Choräle langsamer singen und sich in liturgischer Tracht an den Grenzen ihrer Grundstücke postieren. Sogar der Dreck ist umkämpft, griechischen Staub mit lateinischen Besen wegzufegen kann den nächsten Konflikt auslösen.

Eigentlich sollte der im Jahr 1852 von den Osmanen eingeführte Status quo das Gezerre um die heiligen Stätten beenden, eine Art Westfälischer Frieden der Konfessionen. Auf die Minute festgelegt sind seither Öffnungsregeln, Reinigungsrechte, Glockengeläut und Lampenentzünden, auch die Prozessionen samt ihrer Daten, Routen und Zusammensetzung sowie den exakten Positionen der beteiligten Priester, Küster, Kerzenträger, Weihrauchschwenker und Fächerschwinger. Doch passiert ist das Gegenteil. Der Status quo hat den Streit nicht gelöst, er hat ihn zementiert.

Äthiopier, Syrer und Kopten, denen nur kleine Anteile an der Kirche gehören, blockieren, wo es nur geht. Und die Haupteigentümer, die Griechen, Armenier und Franziskaner, trauen lieber Muslimen und Juden als ihren Mitchristen. So ist keine gemeinsame Kirche entstanden, sondern ein Flickwerk aus vielen. Ein Labyrinth aus Kapellen, Altären, Grotten, Säulengängen, ohne Zentrum, aber mit einer Vielfalt von Stilen; jede Konfession hat ihr Terrain optisch markiert.

Die Nahtlinien laufen kreuz und quer durch die Kirche, etwa am Golgota-Felsen, jenem hochheiligen Ort, an dem der Überlieferung zufolge Jesus zu Tode gemartert wurde: rechts der katholische Kreuzannagelungsaltar mit schlichten italienischen Mosaiken, links der griechisch-orthodoxe Kreuzigungsaltar mit prächtigen Ikonen in Gold und Silber.

Schon das Öffnen und Schließen der Tür ist jeden Tag ein diplomatischer Akt. »Es öffnet die Konfession, die den höheren

Feiertag hat, ansonsten im Turnus Armenier, Griechen und Franziskaner. Wenn alle drei einen hohen Feiertag haben, öffnen sie gemeinsam. Geschlossen wird immer zusammen.« So betet es Wadschih Nusseibeh herunter, dann schlägt er dreimal an die Holztür, es ist jetzt 19 Uhr, die letzten Pilger hasten hinaus, dann treten ein Grieche, ein Armenier und ein Franziskaner vor die Tür. Erst schiebt der Franziskaner innen einen Riegel vor, dann steigt der Muslim außen auf eine Leiter und verschließt die Tür für die Nacht. Die Leiter schiebt er durch eine Klappe in der Tür, die am Ende von einem Griechen zugesperrt wird. Es ist wie ein perfekt eingeübtes Ballett, ohne Worte und ohne eine einzige überflüssige Bewegung.

Jetzt beginnt das zweite, verborgene Leben der Kirche. Ein Armenier putzt die Lampen über dem Salbungsstein, ein Grieche trägt einen XXL-Pizzakarton vorbei. Ein italienischer Handwerker bohrt mit der Bohrmaschine Löcher in die Wand oberhalb Golgotas, um neue Lampen anzubringen. Auch ein paar Pilger sind geblieben. Zwei hinkende Inder haben das Grab besetzt. Eine ghanaische Nonne kniet reglos vor Golgota. Eine Nigerianerin löffelt einen Joghurt und zieht sich dann zum Schlafen in eine dunkle Ecke zurück.

Eine halbe Stunde vor Mitternacht beginnt die Zeit der Messen und Prozessionen. Unter die griechischen Gesänge mischen sich die Gregorianischen Choräle der Franziskaner und das Murmeln der Armenier – ein dissonanter, vielsprachiger Chor der Kirche.

Warum die Messen ausgerechnet nachts stattfinden, weiß niemand mehr so genau. Aber so steht es im Status quo, und niemals werden sich die Konfessionen auf einen neuen Ablauf verständigen können. Die Grabeskirche ist ein Freilichtmuseum, in dem das 19. Jahrhundert immer wieder aufgeführt wird.

Nicht mal auf die Instandhaltung der Kirche können sich die Konfessionen einigen. So zankte man seit dem Erdbeben von 1927 mehr als drei Jahrzehnte über die Renovierung. Als man sich endlich auf einen Architekten verständigt hatte, war der schon wieder gestorben. Die Reparatur dauerte schließlich 20 Jahre.

Seither wogt der Streit um den Einbau eines Notausgangs und um die Renovierung des Heiligen Grabes. Auch über die gewissermaßen dringendste Baustelle herrscht seit Ende des Zweiten Weltkriegs Dissens: die Toiletten. Im Status-quo-Komitee, einer Art Aufsichtsrat der Grabeskirche, diskutierten mehrere Generationen von Patriarchen über Urinale und Unisex-Toiletten. Wobei die Armenier eher für Urinale waren, die Griechen eher für Unisex, und die Franziskaner wollten vor allem den Gestank beenden, der seit Jahrzehnten ihre Gottesdienste umwehte.

Nachdem man sich endlich geeinigt hatte, wurde festgestellt, dass das Abwasserrohr ausgewechselt werden muss. Das Rohr aber verläuft unter dem koptischen Patriarchat, das den Israelis, die wiederum für die Rohre zuständig sind, das Graben in der heiligen Erde untersagte. Eventuell, so meinen die Kopten, könnten sie den Bauarbeiten zustimmen. Aber nur, wenn sie dafür zwei der zehn Toiletten privat nutzen dürften.

Geben ist seliger als Nehmen, so heißt es bei Paulus. In der Grabeskirche interpretiert man das etwas anders.

»Wenn wir auf etwas verzichten, dann wollen wir etwas anderes dafür«, sagt der armenische Erzbischof Aris Schirvanian. Er redet über eine alte Holzleiter, die mindestens seit dem Jahr 1842 über dem Haupteingang lehnt, als hätte ein Handwerker sie dort vergessen. »Die Leiter gehört uns«, erklärt der Erzbischof. Entfernen die Armenier die Leiter, verlieren sie einen Anteil an der Kirche – und dafür fordern sie Kompensation. So lange bleibt die Leiter stehen, Verhandlungsmasse für künftige Deals.

»Wir verteidigen nur unsere Rechte«, sagt mit Unschuldsmiene Bruder Samuel, ein weißbärtiger Mönch in Hausschuhen. »Wenn wir das nicht tun, werfen sie uns irgendwann aus der Kirche raus.« Er ist der Superior der Armenisch-Orthodoxen in der Grabeskirche, aber wenn es um die Griechen geht, klingt er wie ein Palästinenser, der über die israelische Besatzung klagt. »Das ist die griechische Mentalität. Sie wollen immer die Kontrolle haben.«

Es geht um das Osterfeuer, aber eigentlich geht es ums Prinzip. Der griechische Patriarch hatte den armenischen Kollegen im Jahr 2002 in den Vorraum des Heiligen Grabes verwiesen, nachdem sie etwa 1140 Jahre lang gemeinsam das Feuer empfangen hatten. Für Außenstehende sei das vielleicht nur ein kleiner Unterschied, sagt Bruder Samuel, für sie aber eine Frage der Existenz. »Eher werden sich Israelis und Palästinenser einig als wir und die Griechen.«

Superior Isidoros lebt seit 18 Jahren in der Kirche, genau sein halbes Leben. Er ist der eigentliche Herr der Grabeskirche. Den Griechen gehören 70 Prozent, ohne sie geht hier nichts. »Die Armenier bilden sich ein, sie hätten die gleichen Rechte wie wir«, sagt er, ein Mann mit wenig Haupthaar und umso längerem Bart. Dann schließt er das Kabinett neben seinem Büro auf, die Schatzkammer der Griechen. Da liegen, in Silber eingefasst, die linke Hand von Maria Magdalena, ein Schädelstück von Johannes dem Täufer und eine Rippe des Evangelisten Lukas. Das Prunkstück der Sammlung ist ein Teil des Kreuzes, das Kaisermutter Helena der Legende nach im 4. Jahrhundert hier entdeckte.

Ehrfürchtig bekreuzigt sich der Superior vor den Reliquien, dann verriegelt er die Tür. »Es ist eine große Ehre hier zu sein«, sagt Isidoros. »Aber gleichzeitig ist es auch ein großes Opfer. Es ist kalt, unbequem, und man bekommt kaum Schlaf. Oft komme ich eine Woche nicht aus der Kirche raus.« Er seufzt. »Es ist ein täglicher Kampf, dauernd verschieben die Armenier etwas.«

Sogar oben wird gestritten. Auf dem Dach der Kirche befindet sich das Kloster Dair al-Sultan der äthiopisch-orthodoxen Mönche, das mit seinen halbverfallenen Lehmhütten, grünen Holztüren und dem Brunnen aussieht wie die Miniaturkopie eines äthiopisches Dorfes. Aus der Helenakapelle, deren Kuppel hier aus dem Dach ragt, dringt der Geruch von Weihrauch, Fetzen der armenischen Liturgie mischen sich mit dem kehligen Amharisch der vier Äthiopier, die in einer winzigen Kapelle beten. Ein friedlicher Ort, wäre da nicht dieser alte Zank. Die Kopten beschimpfen die Äthiopier als Hausbesetzer, die Äthiopier beschimpfen die Kopten als Diebe. Sie behaupten, die Kopten hätten ihre Eigentumsurkunden im Jahr 1838 gestohlen und verbrannt.

Natürlich hat der koptische Erzbischof Anba Abraham eine eigene Meinung dazu. »Im 18. Jahrhundert haben die Äthiopier ihr Eigentum in der Kirche verloren, weil sie die Steuern nicht zahlen konnten. Großzügig haben wir sie aufgenommen, aber dann sind sie einfach nie wieder gegangen.« Der Erzbischof trägt Turban und Cartier-Sonnenbrille, auf seinem Bauch ruht eine schwere Bischofskette. Das koptische Kloster ist um einiges mondäner als das der äthiopischen Nachbarn, es hat sogar einen Fahrstuhl. Seine Audienz hält Anba Abraham in einem Salon ab, der aussieht wie die arabische Raubkopie eines Louis-XVI.-Saals. Eine Reihe vergoldeter Stühle und vergoldeter Beistelltischchen, jedes mit einem Aschenbecher, der von einer Pharaonenstatuette gehalten wird.

So wütend, als wäre es erst gestern passiert, erzählt er, wie die Äthiopier im Jahr 1970 die Schlösser des Klosters austauschten, während die Kopten der Ostermesse beiwohnten. Der israelische Oberste Gerichtshof und ein ministerieller Untersuchungsausschuss wurden bemüht, mit dem Ergebnis, dass die Äthiopier die Schlüssel behalten dürfen, den Kopten aber den Durchgang in die Kirche erlauben müssen.

»Die Israelis wollten sich mit der äthiopischen Regierung gutstellen«, raunt der Erzbischof, »in Wirklichkeit ging es ihnen um die Überflugrechte über Äthiopien.« Politik in der Grabeskirche ist auch immer Weltpolitik. Sogar ein Krieg wurde hier schon ausgelöst: 1853 begann Russland den Krimkrieg, weil der osmanische Sultan den Griechisch-Orthodoxen keine Vorrechte in der Grabeskirche einräumen wollte.

Nun droht neue Gefahr. Ein Gutachten warnt, dass das alte Dach bald einstürzen könnte – und zwar mitten in die armenische Helenakapelle. Die israelische Regierung hat sich sogar bereit erklärt, die Renovierung zu bezahlen – allerdings nur, wenn Äthiopier und Kopten ihren Streit ein für alle Mal beilegen.

KEIN FEUER AM SABBAT

Mitten in Jerusalem, im Viertel Mea Schearim, lebt eine Gemeinschaft ultraorthodoxer Juden in ihrer eigenen Welt – nach den Gesetzen von Tora und Talmud.

Von Christoph Schult

Mit jedem Meter wird der süßliche Duft stärker. Es ist Freitagmorgen, kurz vor Sonnenaufgang. An der Leib-Dajan-Straße Nummer 10 in Jerusalem stehen die Leute Schlange. Drinnen lodern Flammen aus einem alten Ofen mit eiserner Klappe. Würste aus Hefeteig werden zu Zöpfen geflochten, goldbraun kommen die Laibe zurück aus dem Ofen. Sieben Schekel, umgerechnet 1,30 Euro, kostet eine Challa, jenes köstliche Weißbrot, mit dem die Juden seit Jahrhunderten den Beginn des Sabbats begehen.

»Mit der Challa feiern wir das Wunder der Schöpfung«, sagt Mati Lindner. Der 79-Jährige führt die Bäckerei in dritter Generation. Sein Großvater, Mosche Lindner, kam um das Jahr 1890 aus Rumänien nach Jerusalem, baute die Backstube und eine Synagoge davor. Die Bäckerei Lindner steht am Rande des Stadtteils Mea Schearim.

Als Kunden kommen fast ausschließlich Männer. Sie sind ganz in Schwarz gekleidet, unter ihren breiten Hüten baumeln lange Schläfenlocken hervor. Auch Mati Lindners Großvater war ein frommer Jude mit einem langen Bart. Der Enkel erzählt: »Früher lebten hier auch nichtreligiöse Juden, und alle haben sich respektiert.« Das ist heute anders, die Orthodoxen bleiben unter sich.

Mea Schearim ist für säkulare Israelis der Inbegriff eines fundamentalistischen Judentums. Immer wieder machte das Viertel Schlagzeilen, weil fromme Ultras Autos mit Steinen bewarfen, die am Sabbat unterwegs waren. In öffentlichen Buslinien zu ihren Vierteln setzten sie getrennte Sitzbereiche für Männer und Frauen durch. Touristinnen, die durch Mea Schearim schlenderten und Haut zeigten, wurden schon wüst beschimpft. Über einem Torbogen hängt ein gelbes Schild mit roten und schwarzen Buchstaben. »An Frauen und Mädchen«, steht da auf Englisch und Hebräisch. »Bitte betreten Sie unser Viertel nicht in unzüchtigen Kleidern.« Es ist einer von sechs Zugängen zum ursprünglichen Kern von Mea Schearim.

Vor über 130 Jahren entstand hier das zweite Wohnviertel außerhalb der Altstadt – geplant von einem Deutschen. Der Württemberger Conrad Schick war ursprünglich als Missionar ins Heilige Land gekommen. Zusammen mit dem Bankier Johann Frutiger kaufte und bebaute er Grundstücke nordwestlich der Altstadt und überließ sie Juden in einer Art Mietkaufvertrag. Schick bekam den Titel eines städtischen »Bauraths« verliehen, seine Architektur prägte die damalige Neustadt nachhaltig.

Der Name Mea Schearim (Hebräisch für »hundertfach«) geht zurück auf den biblischen Leitspruch der Erbauer: »Und Isaak säte in dem Lande und erntete desselben Jahres hundertfältig.« 1880 waren die ersten 100 Wohnungen fertig. Sie wurden von Einwanderern aus Osteuropa bezogen und solchen Juden, die den beengten Verhältnissen der Altstadt entkommen wollten.

Heute ist Mea Schearim selbst völlig überfüllt. Die überwiegend armen Bewohner können sich keine großen Wohnungen leisten. Alles wirkt geflickt und improvisiert. Ein Geflecht aus Strom- und Wasserleitungen klettert die Wände empor, viele haben die Balkone zu Zimmern ausgebaut. Schwangere Frauen ziehen Trauben von acht und mehr Kindern hinter sich her.

Haredim, »Gottesfürchtige«, heißen die Ultraorthodoxen auf Hebräisch. Ihr Leben ist streng nach den Regeln, der Tora und dem Talmud, den rabbinischen Auslegungen, ausgerichtet. 613 Ge- und Verbote gibt es im jüdischen Glauben. Sie so treu wie möglich zu befolgen, ist der Lebensinhalt der Frommen.

Viele Männer studieren den ganzen Tag in einer Jeschiwa. Man sieht ihnen die langen Stunden in den ungenügend beleuchteten Tora-/Talmud-Schulen an: Ihre Gesichter sind bleich, die Brillengläser dick. Oft müssen die Frauen neben der Erziehung der Kinder auch noch für den Lebensunterhalt der Familie sorgen.

Die beengten Gassen erinnern an die Orte, von denen die Vorfahren der heutigen Bewohner vertrieben wurden: die jüdischen Schtetl Polens, der Ukraine oder Weißrusslands. Gerade die frommen Juden, die sich durch ihre strengen Regeln von der jeweiligen Mehrheitsbevölkerung unterschieden, wurden im 19. Jahrhundert Opfer antisemitischer Pogrome. Auch die deutschen Nationalsozialisten demütigten zuerst diese nichtassimilierten Juden, indem sie ihnen beispielsweise auf offener Straße die Schläfenlocken abschnitten.

Um die durch den Holocaust nahezu ausgelöschte jüdische Kultur zu fördern, gewährte Israels erster Premierminister David Ben-Gurion den Ultraorthodoxen besondere Rechte. So dürfen sie bis heute ihr eigenes, staatlich alimentiertes Schulsystem unterhalten und sind vom Wehrdienst befreit. Geschickt gelang es Ben-Gurion sogar, einen Teil der Superfrommen in die Regierung einzubinden.

Das widersprach eigentlich ihrem Weltbild, denn den Zionismus lehnten die Ultras als Gotteslästerung ab. Für etliche unter ihnen hat sich bis heute nicht viel geändert: Einen jüdischen Staat, so glauben sie, dürfe nur der Messias gründen, wenn er eines Tages erscheint. Manche von ihnen sind so radikal, dass sie anstatt eines jüdischen lieber einen palästinensischen Staat auf dem gesamten Gebiet unterstützen. »Neturei Karta« heißt diese Gruppierung, die im ältesten Wohnblock von Mea Schearim ihre Synagoge hat. Selbst für die antiisraelische Hassrhetorik des iranischen Präsidenten Mahmud Ahmadinedschad zeigen diese Ultras Sympathie.

Doch ein Großteil der Ultraorthodoxen hat sich heute mit dem israelischen Staat arrangiert und Parteien gegründet. Fast jeder säkulare Premierminister konnte bisher auf die Unterstützung der Allerfrömmsten zählen – wenn er denn seinerseits das Kindergeld für Großfamilien erhöhte oder andere Privilegien gewährte.

Die Absage an modernes Gedankengut jedoch ist allen Ultraorthodoxen gemein. Um sich abzugrenzen, tragen sie Kleidung, wie sie Mitte des 19. Jahrhunderts hauptsächlich in Osteuropa üblich war. Mit ihrer schwarzen Einheitskluft geben sie gleichzeitig ihrer Verachtung für jede Form von individueller Selbstverwirklichung Ausdruck.

Für Touristen sehen die Bewohner von Mea Schearim alle gleich aus. Dass es aber tatsächlich große Unterschiede gibt, kann man in der Hutmacherei Ferster lernen. Im Souterrain an der Hauptstraße von Mea Schearim riecht es nach Leder und frischem Kleber. In den Holzregalen stapeln sich Hunderte Hüte. Es gibt sie in rund zwei Dutzend Formen. »Jede Gruppierung trägt traditionell eine andere Hutform«, erklärt Jerucham, der Verkäufer. Es gibt hohe und flache, mit breiten oder schmalen Krempen. Manche schließen nach oben rund wie eine Melone ab, andere sehen wie ein platter Zylinder aus.

Die meisten Ultraorthodoxen gehören heute der Bewegung der Chassidim (»Fromme«) an, die in Osteuropa entstand (siehe Kasten). Als Reaktion auf antisemitische Pogrome schotteten sich die Chassidim von der übrigen Welt ab. Neben dem Studium von Tora und Talmud pflegen sie das gemeinsame spirituelle Erlebnis beim Gebet, besonders an den jüdischen Festtagen. Doch die Chassidim sind sich untereinander alles andere als einig. Da ist etwa der Streit zwischen den Juden aus Bels und denen aus Wischniza, benannt nach ihrer Herkunft, zwei galizischen Kleinstädten. Beide Gruppen tragen dieselben Hüte, nur die Hutbandschleife tragen die Belser links, die Wischnizer rechts. »Wenn ein Belser sich einer Gruppe Wischnizer nähert«, sagt Jerucham, »muss er nur seinen Hut um 180 Grad drehen – dann halten ihn die Wischnitzer für einen der ihren.«

Wer genau hinguckt, erkennt zwischen den Frommen noch mehr Unterschiede. Manche tragen statt der osteuropäischen schwarzen Kaftane den traditionellen Jerusalemer Gehrock in Grau-Weiß. Die Schläfenlocken, abgeleitet aus der Vorschrift des 3. Buch Mose, das »Haar am Haupt nicht rundherum abzuschneiden«, lassen die einen in Strähnen herabhängen, andere drehen sie wie Korkenzieher, wieder andere wickeln sie um die Ohren.

Auch die Essgewohnheiten haben sich in den letzten 150 Jahren nicht sehr geändert. In der Großküche von Moische Goldis wird die traditionelle Küche Osteuropas gepflegt. Die Speisen tragen jiddische Namen. Jiddisch ist die alte Sprache der ost- und mitteleuropäischen Juden, eine Mischung aus Deutsch, Hebräisch und slawischen Elementen, die heute noch in den Straßen von Mea Schearim mehr gesprochen wird als das von den Zionisten wiederbelebte Hebräisch. Bei Moische gibt es »Kugl«, einen Kuchen aus langen Nudeln, und natürlich »gefilte Fisch«, die aus Karpfen hergestellten kalten Buletten.

Alle Speisen sind ohne Milch zubereitet, die Trennung von Milch und Fleisch ist eine Grundregel koscheren Essens, abgeleitet aus dem biblischen Gebot: »Du sollst das Zicklein nicht in der Milch seiner Mutter kochen.« Zwei Spülbecken sowie zwei Garnituren Besteck und Geschirr gehören in jeder orthodoxen Familie zur doppelten Haushaltsführung. Das Challa-Brot wird ohne Milch gebacken, damit man es auch zu Fleisch essen kann.

Doch auch wenn die Regeln altertümlich und streng sind – der modernen Technik darf man sich dabei durchaus bedienen. Das gilt vor allem für den Sabbat, an dem laut Talmud kein Feuer gemacht und damit auch kein elektrischer Schalter betätigt werden darf. Ein Warmhalteofen sorgt daher in vielen Häusern dafür, dass auch am Samstag das Essen nicht kalt auf den Tisch kommt. Fahrstühle halten am Sabbat in jedem Stockwerk, damit die Knöpfe nicht berührt werden müssen. Die Beleuchtung wird von Zeitschaltuhren geregelt.

Der Gegensatz von Tradition und Moderne macht aus Mea Schearim einen Ort der skurrilen Kontraste. Am Sabbat-Platz nimmt ein Schwarzberockter einen Schluck aus seiner Cola-Dose, daneben spricht einer in sein Handy. Ein paar Schritte weiter, im Plattenladen Pazgal, stehen zwei flaumbärtige Jeschiwa-Studenten vor einem Computerterminal. Per Touchscreen suchen sie die Predigt eines berühmten Rabbiners. Als sie fündig werden, ziehen sie ihre MP3-Player aus der Tasche und laden die Predigt herunter.

Internet, Kino und Fernsehen meiden fromme Juden; man könnte ja Unzüchtiges zu Gesicht bekommen. So gibt es auch nur sehr wenige Filme über das abgeschirmte Leben der Ultraorthodoxen und nur einen, der ganz offiziell in Mea Schearim gedreht wurde. »Uschpisin« (Gäste) heißt er auf Aramäisch, der Sprache des Talmud. Der Film wurde von den Rabbinern für koscher erklärt, weil die Produzenten unter anderem zusicherten, ihn nicht am Sabbat in den Kinos zu zeigen.

Erzählt wird die Geschichte eines ultraorthodoxen Mannes, der oft mit Gott hadert und früher auch gar nicht religiös war. Zwei alte Freunde, die aus dem Gefängnis ausgebrochen sind,

DER CHASSIDISMUS

Die volkstümliche, mystische Bewegung entstand im Osteuropa des 18. und 19. Jahrhunderts. Als ihr Stifter gilt der Rabbi und Wunderheiler Israel Ben-Elieser (um 1700 bis 1760), genannt Baal Schem Tov (»Besitzer des guten Namens«). Ein Chassid ist im Hebräischen ein ehrlicher und mildtätiger Mensch, und so wünschte sich Ben-Elieser seine Anhänger. Die Chassidim bestehen heute aus verschiedenen Gruppen. Eine der bekanntesten ist der Lubawitscher Chassidismus, auch Chabad genannt, was ein Akronym für Weisheit, Einsicht und Wissen ist. Gründer ist Rabbi Salman Schneur. Das Zentrum der Bewegung ist im New Yorker Stadtviertel Crown Heights. Die Lubawitscher verehren besonders ihren 1994 verstorbenen Rabbi Menachem Mendel Schneerson, den manche sogar für den Messias halten.

suchen bei ihm Unterschlupf und bringen sein Leben durcheinander. Der Hauptdarsteller Schuli Rand spielt darin quasi seine eigene Lebensgeschichte. Rand war selbst einmal säkular, lebte in Tel Aviv und machte am israelischen Nationaltheater Habima Karriere. Er spielte 1992 in dem preisgekrönten Film »Life According to Agfa«.

Doch dann, Ende 20, begann er, sich Fragen zu stellen, über das Leben und seinen Sinn, fing an, in Tora und Talmud zu lesen. Fünf Jahre lernte er in einer Jeschiwa. »Die Tora ist die Wahrheit«, sagt er nun, »sie ändert sich nicht.« Aber der Glaube sei nichts Statisches. Seine Frau, obwohl sie selbst auch nicht orthodox war, stand zu ihm. Gemeinsam wohnen sie nun in Mea Schearim und haben sieben Kinder.

Wenn Rand seine wuchtige, 1,90 Meter große Gestalt durch die Gassen des Viertels schiebt, grüßen ihn viele Leute. Der Schauspieler setzt sich in eine kleine Garküche und bestellt Tscholent, einen Eintopf aus Kartoffeln, dicken Bohnen und Graupen. Vor jedem Bissen spricht er ein kurzes Gebet. »Berühmt zu sein ist ein sehr großes Problem für einen Haredi«, sagt Rand. »Ehre gebührt allein Gott.«

Dennoch hat ihn sein Rabbi ermutigt, wieder auf die Bühne zu gehen. Er hat eine Pop-Band gegründet, seine erste CD ist ein großer Erfolg. Erst am Abend zuvor gab er ein Konzert - nicht in Mea Schearim, sondern ausgerechnet in einem der größten Clubs von Tel Aviv, der Stadt der Hedonisten und Häretiker. »Ich gehe«, räumt er ein, »auf einem sehr schmalen Grat.«

Er will Brückenbauer sein zwischen Frommen und Säkularen. Es gehe ihm nicht mehr um Selbstverwirklichung, sagt er, das Leben sei nicht zum Genießen da. Dann steckt er sich erst mal eine Zigarette an, reuig durchaus: »Ich habe versucht, es mir abzugewöhnen, vergebens.« Doch nichts passiere ohne Gottes Willen, selbst die schrecklichsten Verbrechen nicht. »Wenn der Messias kommt«, sagt Schuli Rand, »werden wir verstehen, dass alles einen Sinn hatte.«

EXODUS OHNE ENDE

Ausgerechnet im Land ihres Ursprungs sind die Christen zur winzigen Minderheit geschrumpft. Zersplittert in viele Gruppen und ohne politischen Einfluss spielen sie nur eine Zuschauerrolle.

Von Jörg Bremer

Bisweilen heißt es im Westen, die Christen im Heiligen Land sollten zwischen den mehrheitlich muslimischen Palästinensern und den mehrheitlich jüdischen Israelis vermitteln. Aber das war von jeher eine Illusion. Zum einen ist das Christentum seit den Kreuzzügen nicht gerade als Friedensbringer im historischen Gedächtnis der Region verankert. Zum anderen sind die arabischen Christen eine zu kleine Gruppe, um machtvoll wirken zu können. Sie besetzen zuweilen einzelne wichtige Posten in den Ministerien, aber können doch kein Beziehungsnetz, keine Lobby bilden.

Die Israelis unterscheiden nicht zwischen muslimischen oder christlichen Arabern; dabei sind die Christen politisch in der Regel moderater, sie distanzierten sich stets vom Selbstmordterror. Christen geben sich meist betont säkular und weltoffen. Die Muslime dagegen sehen in ihnen »halbe Juden«, weil sie einen großen Teil der Heiligen Schrift gemeinsam haben. Sie beneiden die »Sonntagsmenschen« wegen ihrer meist besseren Bildung in christlichen Privatschulen oder ihrer Verbindungen zu Verwandten im Ausland.

Die Christen sind schwach, weil sie in so viele Gruppen zerfallen. Es ist schon ein Kunststück, wenn sich die sechs »Denominationen« in der Hauptkirche der Christenheit, in der Grabeskirche, mal vertragen. Die »westchristlichen« Katholiken und Protestanten sind dabei gegenüber den orientalischen

Christen wie den »Griechen« oder »Äthiopiern« in der Minderheit.

Noch vor 50 Jahren waren etwa 15 Prozent der palästinensischen Bevölkerung arabische Christen. Heute sind es nach den besten verfügbaren Angaben 1,5 Prozent, weniger als 200 000 Menschen. Im Gaza-Streifen, wo 2007 zwei Baptisten ermordet wurden, leben unter 1,5 Millionen Muslimen nur noch gut 2000 Christen.

Mehr als zwei Prozent der israelischen Bevölkerung sind christliche Araber. Mit den Einwanderern aus den früheren Sowjetrepubliken stieg der Anteil der Christen um mindestens noch einmal so viel an. Denn es kamen nicht nur Juden ins Land; etwa 20 Prozent der Einwanderer sind christlicher Herkunft. Sie stellen mit bis zu 300 000 Gläubigen inzwischen sogar die größte christliche Gruppe im Heiligen Land.

All diese verschiedenen Gesellschaften der Christen in Israel und den palästinensischen Gebieten haben kaum etwas miteinander zu tun. Ganz am Rand stehen die rund 100 000 rumänischen und philippinischen Gastarbeiter, die meist Katholiken sind.

Seit zwei Jahrhunderten geht es den Christen im Heiligen Land immer schlechter. Ihre erste große Auswanderung begann während der Wirtschaftskrisen im späten 18. Jahrhundert. Eine neue Emigrationswelle folgte Anfang des 20. Jahrhunderts, als die Osmanen auch von den Christen Palästinas den militärischen Einsatz gegen die christlichen Armenier forderten. Die palästinensischen Christen aber wollten nicht gegen ihre Glaubensbrüder Krieg führen. Viele verließen darüber ihre Heimat, wanderten nach Südamerika oder Australien aus, wo palästinensisch-christliche Gemeinden blühen, die bis heute den Verwandten daheim mit Geld beistehen. Und der Exodus der Christen nimmt kein Ende. Rund 8000 Gläubige aus Betlehem und Umgebung sind nach Schätzungen seit 2000 ausgewandert.

Mit der ersten großen jüdischen Einwanderung gegen Ende des 19. Jahrhunderts entstand ein weiteres Problem: Die ankom-

Duby Tal / Albatross / Israelimages

Das orthodoxe Kloster zum Kreuz wurde im 11. Jahrhundert
in einer Talsenke Jerusalems gegründet.
Der Legende nach stand hier der Baum, aus dessen Holz
das Kreuz Jesu gefertigt wurde.

menden Juden behandelten die Christen wie alle Araber, sahen in ihnen bald »den Gegner«. Die palästinensischen Christen hingegen hatten sich bisher den Juden kulturell nahe gefühlt. Die Bibel verband sie schließlich. So gerieten die Christen zwischen die Fronten. Längst ist aus dem kulturellen Gegensatz politischer Sprengstoff entstanden.

Denn der israelisch-palästinensische Konflikt vertieft auch die gesellschaftlichen Spannungen; sie wurzeln in unterschiedlichem Lebensstil, unterschiedlicher Religion, Erziehung und sozialer Distanz zwischen christlichen und muslimischen Arabern. Zu Beginn der zweiten Intifada stiegen meist Muslime auf die Dächer der von Christen bewohnten Villen im Städtchen Beit Dschala, um auf Israelis im nahen Süd-Jerusalemer Stadtteil Gilo zu schießen. Wenn sich die Bewohner wehrten, schlugen die Kämpfer zu.

Die christlichen Oberhirten reden die Lage schön. Gern zeichnen sie das rosige Bild nationaler Einheit. Aus der Position der Minderheit heraus vermeiden sie den Konflikt. Und sie haben das Gefühl, von der christlichen Welt draußen kaum Hilfe erwarten zu können. Gut im Gedächtnis ist ihnen der Frühling 2002, als die Geburtskirche in Betlehem zum Kampfplatz zwischen Palästinensern und Israelis wurde. Damals verschanzten sich meist muslimische Kämpfer in der Kirche, schändeten Altäre und Ikonen, schossen nach draußen – wo israelische Soldaten zurückfeuerten.

Selbst wenn es einmal Frieden geben sollte: Für die Christen würde das in einem Staat »Palästina« nicht die Rückkehr zur bisherigen Rolle in traditionell christlichen Orten wie Ramallah oder Betlehem bedeuten. Dort stellen sie, nach einem Dekret des 2004 gestorbenen Palästinenser-Präsidenten Jassir Arafat, die Bürgermeister und haben reservierte Plätze im Autonomierat inne. Nach den demokratischen Mehrheitsregeln ist das nicht zu rechtfertigen.

Auch wenn die meisten Christen die Gründung von Palästina befürworten, Israels Besatzung wollen sie nicht für die Unterordnung als »Ungläubige« unter die Religionsgesetze der Scharia eintauschen. Seit dem Machtantritt der Omajjaden im 7. Jahrhundert mussten sich die »Schutzbefohlenen«, Christen wie Juden, als »Dhimmis« unter den Islam ducken. Der Koran sieht sich als Erfüllung der göttlichen Verheißung und distanziert sich von den »Besitzern des älteren Buches«. Das traditionelle islamische Religionsverständnis trennt nicht zwischen Sakralem und Säkularem. Selbst die Politik ist wesentlich mitbestimmt durch den Islam; das gilt gegenwärtig auch für die säkulare Fatah-Bewegung von Präsident Mahmud Abbas.

Womöglich legt darum ein künftiges Palästina nicht die allgemeinen Menschen- und Bürgerrechte, sondern die Scharia als »vorrangige Quelle der Rechtssetzung« fest, wie es im Verfassungsentwurf heißt. Zwar werden danach alle »monotheistischen Religionen akzeptiert« und die Religionsausübung gesichert. Doch der Islam ist erste Religion. Christen können Muslime werden, das wird von der muslimischen Mehrheit gern gesehen. Aber jeder Muslim, der die Religion wechselt, kann mit dem Tod bestraft werden, wie 1997 einmal die Autonomiebehörde verlauten ließ. Das sei freilich in der »Praxis nie geschehen, und wird wahrscheinlich auch nicht passieren«, hieß es damals in einer Regierungserklärung.

Geht es den christlichen Arabern in Israel besser? Mit den Christen verfuhr der jüdische Staat nach seiner Gründung nicht anders als mit muslimischen Arabern. Er unterwarf sie alle bis in die siebziger Jahre dem Kriegsrecht. Viele wurden vertrieben und verloren ihren Besitz. Juristisch sind sie heute als Staatsbürger gleichgestellt, und dennoch werden sie von der Politik benachteiligt. Es gab gerade mal einen Araber als Minister: Der Muslim Ghalib Madschadila war für Sport und Kultur zuständig. Erst in den letzten Jahrzehnten konnten sich die Christen wirtschaftlich hervortun: Sie wurden Ärzte, Anwälte und Reiseunternehmer.

In Jerusalem kommen diese arabischen Christen zusammen. Hier gibt es auch die kleine Gruppe derer, die stets in der Stadt lebten und nur einen »Jerusalem-Ausweis« haben, das heißt, weder den palästinensischen oder jordanischen Pass noch den israelischen besitzen.

Doch Jerusalem ist für alle das Herz. Hier residieren die Weltkommunitäten, stoßen die lokalen Kirchen auf eine von der Politik weitgehend losgelöste Theologie, deren Anführer oft keine palästinensischen Christen sind. Ein Grieche lenkt die griechisch-orthodoxe Kirche.

Die kümmert sich nun auch um die wachsende Gemeinde der Russen, fürchtet jedoch zugleich deren Machtgewinn. Diese Menschen seien »vom Kommunismus säkularisiert worden und werden nun von Israel assimiliert«, klagt die orthodoxe Kirche. Immerhin stellte die Armee mittlerweile einen christlichen Geistlichen ein. Die israelisch-russischen Parteien drängen auf zivile Ehen, um das Rabbinat mit seinen streng orthodoxen Familiengesetzen zu entmachten. Doch sie sind jüdisch dominiert, auch unter den Russen haben die Christen keine große Lobby.

Die russischen Einwanderer stärken nun das »messianische Judentum«, in dem – wie in der christlichen Urgemeinde – die jüdischen Reinheitsgebote und Gebetsvorschriften angewandt und zugleich der Jude Jesus als Messias angebetet werden. Diese Orientierung, bei orthodoxen Juden wie christlichen Kirchen verpönt, erlaubt gemischtgläubigen Familien immerhin, Judentum und Christentum gemeinsam zu leben.

»WIE IN EINEM KÄFIG«

Die Palästinenser am Rande der Stadt fürchten um ihre Zukunft.

Von Juliane von Mittelstaedt

Naïf al-Kunbar blickt von seinem Hügel auf die Jerusalemer Altstadt hinunter, von hier hat er die beste Aussicht, rechts die goldene Kuppel des Felsendoms, links die gelben Hügel der judäischen Wüste und unten im Tal das arabische Viertel Dschabal Mukabbir. Das ist die Stadt, in der er geboren wurde, in der er heiratete, 16 Kinder aufzog, die einzige Stadt, in der er je gelebt hat. Doch vielleicht darf er sie schon bald nicht mehr betreten.

Das Problem steht direkt hinter seinem Haus. Ein acht Meter hoher Betonwall, ein Maschendrahtzaun, dazwischen patrouilliert alle paar Minuten ein Militärjeep. Das »Monster«, so nennen sie die Mauer, die sie von Abu Dis im Westjordanland abschneidet. Naïf al-Kunbar sitzt im Wohnzimmer und bietet Mandarinen an, eine Decke über den Schultern, kalt und kahl ist es, ein kaputter Fernsehapparat, ein Strauß verstaubter Plastikrosen, eine Neonröhre. Die Aussicht und ihre zwölf an den Hang gebauten Häuser im Ödland von Schadscha in Ost-Jerusalem, das ist alles, was sie haben, Naïf al-Kunbar, seine sieben Brüder, zwei Cousins und ihre Kinder, insgesamt 150 Menschen.

Auf der anderen Seite der Mauer steht die Ruine ihrer Hoffnungen, das halbfertige Parlamentsgebäude, aus dem die Palästinenser ihren künftigen Staat regieren wollten; sie bauten es so, dass Jassir Arafat von seinem Büro aus den Felsendom sehen würde. Stattdessen kam die Intifada, begann der Kreislauf aus palästinensischen Terroranschlägen und israelischen Vergeltungsaktionen. Zu ihrem Schutz bauten die Israelis an einigen Rändern der Stadt die Mauer, und mit ihr kamen die israelischen

Soldaten, kam der Kontrollpunkt, kam das Tor, das die Großfamilie Kunbar seither passieren muss, um ihr Grundstück zu verlassen.

Der Alltag ist mühsam geworden, denn seit die Mauer hier steht, leben sie im Militärsperrgebiet. Wenn die Übergänge ins Westjordanland gesperrt sind, an jüdischen Feiertagen oder wenn es Anschlagswarnungen gibt, dann bleibt auch ihr Tor geschlossen. »Wir sitzen wie in einem Käfig«, sagt Naïf al-Kunbar.

An normalen Tagen warten sie mal eine halbe Stunde am Tor, mal müssen sie ihre Einkäufe auspacken, mal muss ein Besucher umkehren; nie darf ein Taxi passieren oder der Techniker, der den Kühlschrank reparieren soll. Die Intifada hat auch die Familie Kunbar und ihre Besucher zum potentiellen Sicherheitsrisiko für Israel gemacht. Ein Sicherheitsrisiko zu sein, das heißt: Man braucht Ausnahmegenehmigungen, Papiere, viel Geduld.

Der Herodianische Tempel

Der Herodianische Tempel

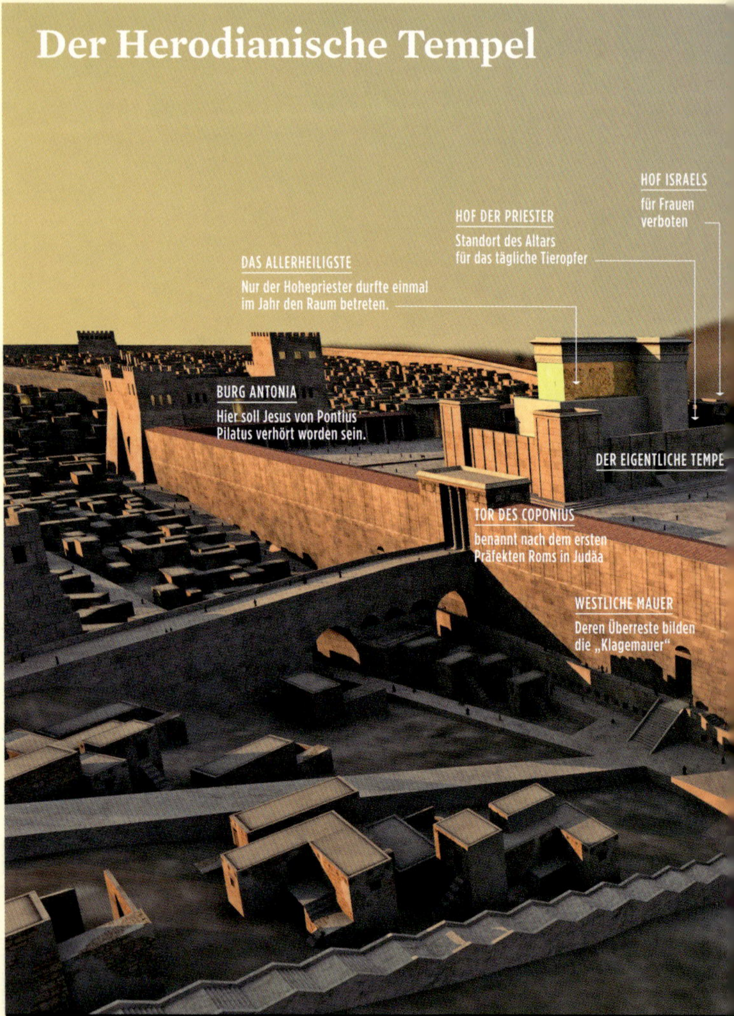

Blick nach Nordost auf Herodes-Basilika

Allerheiligstes, Blick vom Hof Israels

Blick nach Norden, rechts die Herodes-Basilika

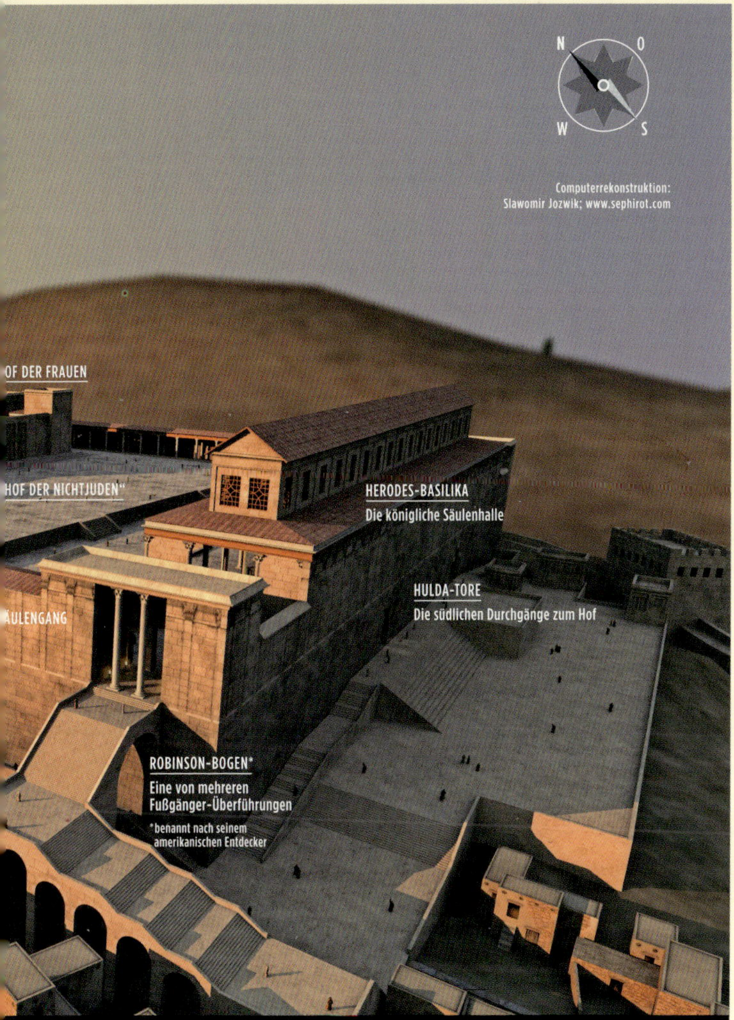

ck nach Südwesten

Der Betrachter steht im südöstlichen Säulengang.

Tor zum Hof Israels

Wenn Naïf al-Kunbar sich morgens um sechs zur Arbeit aufmacht, weiß er nicht, ob er pünktlich sein wird. Er geht daher jetzt immer früher los, trägt Jeans und Pulli wie die anderen Arbeiter, das Palästinensertuch lässt er zu Hause, lieber hält er eine mit hebräischen Buchstaben bedruckte Supermarkttüte. Auffallen ist nie gut als Palästinenser in Jerusalem.

Man könnte denken, die Kunbars haben noch Glück im Unglück, ihre schlichten Sandsteinhäuser stehen wenigstens in Jerusalem, auf der besseren Seite der Mauer. Das Problem ist: Die meisten Menschen in den Häusern gehören nicht nach Jerusalem. Faktisch leben sie in Israel, aber rechtlich sind sie Palästinenser. Nur einige von ihnen besitzen einen speziellen blauen Ausweis der anerkannten palästinensischen Jerusalemer. Palästinenser aus dem unmittelbar angrenzenden Westjordanland dürfen nur mit Sondergenehmigung in die Stadt. Ein Teil der Familie Kunbar kann deshalb die Straße nur in Richtung Westjordanland verlassen, nach Abu Dis etwa. Werden sie bei einer Kontrolle in Jerusalem erwischt, dann können sie abgeschoben oder verhaftet werden.

Auch Naïf al-Kunbar hat keinen blauen Ausweis, aber er hat Arbeit und deshalb eine Sondergenehmigung, jeweils gültig für drei Monate. Das ist gut, im Moment. Es heißt aber auch, dass er nur ins Stadtgebiet darf, solange er Arbeit hat. Er ist jetzt 55, sein Rücken schmerzt jeden Tag. Er hat sich krumm gemacht auf dem Bau, hat Häuser für Israelis gebaut, Einkaufszentren, Straßen, hat Platz geschaffen für die Einwanderer aus aller Welt, die hier leben dürfen, ohne Einschränkung. Für 220 Schekel (circa 40 Euro) am Tag, Israelis verdienen wesentlich mehr. »Aber wenn ich mich beschwere, werde ich entlassen«, sagt er.

Zwar sind die Kunbars keine offiziellen Bürger der Stadt, aber doch Bewohner, deshalb müssen sie wie alle Gemeindesteuern entrichten. Leistungen bekommen sie dafür kaum. Umgerechnet 900 Euro, sagt er, zahlt Naïf al-Kunbar im Jahr dafür, dass er keine Post, keine Straßenreinigung und keinen Krankenwagen bekommt. Eine regelmäßige Müllabfuhr hat die Familie gerade eingeklagt, Wasserleitungen auch.

Neben ihm auf einem verschlissenen Sofa sitzen eng beieinander seine sechs Söhne, barfuß, mit Trainingsanzügen, der jüngste 16, der älteste 25 Jahre alt, eine verlorene Generation. Nur der jüngste darf noch in die Stadt, er geht dort zur Schule. Die älteren tun nichts, so sagen sie, vermutlich arbeiten sie schwarz, das ist ein Risiko. Aber die Rechnung ist einfach, sagt Mahawa, 20: »In Abu Dis gibt es keine Arbeit, nach Ramallah kostet die Fahrt zehn Euro, und einen legalen Job in Jerusalem bekommen wir erst, wenn wir über 35 und verheiratet sind.« Das sind die Regeln, unverheiratete Männer zwischen 18 und 35 gelten als potentielle Terroristen. Das sind noch 15 Jahre für Mahawa. »Ich habe keine Pläne für die Zukunft«, sagt er und kaut am Fingernagel.

Die Situation der Kunbars ist so kompliziert und absurd wie dieser Konflikt. Sie sind auf der falschen Seite gestrandet, Verlorene in Raum und Zeit. Beduinen, einfache Viehhirten, die sich hier nach 1967 angesiedelt haben, als es noch keine richtige und keine falsche Seite gab, nur diesen kargen Hügel. »Wir gehören nirgendwohin«, sagt Naïf al-Kunbar. »Auf diese Seite dürfen wir nicht, auf die andere können wir nicht, weil hier nun mal unsere Häuser sind.« Wer weiß, wie lange noch. Drei Abrissbefehle hat Naïf al-Kunbar vom israelischen Bauamt erhalten, drei seiner Brüder ebenfalls; 10 000 Euro Strafe habe er, verteilt über die letzten Jahre, gezahlt, dafür dass er ohne Baugenehmigung gebaut hat, wie fast alle: »Es ging nicht anders, wir Palästinenser bekommen einfach keine Baugenehmigung.«

Aber eines Tages, so fürchtet er, steht der Bulldozer vor der Tür. Denn es gibt einen Grund, dass die Mauer an ihrem Hügel diesen schlangenförmigen Schlenker macht. Vorn, am Checkpoint, stehen zwei Häuser. Außen hohe Mauern und privater Wachdienst, drinnen leben Israelis. Sie sind jüdische Siedler im arabischen Ost-Jerusalem, illegal nach internationaler Auffassung. Sie sind nur eine Vorahnung dessen, was auf dem Hügel

Ariel Schalit / AP

Auf diesem Luftbild liegt links das Dorf Abu Dis, rechts Jerusalem, getrennt durch ein Band aus Beton (Blick von Norden).

entstehen soll: »Kidmat Zion«, Östlich von Zion, heißt der Ort in den israelischen Stadtentwicklungsplänen, die hier 300 Wohnungen vorsehen. Derzeit gilt ein Baustopp, die internationalen Proteste sind laut. Aber die Regierung könnte jederzeit den Baubeginn beschließen.

Und dann, wenn vielleicht doch das erste Haus abgerissen und den Bewohnern die Aufenthaltsgenehmigung entzogen wird, könnte einer der Brüder dem Druck nicht standhalten, der Arbeitslosigkeit, dem Eingesperrtsein, der Hoffnungslosigkeit, und die eine Million Dollar nehmen, die die Siedler angeblich für jedes Haus geboten haben. »Das ist ihre Strategie: Sie kaufen uns unsere Häuser ab, nisten sich ein, dann schikanieren sie die Anwohner, bis sie wegziehen«, sagt Kunbar.

Irgendwann ziehen die Siedler dann vor Gericht, erzählt er, sie haben gute Anwälte, und sie finden immer Urkunden, die belegen, dass das Land eigentlich längst einem Israeli gehört. Überall in Ost-Jerusalem werden so Siedlungen gebaut, manche haben nur ein, zwei Wohnungen, manche Hunderte. Aber zusammen ergeben sie eine Kette, die Jerusalem einschnürt, eine Fußfessel des Friedensprozesses.

»Aber wir gehen nicht«, sagt Naïf al-Kunbar. Er weiß, wenn sie ihre Häuser verlieren, verlieren sie auch Jerusalem.

»WIR BEDINGEN UNS GEGENSEITIG«

Der palästinensische Philosoph und frühere PLO-Funktionär Sari Nusseibeh über die Geschichte seiner Familie in Jerusalem, die historische Verspätung der Palästinenser und die Chancen einer Koexistenz mit Israel

Das Gespräch führten Annette Großbongardt und Christoph Schult am 10. März 2009 in Jerusalem.

SPIEGEL: Professor Nusseibeh, in Jerusalem gibt es viele traditionsreiche Familien, Juden wie Araber. Die Geschichte Ihrer eigenen Familie reicht besonders weit zurück, rund 1300 Jahre.

NUSSEIBEH: Unsere Überlieferung besagt, dass die Nusseibehs mit dem neuen Herrscher, Kalif Omar, im 7. Jahrhundert aus Arabien kamen. Unser erster Vorfahre wurde von ihm zum Hohen Richter Jerusalems ernannt. Dieser Urahn war der Bruder einer Stammesführerin, die den Propheten Mohammed in Medina unterstützt hatte.

SPIEGEL: Die Nusseibehs hatten stets Einfluss – als Richter, Lehrer, Korangelehrte, Grundbesitzer und Politiker.

NUSSEIBEH: Die Geschichte meinte es aber nicht nur gut mit uns. Die Kreuzritter mordeten auch viele Nusseibehs, und im 16. Jahrhundert starben etliche von uns in einer Rebellion gegen die Osmanen. Wir haben an Einfluss verloren.

SPIEGEL: Bis heute allerdings hält Ihre Familie ein historisches Amt: Sie ist Türwächter der Grabeskirche in Jerusalem, sie besitzt den Schlüssel.

NUSSEIBEH: Dieses Relikt blieb. Ein Großcousin von mir nimmt diese Aufgabe wahr. Er oder ein Verwandter schließt in der Früh die Kirche auf und sperrt sie am Abend wieder zu. Inzwischen teilen wir dieses Amt mit einer anderen Familie, den Dschaudas. Es gibt noch eine weitere Pflicht: Während der Zeremonie des Heiligen Feuers in der Osternacht, die am Heiligen Grab stattfindet, muss der Türwächter neben dem griechisch-orthodoxen Patriarchen stehen und kontrollieren, dass alles korrekt verläuft.

SPIEGEL: Wie kam es überhaupt, dass diese Aufgaben in die Hand von Muslimen gegeben wurden?

NUSSEIBEH: Als die Muslime damals die Herrschaft über Jerusalem übernahmen, trafen sie ein Abkommen mit den Christen, vor allem der mächtigsten Kirche, der griechisch-orthodoxen unter Bischof Sophronius. Sie versprachen ihm Schutz und Sicherheit. Der Hohe Richter, mein Urahn also, schien die richtige Autorität für die Schlüsselgewalt. Wir haben aber auch eine islamischen Auftrag: Mit anderen Familien sollen wir den Stein im Felsendom, von dem der Prophet seine Himmelsreise antrat, pflegen. Das haben wir, ehrlich gesagt, etwas vernachlässigt.

SPIEGEL: Spüren Sie aus der Familientradition heraus eine besondere Verbindung zum Christentum?

NUSSEIBEH: Schon als Kinder wurde uns eine große Sensibilität für die christliche Religion vermittelt, für ihre Riten. Wir nahmen an den christlichen Feiertagen teil, wir hatten sogar häufig an Weihnachten einen Christbaum zu Hause. Ich erinnere mich, wie ich meinen Vater zur Grabeskirche begleitete oder zu Besuchen bei kirchlichen Würdenträgern. Ich ging sogar auf eine christliche Schule, das anglikanische St. George's College.

SPIEGEL: Und heute?

NUSSEIBEH: Ich fühle mich der christlichen Tradition sehr verbunden, sie ist genauso Teil meiner Tradition wie für jemanden aus Deutschland. Vor einigen Tagen war ich mit meiner Frau am See Genezareth, ich liebe es, dort auf den Berg der Seligpreisungen zu gehen, dieser Platz bedeutet mir viel. Wenn ich dort Müll sehe, hebe ich ihn sofort auf.

SPIEGEL: Sie sprachen von verlorenem Einfluss, Ihr Vater, Anwar Nusseibeh, war aber einer der wichtigsten palästinensi-

schen Repräsentanten, er war Minister in der jordanischen Besatzungszeit 1948 bis 1967 und Gouverneur von Jerusalem.
NUSSEIBEH: Eigentlich war mein Vater ein leidenschaftlicher Jurist, in die Politik geriet er aufgrund der Umstände – wie ich später auch.
SPIEGEL: Er wurde sogar zum Kämpfer
NUSSEIBEH: Ja, gezwungenermaßen. Die meisten palästinensischen Aktivisten damals waren keine trainierten Soldaten, sondern ganz gewöhnliche Leute. Mein Vater wurde Mitglied eines Komitees zur Verteidigung Jerusalems und bekam den Job, Waffen zu besorgen …
SPIEGEL: … wovon er wenig verstand.
NUSSEIBEH: Er musste es lernen. Jerusalem taumelte in den vierziger Jahren in einen Bürgerkrieg zwischen Juden und Arabern. Professoren, Ärzte und Ladenbesitzer beider Seiten bemannten Stellungen und schossen auf Leute, die sie zu anderen Zeiten als Gäste in ihrem Haus empfangen hätten.
SPIEGEL: Eine schwere Zeit, doch Ihr Vater scheint zumindest einige Jahre unter den Briten durchaus genossen zu haben. Die Kultur, das gesellschaftliche Leben blühte. Ihr Vater spielte Tennis mit britischen Offizieren.
NUSSEIBEH: Er liebte den Sport – bis er von einem israelischen Heckenschützen angeschossen wurde. Sein Bein musste amputiert werden. Ich glaube, es war hier ganz in der Nähe, da stand damals ein israelischer Militärposten …
SPIEGEL: … und heute eine jüdische Siedlung, Neve Jaakov.
NUSSEIBEH: Es gab eine Zeit unter den Briten, in der Juden und Palästinenser einer bestimmten Schicht gern miteinander verkehrten.
SPIEGEL: Damals lebte man teilweise auch noch in gemischten Vierteln.
NUSSEIBEH: Ja, und man ging in die gleichen Clubs, Cafés und Hotels. Es war eine Zeit der Öffnung, in der es passieren konnte, dass sich ein arabischer Mann in eine jüdische Frau verliebte und sie vielleicht sogar heiratete. Wir haben ein paar ganz gute

Erinnerungen an diese Epoche, manche zeichnen es aber rosiger, als es war. Mein Vater arbeitete als Dozent am juristischen Seminar, das die Briten gegründet hatten. Natürlich hatte er auch jüdische Studenten.

SPIEGEL: Hielten sich die Verbindungen?

NUSSEIBEH: O ja, gleich '67, als die Teilung aufgehoben wurde, suchte er wieder den Kontakt zu alten jüdischen Freunden, er stellte sie uns Kindern vor. In unser Haus kamen regelmäßig hochrangige Israelis wie der neue Bürgermeister Teddy Kollek oder Verteidigungsminister Mosche Dajan. Mein Vater wollte zu einer Verständigung beitragen.

SPIEGEL: Fühlte er sich von den Briten betrogen, weil sie die Gründung des Staates Israel unterstützt hatten?

NUSSEIBEH: In seinen Tagebüchern schimpft er, sie hätten das »Vertrauen ihres Mündels missbraucht«. Das Gefühl wird von den meisten Arabern geteilt: dass die Briten ihnen Unabhängigkeit versprochen hatten – und dann für die andere Seite arbeiteten.

SPIEGEL: Die Zionisten fühlten sich aber auch betrogen.

NUSSEIBEH: Die Briten waren doppelgesichtig, aber das macht es nicht besser.

SPIEGEL: Sie haben Bewunderung für die Zionisten geäußert, wie entschieden sie ihre Institutionen schufen – und Klage über das Zaudern der Palästinenser.

NUSSEIBEH: Ich glaube, dass die Israelis in der Aufbauphase sehr ergebnisorientiert und methodisch arbeiteten. Sie hatten einen Plan und ein Ziel …

SPIEGEL: … den jüdischen Staat.

NUSSEIBEH: Sie wussten, was sie wollten, da war eine große Dynamik, die teilweise mit Europa und dem Holocaust zu tun hatte, andererseits aber auch mit dem erregenden Gefühl, eine neue Nation zu schaffen. Auf unserer Seite hatten wir ein solches Projekt nicht, und ich fürchte, wir haben es noch immer nicht.

SPIEGEL: Aber es gab doch eine palästinensische Bewegung, Aufstände.

NUSSEIBEH: Aber es gab kein spezifisch palästinensisches nationales Ziel. Sehen Sie, mein Vater war strenggenommen kein palästinensischer Nationalist, mein Großvater bestimmt nicht, und wenn sie meinen Vorfahren aufwecken, der im Mausoleum vor der Altstadt begraben ist, und ihn fragen: Was sagen Sie zur palästinensischen Nationalbewegung? würde er antworten: Von was reden Sie da? Er sah sich als Muslim, der zum Kalifat der Mamluken gehörte.

SPIEGEL: Aber was trieb Ihren Vater an?

NUSSEIBEH: Es war mehr eine panarabische Bewegung, und auch das war nicht wirklich artikuliert. Der palästinensische Nationalismus ist ein Zwillingsprodukt des Zionismus …

SPIEGEL: … also eine Reaktion?

NUSSEIBEH: Je mehr die Juden einen jüdischen Staat wollten, umso stärker wollten auch die Palästinenser einen palästinensisch-arabischen Staat. So bedingen sich beide gegenseitig, bis heute.

SPIEGEL: Kam die palästinensische Nationalbewegung nicht ganz einfach zu spät – und konnte bis heute nicht aufholen?

NUSSEIBEH: Ja, sie kam zu spät. Wir brauchten lange, bis wir die nationale Identität über das Land stellten. Erst dann konnte Jassir Arafat Israel akzeptieren – vorausgesetzt, wir hätten daneben unseren eigenen Staat.

SPIEGEL: Immerhin war Ihr Vater Teil des Versuchs, 1948 eine palästinensische Regierung auf die Beine zu stellen.

NUSSEIBEH: Nach der Gründung Israels bildete sich in Gaza die »gesamtpalästinensische Regierung«. Die Arabische Liga offerierte ihr Büroräume in Kairo, aber es war nicht mehr als ein spärlich möbliertes Zimmer. Mein Vater war der Büroleiter der Regierung, ich glaube, es gelang ihm, ein paar Pässe auszustellen. Er selbst stempelte sich den Pass Nr. 9.

SPIEGEL: Hatten die Jordanier zunächst keine Gebietsansprüche?

NUSSEIBEH: Aber ja, und ihnen half, dass es neben der Gruppe meines Vaters, die eine Art unabhängige palästinensische Perspektive entwickelte, Palästinenser aus dem Westjordanland gab, die König Abdullah I. Treue geschworen hatten. Später wurde das Westjordanland von Jordanien annektiert. Mein Vater saß zu dieser Zeit immer noch in seinem Büro in Kairo und stellte Pässe aus. Die sogenannte nationale Bewegung verlor schon wieder an Boden.

SPIEGEL: War da kein Wille, die palästinensische Identität hochzuhalten?

NUSSEIBEH: Die Gründung Israels bedeutete eine ungeheure Frustration. Die Palästinenser waren nun weit verstreut, der Gaza-Streifen gehörte Ägypten. Und die jordanische Führung versuchte natürlich, jeden Sinn für palästinensische nationale Identität zu unterdrücken.

SPIEGEL: Wie war die Atmosphäre in Jerusalem?

NUSSEIBEH: Wir wuchsen in dem Gefühl auf, wir seien Jordanier, wir mussten die jordanische Flagge hochhalten. Wenn der König zu Besuch kam, säumten wir die Straßen. Der herrschende Trend war, vergiss die Palästinenser, wir müssen das Problem Israel im gesamtarabischen Kontext lösen. Allenfalls in den Flüchtlingslagern bewahrten die Palästinenser den Sinn für die eigene Identität. Aber wenn Sie heute nach Jordanien gehen, wo mehr als die Hälfte der Bürger aus Palästina stammt, werden ihnen die Leute sagen: Wir sind Jordanier.

SPIEGEL: Unter der jordanischen Besatzung wurde Jerusalem für Sie zu einer »tristen Provinzstadt«.

NUSSEIBEH: Ja, damals gab es im arabischen Ostteil vielleicht 45 000 oder 50 000 Einwohner. Und die Stadt war geteilt durch Mauer und Stacheldraht.

SPIEGEL: Wie haben Sie das erlebt?

NUSSEIBEH: Mein Elternhaus stand nicht weit von der Demarkationslinie und dem Mandelbaumtor, dem Checkpoint Charlie Jerusalems. Von unserem Garten konnte ich in den Todesstreifen blicken, dahinter lag Mea Schearim, das Viertel der Ultraorthodoxen. Ich konnte die schwarzgekleideten Frommen sehen und israelische Busse. Manchmal standen Gruppen zusammen und starrten zu uns herüber.

SPIEGEL: In Ihrer Jugend in den fünfziger und sechziger Jahren trafen Sie keinen einzigen Israeli?

NUSSEIBEH: Ich sah ihre Welt, die mir Angst machte, nur aus der Ferne. Ich konstruierte mein Bild von Israel aus den Schilderungen der schrecklichen Dinge, die sie getan hatten, aus der Erinnerung meiner Familie an die Plätze, von denen sie vertrieben worden waren. Meine Mutter war auf einer Orangenplantage in der Küstenebene und später in Ramle aufgewachsen, das Israel 1948 einnahm. Ich sah sie als Volk, das uns unsere Geschichte gestohlen hatte.

SPIEGEL: Wann lernten Sie erstmals Israelis kennen?

NUSSEIBEH: In meinem Studium 1968/69 in Oxford. Dort gab es einige Israelis höherer Semester, mit denen ich mich häufig traf.

SPIEGEL: Das klingt nach netter Begegnung, nicht nach Hass und Vorwürfen.

NUSSEIBEH: Natürlich waren sie eigentlich meine Feinde, aber sie waren sympathisch, und wir hatten dasselbe akademische Interesse, vor allem die Philosophie. Und dann gibt es etwas ganz Besonderes, das Israelis und Palästinenser im Ausland verbindet: Sie sind die Einzigen, die sich füreinander und ihren Konflikt interessieren. Wer sonst hört uns zu? So hockten wir zusammen, aßen Hummus und versuchten herauszufinden, wie es zu einer Verständigung kommen könnte. Auf Kleenex und Servietten entwarfen wir Szenarien für eine mögliche Koexistenz.

SPIEGEL: Wie haben Sie den Kampf um Jerusalem im Sechstagekrieg erlebt?

NUSSEIBEH: Da war ich noch in England. Ich flog aber nach dem Waffenstillstand hinüber, mit El Al. Es war ein bleibendes Erlebnis, in einer Maschine des Feindes zu sitzen. Ich war der einzige Palästinenser an Bord und genoss es durchaus, von diesen umwerfend drallen israelischen Stewardessen bedient zu werden. Mein Bruder lehnte das ab, er schmuggelte sich in einem Laster über Jordanien ins Land.

SPIEGEL: In Jerusalem war der Trennzaun nun abgebaut.

NUSSEIBEH: Die unmittelbare Empfindung, an die ich mich erinnere, war Freude. Wir waren im Krieg geschlagen worden, aber gleichzeitig ging ein Traum in Erfüllung: Das Land war wieder eins, die Barriere, die zwei Feinde getrennt hatte, war gefallen. Ich dachte: Großartig, jetzt können wir zusammen in einem Land leben!

SPIEGEL: Erstmals konnten Sie all die bisher versperrten Orte sehen.

NUSSEIBEH: Es war wundervoll, durch das Land zu reisen. Ich fuhr überallhin, nach Tel Aviv, zum Haus David Ben-Gurions in der Wüste, ich schaute mir Siedlungen an, einen Kibbuz.

SPIEGEL: Dort blieben Sie sogar einen ganzen Monat.

NUSSEIBEH: Ich wollte verstehen, wie sie dachten, fühlten, welche Dynamik die Israelis antreibt. Ich wohnte bei einem sehr netten älteren Paar.

SPIEGEL: Und, haben Sie etwas verstanden?

NUSSEIBEH: Jedenfalls konnte ich nun mitempfinden, bis heute habe ich eine Schwäche für diese Leute, mit denen ich zusammensaß, nachdem wir in der Gemeinschaftsküche das Geschirr gespült hatten, ich hörte ihnen zu, wie sie ihr Land sahen, sich selbst, den Zionismus, ihre Zukunft, auch uns Araber.

SPIEGEL: Wie hat Ihnen das Kibbuz-Leben gefallen?

NUSSEIBEH: Sehr gut, ich mochte die Lebensweise. Eine Zeitlang dachte ich, vielleicht sollten wir Palästinenser etwas Ähnliches im Westjordanland machen. Damals war ich noch idealistischer, begeisterte mich für soziale Ideen.

SPIEGEL: Sie gehören zu den Ersten, die den Dialog suchten mit Israelis, sich an Friedensinitiativen beteiligten, auch mit dem Schriftsteller Amos Oz.

NUSSEIBEH: Ich habe ihn schon früh in seinem Haus in Arad in der Wüste besucht, bis heute sind wir in gutem Kontakt. Aus seiner großartigen Autobiografie über seine Kindheit in Jerusalem erfuhr ich, dass er etwa 50 Meter entfernt von mir auf der anderen Seite des Zauns aufgewachsen war. Seine Schilderung dieser Parallelwelt ohne Araber war eine Offenbarung für mich.

SPIEGEL: Aber die Freude über die Entdeckung neuer Welten währte nicht lang – bald wurden Sie politisch in der PLO aktiv, führten an der Uni Bir Sait bei Ramallah einen friedlichen Widerstand gegen die israelische Besatzung mit an.

NUSSEIBEH: Aber eine ganze Zeitlang hielt sich bei mir das Gefühl: Ja, wir können etwas tun. Heute bin ich weniger optimistisch. Wenn ich die Entwicklung in Jerusalem sehe, beherrscht mich ein Gefühl der Traurigkeit, der Sorge. Die Stadt zerfällt in ihren sozialen Strukturen, sie wird hässlicher. Ich werde zunehmend wütend auf Juden wie Palästinenser, die ihre große Liebe für Jerusalem beschwören – mit ihrer Liebe haben sie die Stadt ziemlich zerstört.

SPIEGEL: Sehen Sie noch eine Chance, dass Jerusalem je die Hauptstadt zweier Staaten wird – eines palästinensischen und eines israelischen?

NUSSEIBEH: Obwohl es sehr schwer wird, halte ich noch immer ein Modell für möglich, in dem wir uns die Stadt teilen. Ich glaube an die Zwei-Staaten-Lösung, weil es die praktikabelste und die am ehesten mögliche ist. Sie würde das Leiden auf beiden Seiten erheblich reduzieren.

SPIEGEL: Aber ist sie noch realistisch?

NUSSEIBEH: Seit mehr als zehn Jahren zeigen die Umfragen konstant, dass es bei den Israelis eine Mehrheit für eine Zwei-Staaten-Lösung gibt – wenn sie Vertrauen in die andere Seite haben. Das Gleiche gilt für die Palästinenser. Nun driften beide derzeit nach rechts, zu den Extremen. Das heißt aber nicht, dass sie völlig anders denken. Sie gehen zur Rechten, weil ihre bevorzugte Option, der Frieden, von ihren Führern nicht überzeugend präsentiert wird. Deshalb müssten, denke ich, die USA einspringen.

SPIEGEL: Liegt in Jerusalem der Kern des Konflikts?

NUSSEIBEH: Für beide geht es hier um ganz Zentrales: Den Palästinensern ist die Rückkehr der Flüchtlinge extrem wichtig – bekommen sie einen Teil Jerusalems als ihre Hauptstadt, könnten sie sich auf einen Kompromiss einlassen. Für Israel ist Jerusalem extrem wichtig – wenn sie bereit sind zu teilen, können sie ihren jüdischen Staat retten. Wenn wir nicht bald handeln, wird sich eine binationale Realität mit der schlimmsten Form von Apartheid entfalten.

SPIEGEL: Sie haben einmal für Ihre Frau ein Märchen über einen Wächter vor der Grabeskirche geschrieben, der im Dornröschenschlaf liegt und erst wieder aufwacht, wenn Frieden herrscht. Muss er doch ewig schlafen?

NUSSEIBEH: Ich behalte die Hoffnung, dass wir ihn aufwecken können. Ich glaube an etwas, das man politische Magie nennt.

SPIEGEL: Sehen Sie für Ihre Kinder eine Zukunft in Jerusalem?

NUSSEIBEH: Meine persönliche Freiheit habe ich darin gefunden, dass ich die Welt als mein Zuhause ansehe. Ich hoffe, meinen Kindern gelingt das auch.

SPIEGEL: Herr Nusseibeh, wir danken Ihnen für dieses Gespräch.

ANHANG

BUCHHINWEISE

Alex Carmel und Jakob Eisler: Der Kaiser reist ins Heilige Land. Die Palästinareise Wilhelms II. 1898. Verlag Kohlhammer; Stuttgart u. a. 1999, 107 Seiten.

Amos Elon: Jerusalem – Innenansichten einer Spiegelstadt. Rowohlt Taschenbuch Verlag (antiquarisch); Reinbek bei Hamburg, 380 Seiten.

Gustave Flaubert: Reise in den Orient. Insel Verlag; Frankfurt am Main 2007, 424 Seiten.

Teddy Kollek: Jerusalem und ich. Fischer Taschenbuch Verlag; Frankfurt am Main 1995, 428 Seiten.

Walter Laqueur: Jerusalem. Ullstein Buchverlage; Berlin 2006, 400 Seiten.

Eckart Otto: Das antike Jerusalem. Verlag C. H. Beck; München 2008, 128 Seiten.

Mark Twain: Die Arglosen im Ausland. Insel Verlag; Frankfurt am Main 2008, 724 Seiten.

Bernard Wasserstein: Jerusalem. Der Kampf um die heilige Stadt. Marix Verlag; Wiesbaden 2007, 448 Seiten.

Gil Yaron: Jerusalem. Verlag C. H. Beck; München 2007, 240 Seiten.

AUTORENVERZEICHNIS

Karen Andresen ist Redakteurin im Ressort Sonderthemen des SPIEGEL.

Stefan Berg ist Autor im Berliner Büro des SPIEGEL.

Georg Bönisch ist Redakteur im Deutschlandressort des SPIEGEL.

Dr. Jörg Bremer war 18 Jahre FAZ-Korrespondent in Jerusalem und berichtet nun aus Rom.

Henryk M. Broder ist Reporter im Ressort Deutsche Politik des SPIEGEL.

Annette Bruhns ist Redakteurin im Ressort Sonderthemen des SPIEGEL.

Stephan Burgdorff ist Autor im Ressort Sonderthemen des SPIEGEL.

Prof. Dr. Dan Diner ist Professor für Moderne Geschichte an der Hebräischen Universität Jerusalem und lehrt jüdische Geschichte an der Universität Leipzig.

Rüdiger Falksohn ist Redakteur im Auslandsressort des SPIEGEL.

Erich Follath ist diplomatischer Korrespondent im Auslandsressort des SPIEGEL.

Annette Großbongardt ist Redakteurin im Ressort Sonderthemen des SPIEGEL und war zuvor Korrespondentin in Jerusalem und Istanbul.

Clemens Höges ist Reporter im Auslandsressort des SPIEGEL.

Prof. Dr. Karl-Josef Kuschel lehrt Theologie mit Schwerpunkt Kultur und interreligiöser Dialog an der Universität Tübingen.

Juliane von Mittelstaedt ist Redakteurin im Auslandsressort des SPIEGEL.

Prof. Dr. Angelika Neuwirth lehrt Arabistik an der Freien Universität Berlin und ist Nahost-Expertin.

Dietmar Pieper ist Leiter des Ressorts Sonderthemen des SPIEGEL.

Dr. Johannes Saltzwedel ist Redakteur im Ressort Sonderthemen des SPIEGEL.

Christoph Schult ist Korrespondent des SPIEGEL in Jerusalem.

Viktoria Schult ist Redakteurin bei SPIEGEL TV und lebt in Jerusalem.

Tom Segev ist Historiker, Journalist und Autor zahlreicher Bücher zur Geschichte Israels.

Michael Sontheimer ist Redakteur im Berliner Büro des SPIEGEL.

Ulrich Schwarz, studierter Theologe, war Leiter des Ressorts Deutsche Politik des SPIEGEL.

Dr. Rainer Traub ist Redakteur im Ressort Sonderthemen des SPIEGEL.

Prof. Dr. Dieter Vieweger ist Archäologe und Theologe. Er leitet das Deutsche Evangelische Institut für Altertumswissenschaft des Heiligen Landes.

Gil Yaron ist freier Nahost-Korrespondent und Autor des Buches »Jerusalem – ein historisch-politischer Stadtführer«.

Bernhard Zand ist Korrespondent des SPIEGEL in Dubai.

DANK

Dieses Buch ist gemeinsame Leistung vieler kundiger Autoren und der zahlreichen Kollegen, Experten und Helfer, die sie unterstützt haben. Dazu gehört besonders die SPIEGEL-Dokumentation. Koordiniert von Sonny Krauspe haben Ulrich Booms, Viola Broecker, Johannes Erasmus, Cordelia Freiwald, Dr. André Geicke, Renate Kemper-Gussek, Ulrich Klötzer, Peter Kühn, Dr. Walter Lehmann, Michael Lindner, Nadine Markwaldt, Werner Nielsen, Margret Nitsche, Marko Scharlow, Rolf G. Schierhorn, Dr. Claudia Stodte, Stefan Storz, Dr. Eckart Teichert, Anika Zeller und Anne-Sophie Fröhlich, die auch den Gesamttext sichtete, alle Beiträge auf Daten und Fakten geprüft und viele hilfreiche Hinweise gegeben. Wichtige Rechercheunterstützung leistete Einat Keinan vom SPIEGEL Büro in Jerusalem. Jakob Eisler und Gunnar Lehmann halfen mit ihrer Expertise.

Die Bibliothekare Johanna Bartikowski und Heiko Paulsen waren unerlässliche Stützen bei der Beschaffung von Fachliteratur und Aufsätzen. Die Bildauswahl trafen Claus-Dieter Schmidt und Rainer Sennewald, die Info-Grafiken fertigten Martin Brinker, Thomas Hammer, Julia Saur und Michael Walter. Die Bildrechte klärte Britta Krüger.

Die Schlussredakteure Karl-Heinz Körner, Reinhold Bussmann, Lutz Diedrichs, Dr. Karen Ortiz und Tapio Sirkka sorgten für letzte Korrekturen. Im Sekretariat des Ressorts Sonderthemen garantierten Angelika Kummer und Antje Wallasch wie immer einen reibungslosen Ablauf. Die Herstellung des Buches koordinierten Angelika Mette beim SPIEGEL und Karen Guddas im Lektorat der DVA.

Allen gebührt Dank.

PERSONENREGISTER